U0086454

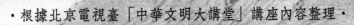

·根據北京電視臺「中華文明大講堂」講座內容整理·

老子 十八講

【知名作家】

王 蒙 著

我深深體會到,把一些抽象的哲學道理
講明白,講親切,講得易於接受,
遠遠比把它們講高深
要有趣得多,也困難得多。

三民書局

國家圖書館出版品預行編目資料

老子十八講／王蒙著.－－初版一刷.－－臺北市：三
民，2010
面； 公分

ISBN 978-957-14-5293-7 （平裝）

1. 老子 2. 研究考訂

121.317   98021909

© 老子十八講

著 作 人	王 蒙
責任編輯	蔡忠穎
美術設計	黃顯喬

發 行 人	劉振強
發 行 所	三民書局股份有限公司
	地址　臺北市復興北路386號
	電話　(02)25006600
	郵撥帳號　0009998-5
門 市 部	(復北店)臺北市復興北路386號
	(重南店)臺北市重慶南路一段61號

出版日期	初版一刷　2010年1月
編　　號	S 121270

行政院新聞局登記證局版臺業字第○二○○號

有著作權·不准侵害

ISBN　978-957-14-5293-7 （平裝）

《老子十八講》說明

二〇〇八年夏，我完成了《老子的幫助》一書的寫作。二〇〇九年一月，此書出版，並受到讀者與一些師長、友人的厚愛。

二〇〇九年三月上旬至七月初，我在 BTV 中華文明大講堂開講「老子的幫助」，雖與書名相同，但適應口語與聽眾的特點，我其實是重新思考，重新結構，自成體系了一部新的書稿。為此，我特別感謝北京電視臺劉愛勤臺長、BTV 衛視陳大立與楊東主任與于瀛編導，沒有他們的多方鼓勵與創造條件，我不可能講出這個系列來。我深深體會到，把一些抽象的哲學道理講明白，講親切，講得易於接受，遠遠比把它們講高深要有趣也困難得多。

原安排十二講，後應受眾與 BTV 的要求，擴充為十八講。後六講中，有一些引文和講解與前十二講有重疊，經過刪節，留下的是角度不同、說法不同的部分。

BTV 播放的是經過該臺編輯的內容。筆者後來按原始稿全文整理增刪，成為現書稿，並定名為《老子十八講》。

在 BTV 講課時，有主持人姜華女士的協助與點撥呼應。整理書稿時，則是按筆者與 BTV 的協議，以我的講演記錄稿來做書的。謹感謝 BTV 的推動與大力協助，並感謝姜華女士在成就此書方面做出的卓越貢獻。

王　蒙

老子十八講 目次

而然，不要刻意作秀——不能操之過急——從道法自然的角度看計畫
經濟與市場經濟

為，還是不為——越是不那樣做，越是能夠達到目的——善於幹什麼，
就用不著刻意去幹什麼——美麗的無為令人陶醉——應做的事各式
各樣，不可以做的事應有共識——怎麼樣分辨好人和壞人——精兵簡
政——不要想那些永遠做不到的事——對於謙虛的哲學表述——上
善若水——感悟水，喜歡水——虛與靜

當然是無中生有——無才有用——老子的哲學是對於生活的發現
——無的優越性——無是想像浪漫的前提——哲學的魅力在於發現
生活——中華文化對於一的追求與崇拜——道生一兼論解讀《老子》
的可能性——道的根本在於從無到有又從有到無——道本身包含了
自己的對立面——一分為三——超越簡單的兩分法——在一二三的
討論中看中西文化觀念的差別——崇拜一也警惕一

朝為座上客，夕為階下囚——得寵這個話並不好聽——范進中舉與小
公務員之死——《紅樓夢》中的得寵與失寵——誰能做到寵辱無驚
——貴大患若身——這是不是老子的荒謬——消化痛苦，提高人格
——以尊嚴和信心對待寵辱——謙卑與鈍感——多幾個世界——對
於寵辱都要有準備——寵辱無驚與物極必反——寵與辱的兩面性
——寵辱的不可預見性——零心態與從零做起——論萬世、高境界

黑格爾盛讚知白守黑——保持溫和——紳士的風度——攝像鏡頭的

　　編按：本書內文多有中國方言或慣用語，在首次出現時，均以縮小字體夾
　　　　　注簡要說明，以利讀者閱讀。

第一講:
你為什麼需要一個大道

道的概念高於一切

老子非常重要,他是中華民族智慧的一個高峰。他的《道德經》在世界上有上千種譯本,是全部中華典籍中翻譯得最多的。可他在兩千多年前用的語言咱們不熟悉,現在看起來也比較繞,有時候一上來就把人繞糊塗了。我要做的就是努力與老子起一個互證的作用:就是讓我們互相證明一下,用我們今人的經歷、經驗、思想、知識、觀念來證明一下老子的哪些觀點是對人特別有幫助的;哪些是僅供參考的;還有哪些是需要有所調整的。同時我們也用老子的學說來分析、對比一下我們自己的那些經驗、經歷,看我們自己的那些想法,有哪些是值得通過對老子的閱讀與驗證,爭取一個進一步的更高

的認識的。

頭一個問題我想跟大家討論的就是，人為什麼需要一個特別大的概念，像「道」這樣的概念？你也許會問：究竟什麼是道，到底什麼是道？我告訴你，道就是「到底」，也就是究竟！你想過問一下究竟了，那麼就是過問道了。你的問題也就回答了你的提問。妙就妙在這裡。老子這個道就是來動員我們的智慧和思維，讓我們進入「究竟」與「到底」，即進入終極關懷、終極期待、終極追尋的。而各種有關終極的說法，可能是哲學，可能是科學，可能是數學，更可能是神學（即宗教學）。

老子呢，正是以中華文化特有的想像、感悟、思辨的方式進行自己的終極探尋的。

我們尋找到這樣一個理念，這個理念它高於一切、它涵蓋一切、它包括一切，有了這個理念你就好像有了一座大山做依靠一樣。比如說我們會有一種對世界的敬畏的感覺：仰望星空、遠眺大海、極目高山雪峰，我們就產生了對世界敬畏的感覺，這些敬畏的東西把它綜合到一塊兒，加到一塊兒，世界萬物統統都包容進去，而且在這裡邊找到它的本質，找到它的規律，老子說這個就是「道」。道是一個終極的概念，是一個本源，就好像數學概念裡邊的無限大，到了無限大這裡，你就到了頭啦，你無法再往大裡找了。而且它還是本質。這個東西既是思辨出來的、分析出來的，又是感悟出來的，因為你沒辦法說我拿了一個大道給大夥看，說這就是道，我找不到。但是道無所不在，什麼都有。因為老子解釋說：這個道啊就是終極，比如說我們問「道究竟是什麼」這個話，就等於問道是道嗎？因為道的意思就是世界的終極，什麼都在裡頭了。

我們需要一個參照

這是一個終極的關懷。它不是通過尋找一個神仙、一個特異功能秉有者而實現的，它是從理念上實現，從理念推導出來的。我們看到的東西都是有限的，但是我們相信在有限之外還有無限，這很簡單。其實這個是最容易說明白的，說時間是無限的嗎？當然是無限的，因為你要說時間是有限的、說時間是二百億年以前開始的，那這二百億年以前的前邊又算什麼呢？說那是負 n 個年頭？那麼負一負二又負無限了，你還是無限。空間也是無限的，如果說空間是幾萬億或者叫光年了，它特別大，它難道是一個鐵框？這個鐵框外頭又是什麼呢？所以老子是順著哲學思辨的頭腦，尋找到了這樣一個無窮的根本，根本的無窮來。

尋找這個根本的目的是什麼呢？第一個作用就是使我們獲得非常巨大的一個參照。人們辦任何事都有一個東西來參照，就拿物理學「運動」來說，運動沒運動要拿地球來參照，說我手在運動，要拿我手的本身做參照呢，我就沒運動，我手原來在哪裡就是哪裡。大概念是一個最重要的參照與依據。一般的人容易拿自己做參照，要拿自己做參照，他就很容易不滿足、很容易生氣，他就很容易看不清、看不明白這個事。但是如拿「道」做參照，情況就會有非常大的不同，就容易把一些事看得開、看得透、解得開。解得開在這兒應該念解（ㄒㄧㄝˋ）得開。

老子說：道，「強為之名曰大」。這個道是很難敘述的，我很勉強地說：它第一個特點是無所不包，它是「大」。「大曰逝」，它又是不斷變化的。「逝曰遠」，它是變化的，它是無窮無盡的，可以永遠地變化下去。「遠曰反」，就是它在變化當中又不時地回歸自身，回到此前變化達到的

狀態的對立面。像這樣的一些性質的描述，你聽著是有一點玄，有一點忽悠，但是你要自己細想一想，這個世界有沒有這樣一面。世界難道就是咱們這一百多斤嗎？就是我眼前這點花草雜物嗎？就是咱們在座的朋友嗎？世界大得不得了，今年有世界，一萬年以後還有世界，一億年以後還有世界。有世界就有世界的總和與世界變化的規律，它就是道，有世界就有萬象萬物各不相同，卻同處於世界上，有同一的規律與本質，這就是道。同樣，世界的變化：有無、死生、興衰、成敗、盈虧、虛實、強弱，這樣的變化之規律、變化之動力、變化之驅動程序也就是道。所以說，「道」這個玩意兒雖然說起來很玄，它確實是存在的。

道是世界與人生的主心骨

有了這樣一個參照以後，第二個感覺就是說，我們還有了主心骨。想想看，一個人，俗話說一百多斤，五尺高，壽命一般叫做不滿百，膂力、智力、視聽等感覺能力都很有限。這不是很悲哀嗎？然而，世界上還有一個主心骨叫做「道」的在，它是永生的，沒了地球，沒了太陽系、沒有了我們所在的銀河系，它還在，它還能生出另一個地球、太陽系、銀河系來。人生無常而道是常道。壯哉道也。

第三個感覺是，有了對於道的體悟，一切都有了定力，都有了定見，都不慌不忙了。一切都是有規律的，是有法則的，一切都在轉化，一切都有希望，也都不必奢望。又是有希望的又是不能奢望的，也不能著急也不能慌亂。這讓我們對待世界就有一種鎮定，有一種定力。

外國人有一些很有趣的說法：碰到麻煩了，比如說金融危機，英語裡有一個詞叫 "face music"，就是說我們得面對音樂，得拿一切麻煩、一

切噩運當交響樂樂章來聽取。比如說你挨罵了，他說「幹什麼了？」「今兒個我聽了一上午音樂。」音樂指的就是別人罵。開批鬥會了，我必須"face music"。這個交響樂批鬥會：你為什麼不好好把這個工作做好了？我看你在找倒霉哪！這不也跟一個樂段一樣的嗎？那個算長號，你這個算小號，你這個算長笛。這話說得不太嚴肅、不太正規，但是它表達一個東西，就是說你從不同的參照系上看，很多事情的性質都會有所改變，都可能是小事情，你就有勇氣、有把握來面對它。

因為我在新疆待過，我喜歡舉維吾爾族的例子。維吾爾族有一個話，這話也不嚴格，你不能全聽它的，但是它有一點道理。它說人生下來以後，除了死以外都是"tamaxar"。"tamaxar"一詞的含義，就是玩、就是欣賞、就是觀賞。它說死是不能觀賞的，你觀賞人家死這太沒有人性了。你觀賞你自己死，你也顧不過來，你捯氣都捯不上來了。但是除了死以外，你都可以用一個觀察的態度，都可以抱一個觀賞的態度。那麼「道」除了給你這樣一個參考的巨大的參照系，使你一下子自個兒站得很高，把很多事都看得更有信心、更有把握之外，還讓你禁不住觀賞感佩於大道的偉大與神奇。都觀賞感佩了，你也就不會焦躁不安了。我們中國有一個詞叫淡定，你甭管這個事現在多麻煩多複雜，但是總有解決的那一天，總有解決的那個時候，有了這個所謂的淡定，比起驚慌失措，六神無主，不是會好一些嗎？

尋道可以增智慧

除了這個以外呢，「道」給我們的第四個感覺是它給你一種智慧。為什麼呢？老子說關於道很難給它下定義，如果要給它下定義，它的特點

是：大、逝、遠、反。大，就是無所不包，叫做無窮大；逝，就是它不斷地變化，不斷地演變，永不停滯；遠，就是說它是恆久的，它不是短期的、一時的，它的效用是深遠的、長期的；反（返），就是說有很多東西它還又回到了它自身，回到了自身的恆常的、正常的、應有的狀態。這和黑格爾、恩格斯他們講的辯證法也是一致的，他們說萬物的變化規律叫做「否定之否定」，先是變化的結果否定了自身，再是否定了那個否定，回到自身。例如一粒種子長成了麥苗，否定了種子自身，麥苗長大枯萎了，否定了麥苗，但是結出大量的麥穗麥粒，又返回到種子：更多更好也可能有所變異的種子。現代化、全球化向中華傳統文化提出嚴重的挑戰，幾乎否定了中華文化。經過新文化運動，經過複雜與痛苦的過程，人們又從新高度上重新認識到弘揚傳統文化對於實現中國的發展與進步的無法忽略的意義。這也是大、逝、遠、反。大了才能包容，逝了才不保守，遠了才穩得住，反了才避免片面與偏頗。

事物它總是有一個回歸在更高的層次上、回歸自身的這樣一個過程。我們如果有了這個「道」的概念，我們看任何事情都會看得更立體一些，它不是單向的，用咱們北京話說它不「較勁」。較勁的這個「較」字應該是比較的「較」，有人寫文章寫成叫喊的「叫」，那不對。它不是叫勁，而是比較的勁，就是雙方不往死裡掐。為什麼它不往死裡掐呢？因為任何事物有一個發展的過程，不用說辯論一個問題，有時候親屬之間為一件小事都能爭執得面紅耳赤，比如看電視裡出來一個演員一晃就過去了，我說這不是那個演「天下無賊」的王寶強嗎？結果我的孩子說這怎麼是王寶強呢，你老了，你眼睛真瞎了。兩人急了，這急什麼啊，你過一會兒上網上查一查就行了。要是你兩人較勁，他如果不是王寶強，我再生氣他也成不了王寶強。如果他是王寶強，我這孩子他再跺腳，哪怕他再

說我老，他再氣我，說你看你都糊塗了，也沒用啊。這個例子是非常小的一件事。可能有的時候較勁還發生在重要的事情上，那個時候可能人們不太容易說別較勁，或者應該說我們站在更高的高度上，把這個事看開一點。

老子的眼光與眾不同

老子就有許多說法，比別人可以說更辯證一點。比如說我們現在常用的一句話，也是當年毛澤東主席最喜歡用的一句話，就是說「禍兮福所倚，福兮禍所伏」，有的地方文字版本不一樣，有的把「兮」說成「上」，說「禍上福所倚」，這個沒關係，我們不去討論具體的文字，但是它講的故事在中國古代早就有。這個故事說：塞翁失馬，焉知非福。塞翁丟了馬匹本來是一件禍事，但是想不到這匹馬又回來了，而且還帶來了一匹更好的馬，它就變成一件好事了。有了更好的馬本來是一件好事，但是騎馬摔壞了胳膊或者摔壞了腿，摔出傷來了，這又變成一件壞事。摔出傷來了，這是一件壞事，結果打仗的時候他沒有被抓壯丁抓走，保住了性命，這是一件好事。當然這是按當時「春秋無義戰」的說法，當時並沒有說哪一場戰爭誰就是最正確、誰就是最不正確的，他不分這個才這麼說。要是現在這麼說當然就很落後了，說我寧可殘疾我也不當兵，這個不能簡單地來類比。所以老子在當時的情況下，提供的是一種智慧，他的這種觀點就是比別人多繞了幾圈，多看了幾步。

有時候我們考慮什麼問題往往是單向的，就這一條線，咱們俗話說一根筋或者鑽牛角尖。可是老子告訴我們，這個世界上的思路有好幾種，有從東往西的，還有從南往北的，還有高架橋、還有地下通道、還有快捷通道；還有可以繞一個彎，雖然路程遠了，但是走得快也還可以到達。

就是這樣一種立體思維的思路。老子的思維是立體思維，不是線性思維，一條線不拐彎。這樣一種立體思維的模式是當時的一般人所沒有的，是儒家、墨家、法家所不擅長的，但不是完全沒有，例如孔子也講「甯武子，邦有道，則知，邦無道，則愚」的道理，而且說甯武子的這種功力是他學不到的，他說他能學到甯武子的智，學不到甯武子的愚。比如孟子也講「天將降大任於斯人」，先得讓他受苦受罪。

你能看幾步棋

有時候我開玩笑說：比如下棋吧，我跟我的孫子下棋的時候，我就看一步，看他那兒有一個馬，我說太棒了，我趕緊把他的馬吃了。但是我就沒有看到我一吃他這個馬，他把我的車給撤了。他也沒看到他撤完我的車，我正好把他的將給將死了，我的炮正好下去將死他。這就是我跟我孫子下棋的水平。下棋下到這個水平，就互相要爭，有時候就得悔棋，就得賴棋，北京話就叫「訛攪」。可是如果從老子的觀點上來說，世界上很多好事你要把它往壞事方面想一想，壞事你要把它往好事上想一想，或者好壞之事又變成一個壞好之事、一個又可能往這邊變又可能往那邊變的事。這一想他就多看了好幾步棋。所以我就說，一般臭棋（棋下得不好的人）、像我這種人下象棋，只看一步，國手他看三步看五步就不得了了。可是老子也許能看到七步，也許能看到八步。

誰也做不到從勝利走向勝利

還有許許多多這樣的例子，例如我們有一句話，實際上是從外國引

進來的，就是說「失敗是成功之母」。很多事恰恰就是在失敗當中醞釀出成功。我們在「文化大革命」的時候背語錄，都記住一個詞，毛澤東主席有一句很有名的話說：「鬥爭、失敗，再鬥爭、再失敗，直至勝利，這就是人民的邏輯。搗亂、失敗，再搗亂、再失敗，直至滅亡，這就是反動派的邏輯。」我年輕的時候看這個老彆扭，我老覺得它不對稱、不對偶，一念這個語錄，我的第一反應是：怎麼人民也失敗，反動派也失敗？兩家都失敗？最後怎麼人民硬是勝了，可反動派就篤定敗啦？如果是搗亂、失敗，再搗亂、再失敗，直至滅亡，這是反動派的邏輯；鬥爭、勝利，再鬥爭、再勝利，直至最後大勝利，這是人民的邏輯。這樣多好！我研究這個特別地費勁。我老想給毛主席語錄改一下，改成：人民，鬥爭、勝利、再鬥爭、再勝利，直到「完勝」。那邊呢，反動派，搗亂、失敗、再搗亂、再失敗，直至滅亡。兩邊一對仗，比都失敗也更工整一些，駢體文駢得更完美一些。當然，這只是字面上的考慮。

看了《老子》以後我明白了。這個很簡單，看一下中國革命史就知道，中國革命史恰恰不是一個勝利再勝利、再勝利，那是俄文修辭的說法，俄文喜歡講「從勝利走向勝利」。咱們想想：從勝利走向勝利，全世界有這麼便宜的事嗎？咱們哪個人這一生是從勝利走向勝利的？恰恰常常是辦這件事失敗了，辦那件事失敗了，但是如果你的方向正確你做得好呢，它最終是勝利的。比如說居里夫人不是前邊全失敗了嗎？她如果一上來就從勝利走向勝利她就不叫居里夫人了，也不值得我們那麼敬佩她了。科學也好、革命也好、建設也好，許許多多東西都是從失敗走向勝利。所以說起來是一個非常簡單的道理，但是實際上你常常做不到，你做不到像老子這樣把這個世界上的事物看得那麼有可變性，是可以變易的，是可以塑造的，它有可變性，有可塑性，所以「大、逝、遠、反」，

這個本身就給了我們許許多多的智慧。

道是哲學，也包含著信仰

這樣一個對於「道」的感悟、對於「道」的理解，還給了我們一個東西，就是它給了我們一個信念。關於道的論述裡，我認為有百分之八十是理性、是思辨、是智慧、是邏輯，但是它還有百分之二十是信仰。為什麼呢？因為道本身不能夠簡單地用科學實驗的方法，或者用數學計算的方法來求解，你不可能加減乘除、列一個式子，或者提供一個實驗室的報告。所以這裡還有一個從你自己的思想上、情感上得出的結論，這就是我開始講的時候、一上來就先說的：人對世界有一種敬畏。作為有限的個體，對於無限的世界、對於永恆的時間、對於無限的空間、對於無限大無窮大，你有一種敬畏之感。這種敬畏最後歸結為道。這一點是相當不錯的。因為如果走一般宗教的路子，把世界的本源說成是具有神性的人或者是具有人性的神，這個世界裡有好多東西不好解釋，各種宗教裡都有所謂的煩瑣爭論，例如捷克作家米蘭·昆德拉就在小說裡大談耶穌究竟要不要上衛生間。

怎麼樣去總結一下道呢

這個「道」呢，你說它有就是有，它是本質，它是本源，它又是全部，它是具體的，所以老子講「和光同塵」，就是說把你的光芒要適當地壓低一點，你要和塵世的生活、世俗的生活、日常的生活接近一點。像這樣的一個「道」他說是無所不在、無所不通的，用現在電腦的語言就

是：如果你要想通了這個道，以後你就會感覺到我們所有的這些人，包括咱們設備很好、信譽很好的 BTV 北京電視臺、或者是中央電視臺、或者是湖南電視臺，所有這些東西都是「大道」的一個下載，道本身下載下來了就變成了一個人。因為你的人、你的一切都是符合關於變化、關於存在、關於自己自然而然的運動、關於返回自身這樣一些規律的。外國人也討論，說這個道到底是什麼？他最後翻譯來翻譯去，翻譯不出來，「道」直譯就是 "tao"，很像小沈陽說：我中文名字叫小沈陽，我這個英文名字叫小～沈～陽～。對於道的說法非常多，要往細裡研究，就是老子本身在他的這本書裡，也不知道說了多少次，他說「道」和「無」和「有」的關係，因為一說要把萬物綜合起來的話，那麼可以是綜合成「有」。這是最明白的，反正什麼東西都有，但是「有」這個東西又永遠會變成「無」。任何的「有」，反正你看得見的、你知道的「有」都會變成「無」。他可以從「有」和「無」的觀點上來綜合這個道理。他還可以從「天」的觀點講「天道」，因為世界上我們看得見的東西裡頭最能夠和我們對「道」的理解及心情接近的，就是「天」——我們仰頭一看無所不包的「天」。古代還沒有什麼銀河系、太陽系，還不知道有這些概念，所以它又和「天」的概念相一致，它又和「大」的概念相一致，它又和根本、終極、本質這些概念相一致。

外國人也討論「道」到底是什麼，有的人認為最接近的就是拉丁語的「邏各斯」，邏各斯就是指一種道理，一種規律、邏輯。我們可以歸到一個和我們的思路接近的地方就是真理，因為真理你也是看不見的。每個人都可以宣布自己發現了真理，是真理的化身，這個是可以的，你覺得真理是存在的，否則怎麼會又有社會，又有個人，又有仁人志士，又有學問家、科學家，有愛因斯坦、有居里夫人、有老子、孔子、有蘇格

拉底、有柏拉圖、有馬克思，都在尋找真理，都在那裡追求真理？所以歸根到底這個世界有它自己的道理，世界有它的必然性，有它自己的發展，自己的這麼一套，所以這是一種信念。當你有了這種信念以後，你忽然覺得你自己就變大了，變得通達，變得不是那麼摳摳搜搜（小氣、不大方），不較勁了。我最怕人整天為一些小事嘀嘀咕咕，又害人又害己；跟自個兒的孩子也嘀嘀咕咕、跟自己的父母也嘀嘀咕咕，跟本單位的人更是嘀嘀咕咕。能夠有這麼一種精神的依託、精神的支撐，而且成為一種信念是好的。

不爭與共享

我們不能簡單地說中國人缺少終極關懷或者是缺少宗教觀念、宗教情懷，在老子的「道」裡頭實際上寄託了中國先秦時期人們對終極的一種追尋、一種敬畏、一種讚頌、一種歌頌、一種依靠。有了道的觀念還非常有利於提升我們自己的精神境界，使我們站得更高，能夠超越嘀嘀咕咕、超越流言蜚語、超越小名小利、超越自我。我們可以看看老子的境界，我隨便舉一個他的論述的例子，我們想想他的境界是什麼樣的。比如說他說：「夫唯不爭，故天下莫能與之爭。」就是說我這個人與世無爭，尤其是爭名奪利的事我絕對不幹，可是越是這樣就越沒有什麼人能夠和他爭。因為你想和他爭，他說我不爭，他說你要爭名和利，那麼名和利就歸你。但是我對道的體悟歸我，你搶不去；我的學問歸我，你搶不去；我的人格歸我，你搶不去；我的水準歸我，這個你搶不去。所以一個真正有自信心的人是不願意和人爭名奪利的，他是不願意蠅營狗苟的。老子的「夫唯不爭，故天下莫能與之爭」這個話讓人真是受用無窮。

　　咱們這麼說，我跟各位說實在的，這個東西也不能說是絕對的，「夫唯不爭，故莫能與之爭」，你上超市買東西他少找你兩塊錢，你說這個我也就不提了，他也不會跟我爭。那當然，他多收你兩塊錢他跟你爭什麼，是不是？這不是絕對的，有些事你也可以說明一下，可以幹點什麼，但是從總體來說你要抱一個不爭的思路。老子也有老子的毛病，他喜歡講一面理，針對孔子孟子：你越提倡什麼我就越反對什麼。所以說到「不較勁」，其實老子也有老子較勁的地方。

把你的時間精力投放在什麼地方

　　想想這一生你可以把你的智慧才華精神放到多少有用的大事上，我最悲哀的就是我們的國人、咱們親愛的同胞，往往不是把這些放在做好自己的事上而是放在人際關係上，你到一個單位先考慮不了你怎麼把這件事情做好，首先要考慮你怎麼樣處理好人際關係。我覺得這個實在是我們的一個悲哀，所以這個「夫唯不爭，故莫能與之爭」一下子就可以在某種意義上改掉我們這個所謂「窩裡鬥」的惡習，可以把一個人的精神、智慧、學問用到正事上。

　　我有我自己的一種解釋，自古以來對於天才有各種各樣的說法，一種說法最簡單也是大家都很信奉、我覺得也講得很好的，說「天才即勤奮」。這話當然說得好，天才你不能光靠你媽媽生你的時候給的那點兒本錢，你得天才即勤奮；還有一種說法是：天才是一分的天分加九十九分汗水。這個說得也非常好，但是我要給它定一個個人化的個性化的定義，我說天才就是集中精力的本領。很簡單，能把你所有的精力集中在某一個兩個點上，你肯定再笨也能把這個事辦好，能辦得比別人出色。所以

這個「夫唯不爭，故莫能與之爭」，如果我們要好好地領會，真是終身受用不盡。還有，你爭，有時候你爭不來啊！咱們實話實說，什麼事你爭就能爭得來嗎，是不是啊？有時候你的爭其實暴露了你自身的許多弱點，你丟人！你爭得挺丟人，你爭得出醜，你爭得致氣，你爭得結果還能使你的細胞惡化。所以老子講「夫唯不爭，故莫能與之爭」這裡頭有著非常高級的境界，一個提升的作用。這一句話實際上提供給我們的是一種大智慧。不是說簡單地不爭吵、不索取，而是給我們一種平和的心態，然後讓我們可以不僅僅是集中精力做事，還可以生活得很快樂。我想這是一個說法。

老子還有一個說法，他說「既以為人己愈有」，就是我用我自己的東西為別人做事，越為別人做得多，我也就越為自己做得多，因為為別人做事這就是我所要做的事，所以「既以與人己愈多」，我自己有的東西我從來不吝嗇，我從來不是光知道自個兒幫自個兒來摟，而是願意贈送給旁人，願意幫助旁人，願意請別人來使用，叫做 "share"，叫做分享，其實中文的說法更好，叫做共享。能共享了的話我就得到得越多。這話其實也很簡單，但是做到並不容易。你幫人也是幫己，這不是很簡單嘛。這很普通的一個道理，很容易說得通，人總是愛互助的，有很多事情你幫助別人、替別人效勞了，說老實話這不起碼你贏得了信任贏得了友誼，你可以說你得到的是比你付出的更重要更高級更美好的東西。所以老子這種說法的境界都比一般的人高。

回到嬰兒狀態去

我曾說老子也有老子的毛病，他喜歡講一面理，很有個性，而且他

還喜歡逆向思維，你這麼說我偏那麼說，所以儘管說不較勁，其實老子也有老子較勁的地方，他有這一面。他特別提倡他認為最高的境界，最高的境界是什麼呢？提出來也許我們會覺得很不可思議，他說「復歸於嬰兒」，就是你能夠變得跟一個嬰兒一樣的單純，能夠沒有那麼多的欲望、沒有那麼多的要求，你能夠那麼樣的樸素那麼樣的真誠，你也不動心眼兒你也不會算計誰。他說人如果最後能夠保持像一個嬰兒一樣的境界，這是最好不過的。我想完全嬰兒化也不行，這個操作有困難，比如說今天咱們的這個講座最後變成嬰兒節目，那得需要許多母親抱著聽眾前來，還有生存問題，最後成為一個老嬰兒在這兒講老子，完全做到不容易。但是從某種意義上我們可以從正面來想這個問題。

他在號召什麼？人應該保持某種純潔甚至於保持某種天真，你七十歲也好，你八十歲也好，你看見路上一朵花開放會不會感到愉快？你見到天很熱，天很乾旱，一場雨來了會不會覺得特別爽氣特別舒服？你見到一個老朋友是不是能夠興奮得起來？甚至你在報紙上看到一首好詩能不能為這首詩而吟詠讚歎甚至於擊節稱善？起碼你得有幾分天真。如果你這些東西都沒有了，如果你一點那種純潔的天真的信任的真誠的東西都沒有了的話，這個也是怪可憐的。想想看，一個沒有任何天真的人，他或她的生活還能有多少樂趣？所以老子所提倡的這樣一種被大道所武裝起來的，被大道所幫助了的人的這種心情、這種境界，並不是一個高高在上的甚至於是帶有壓迫感的高度，而是一種和普通人一樣的、甚至於是和嬰兒一樣的帶著天真帶著快樂帶著好奇，尤其是帶著對世界的信任的境界，而不是對世界充滿懷疑和仇恨。

我覺得要是能做到這一點也是非常不容易的，我們每個人都有和兒童接觸的經歷，無論是別人家的孩子還是自己家的孩子，他們在從三歲

到六歲的兒童階段就有這樣的特質，比如說好奇，比如說對他人的信任和對其他從來沒有接觸過的事物的欣喜；家裡來了陌生人，他也會特別地高興。可能我們現在的人因為生活壓力太大了，節奏也比較快，有一些事情就變得司空見慣了。我們小的時候，看見花開了會有一種欣喜的感覺，現在可能看多了，看著花擺在這兒就好像這裡什麼都沒有一樣。

又精微，又模糊

所以老子的精神境界、他的這個「道」還有另外一面，除了「一曰大二曰逝三曰遠四曰反」以外，他講它是「夷、希、微」。

「夷、希、微」就是說道又是非常精細的一個東西，你看不一定看得見，你聽不一定聽得到，你摸又摸不著。他還說：「道之為物，唯恍唯惚。」就是說它具有一種模糊性，具有一種似有似無的狀態，這也是一種非常高級的思維。表面上看很容易覺得這個有問題，「五四」時期我們有很多前賢就很嘲笑這種說法，因為那個時候我們希望我們國家更重視的是科學，科學要求清晰要求具體，準確精確定量定性，什麼什麼東西含多少毫克，或者是多少國際單位，還有特別小的奈米等類似於這樣的概念。但是老子說的「恍惚」就是又像在又像不在，這裡頭有兩個智慧上的價值：一個是把有和無結合起來，不要認為什麼東西有就一定是有，有還能變成無這樣的例子太多了；也不要認為無就一定是沒有，無也可以變成有。這種關於「恍惚」關於「夷、希、微」的概念有一個很大的好處是給了你一個選擇的空間，就是世界上不管是什麼事情都是有選擇的餘地的，它是有彈性的它是有空間的它是有靈活性的。在靈活性這一點上，我們中國人應該說得老子的好處非常大，我們中國人做事如果有

什麼毛病的話，就是有時候我們太精明又太靈活。有人開玩笑，說是比如一個中國人和一個日本人在飯館裡頭打工，老闆說這個碗要用洗潔精洗三遍、然後用清水洗四遍才算乾淨，這個日本人只要不把他解雇他就是三遍四遍老這麼洗；要是遇到中國人，他頭一個禮拜那個三遍這個四遍洗得挺乾淨，老闆對他挺滿意，第二個禮拜他很可能前邊兩遍後邊三遍，到最後剩一樣一遍了，他瞅著挺乾淨，他還可以說不用洗潔精我就直接拿自來水「唰」一沖、拿布一擦，得了！

有這種毛病也有個好處，好處是什麼？就是說「道」它是唯恍唯惚，它是有空間的，它的內容也是可以給它定義的。你可以在這個大的概念不變的情況下給它不同的定義，所以很有意思。

解讀概念與改革開放

就拿改革開放來說，一個是英國的原首相佘契爾夫人、一個是美國原來的國家安全顧問布熱津斯基，他們都說東歐、蘇聯的改革多半會遭遇危險，而中國的改革很可能成功，因為中國的文化有一個特色。他們沒說這個特色是什麼。要是我理解呢，就是在對大的概念的敬畏和嚮往當中給我們留下了給它定義的可能，給我們留下了選擇的空間。他們的說法是可供參考的。而老子（其實還應該加上莊子）的關於恍惚、關於混沌、關於空間、關於用一個大概念一個巔峰概念之後，又留給我們給它定義的可能這樣的一種智慧，在全世界也是罕有其匹的，你很難做到像他這樣。所以既能夠有一種對世界的本質和本源——「道」的這樣一種信念，又有一種隨時給予新的定義與時俱進——最早是莊子說「與時俱化」——的發展變化的餘地。你能夠有與時俱化、與時俱進的不斷地

更新和不斷地追求的這樣一種可能性，我覺得這也是我們中國的文化、中國的智慧非常可取的一點。關於「道」的特性部分我們就先說到這兒。

尋道是不是宗教信仰

我還想和大家探討一個問題，就是中國人對於「道」的信仰和宗教到底是一個什麼關係。我們知道世界各國都有在文化中占有重要地位的宗教，這些宗教在它最初的時候往往是通過一個所謂使徒，就是上天的一個使者，比如說基督教就是耶穌基督，佛教就是釋迦牟尼。通過這樣的一個使徒——他有超乎凡人的、有神性的一種覺悟，而且有事蹟，他們往往在傳教初期的時候都有比如說治癒病人，使殘疾人、使瘸子能夠走路，使瞎子復明這樣的偉大事蹟，然後他們所代表的這個具有某種意志的一個神，也可以說是具有某種人格的神——有神格的人來尋找人格的神。比如說耶穌就要講耶穌是上帝的兒子，我們在基督教堂裡會看到大量的耶穌、聖母還有耶穌的一些弟子的形象，可是你看不到上帝的形象。但是上帝又有一個兒子，這兒子是耶穌，那麼說明上帝他也具有人格的一些特色，否則怎麼會有兒子呢？釋迦牟尼成為了佛，他本來是印度的一個王子，他在菩提樹下靜坐修練覺悟分析研究，最後他成了佛，他等於也成為世界的一個主宰。所以說對神的理解，英語裡禱告的時候不見得每次都說上帝，他說的是 "my Lord"，就是「我的主」，就是給我們的人間、給我們的世界找一個主人。有人批評貶低說中國文化缺少終極關懷，我個人覺得這樣一個批評起碼只是事物的一面，因為它有另外一面，我們中國找的神不是一個人格的神，也不是一個神格的人，或者簡單地說既不是人神也不是神人，是什麼呢？是概念之神、概念之巔、

概念之高峰、概念之無限，所以我說的是概念之神。這個概念之神恰恰就是「道」，而且這個道還不僅僅限於「道家」，因為孔子也說過這個話：「朝聞道，夕死可矣。」就是說道是一個最高的價值，人生活的一輩子就是要找這個道，我找著道我活不活都無所謂，其他的吃飯穿衣娶妻生子這都很次要，也沒什麼了不起，有也好，歡迎，沒有也沒有關係；我要找這個道，我活這一輩子我要學道我要悟道我要研究這個道。所以他要找這個道。

尋找大道的過程乃是一個命名的過程

老子呢，他更把「道」理解成一個至高無上的概念。那麼道是怎麼來的？這個也特別的有趣，也是我個人非常有興趣的一個問題，這些問題都比較抽象，說了大家也許不是特別喜歡聽，我說一下：找「道」的過程是一個命名的過程，所以老子一上來把道和名一塊兒說。道是一個命名，命名是什麼？就是一種概念、一個名稱，我們中國人認為這個事情有了名了，也就說明對它有了一定的理解，有了認識了，可以說是某個事物有了歸屬了。比如，我們是人，凡是我們這樣有四肢、直行、一般情況下會說話、有一定的頭腦和理性、有自我的意識也有社會生活的，是人。這一個命名就代表了許許多多我們對人的認識。我們既然是人，我們又要以人為本，如果連什麼叫人都不知道，你哪談得到以人為本了。把人和其他動物合起來，我們又命名叫動物，動物和植物合起來我們叫生物，生物和無生物合起來我們叫物質，物質和精神合起來我們叫世界、叫宇宙或者叫人間。我們把世界宇宙人間所有的這些東西都合起來叫什麼？叫「道」。所以這是一個命名的過程，你能命這個名，你就找到了它。

　　所以中國人重視這個名，現在我們也重視這個名，孔子為什麼要正名？因為名不正則言不順。給一件事情起的名就不對，你能夠正確地認識它嗎？為什麼鄧小平領導中國改革開放的時候首先要平反很多冤假錯案呢？把歷史上的許多的積案要改過來呢？你不改過來，你的名改不過來，很多事情都辦不成。所以我們這個「道」的產生我覺得是非常有趣的。這是與世界上那些、當然中國也有的那種類似的民間宗教——就是靠奇蹟靠個人的奇蹟靠神人靠跳大神靠扶乩——不同；但是作為中國的士人、中國的知識分子、中國的精英，他們很喜歡就從概念上找這個神，就是有哪個概念、哪一個神，它管理一切它掌管一切它涵蓋一切。它是通過一個命名的過程最後找到了這個「道」，使這個「道」變得無懈可擊，使這個「道」變得你不能不相信它。為什麼呢？因為道和終極和道理它是同義，究竟什麼是道？終極就是道。到底什麼是道？那麼我告訴你：道就是到底，到了底兒了就是道！

第二講：
道法自然

人要像地一樣地有所承擔

　　老子《道德經》裡邊有一段特別重要的話，有些人是把它當作核心的話來理解的，就是「人法地，地法天，天法道，道法自然」。這個「法」的意思，我覺得一是說樹立了師法的榜樣：地給人樹立了榜樣，天給地樹立了榜樣，道給天樹立了榜樣。還有一個意思就是要遵從它的規律：地要遵從天的規律，天要遵從道的規律。這是挺有趣的一個說法。它提出了世界的五個最大的方面，可以稱為五個維度：人、地、天、道、自然，五方面並不是各行其是的，他提出了五方面的師法與一致的關係，總結了五個方面的基本規律。

　　首先我們就文字本身來說，「地」一般就是指我

們生活的大地，那時候還沒有地球的觀念，但是有土地的觀念，就是我
們人活在世界上要服從、要適應「地」的種種規律。比如說農事，不同
的土壤要有不同的選擇；比如說衣食住行，不同的地面有不同的設計與
方式；比如說水利，不同的地區也有不同的舉措，有的地方有溫泉，有
的地方挖深井，新疆吐魯番是坎兒井……都是按照地的特色與規律來辦
的。

天地的道化或道德化

另外中國人把「天地」這些東西都道德化，從《周易》的時候就說
地的特點是「厚德載物」，就是說它是可以承擔的，它是可以養育眾生的。
這也是事實。所以我們現在有一種說法：地球母親，地球就是我們的母
親，所以人要像地一樣地能夠承擔、能夠養育別人、能夠養育自己，而
且要按照地的規律來決定自己的取捨、自己的行為。天是無言的，孔子
說，天何言哉？天嘛（什麼）話不說，該做的事都做了，四時行焉，萬物
生焉。這麼一分析也很理想。中國思想的各派各家，幾乎都認定既然人
是生活在天地之中的，就要師法天地，與天地相結合相一致。這個說法
雖然樸素，卻很可貴。

那麼地也要注意要很好地領會天時。天決定地的面貌，雨多的地方
有江河湖海，乾旱大風的地方有戈壁沙漠，天冷的地方長寒帶的動植物，
呈現寒帶的地貌，天熱的地方長熱帶的動植物，呈現熱帶的地貌。另外
天往往和時間的概念聯繫在一起，天本身一是它代表著時間，一是它有
陰晴寒暑風雨雷電，有春夏秋冬的變化。四季變化應該說是天與地的合
作的變化，起決定作用的仍然是天的功能，決定於太陽的公轉嘛。另外

中國人還常常把天和命運結合起來，認為天是高於一切的，天意就是宿命，就是不可抗拒。天決定你的事情的興衰成敗，所以這地上的一切首先得符合天時。如果它已經到了衰亡期了，你再使勁也解救不了了。明朝的亡國之君崇禎——朱由檢，很努力，但是他的氣數已盡，「天」已經離棄了他，他的努力毫無效果。

「天法道」的觀念很有意思，因為「道」相對來說比較抽象，好像人、天、地是很具體的，而天和地之外還有一個更根本的東西、還有一個更久遠的東西、還有一個更高的東西，這個東西就是「道」。這一點應該說也很了不起，古人那時候並不知道天上的這些星星分多少種，不知道所有的天體也有自己的壽命、有自己的形成與新生、有自己的青年時代、有自己的衰老，甚至於有自己的滅亡。古人沒有這個天文學的知識，但是他認為並不是到了天就到了頭了，他認為天也好、地也好、人也好，它都要遵從「大道」這樣一個最根本的世界運轉的規律。應該說這真的是非常了不起，這就是智慧。

經驗達不到的地方智慧卻達到了

老子那時候出門的交通工具是騎著青牛，還不是馬。牛比馬的速度還慢，他不可能坐飛機，所以他不可能對地理有很多的瞭解。老子能想到，在這個天與地之上還有一個更根本更永恆更無窮的東西，他深究到天與地都是有形的，基本有形的，而一切有形的東西都有自己的存在與消亡的惡化過程，那麼比有形的東西更高更概括更抽象也更根本的東西是什麼呢？給一切的有形以規範、以驅動、以能量、以意義的東西是什麼呢？就是「道」。

這就是靠智慧所達到的，它說明經驗所達不到的東西智慧有可能達到，感官所覺察不到的東西，思維與語言可以推測到、認識到。認識可以做到超前、預見，可以昇華人的經驗。同時，這種超越性也可能走火入魔，走向反面，變成荒謬的胡思亂想，變成瘋狂的囈語，變成自找苦吃，自取滅亡，變成人類的災難。

自然就是自然而然

「道法自然」這個事稍微費一點勁，我個人的理解是：「自然」這個詞在我們今天的說法就是大自然，就是先於人類、未被人類的活動所改變的一切。在古代它或者可能部分地包含這個意思，因為先秦那個時候，我們的諸子百家也好，一般人也好，還不熟悉自然與文化的分野。老子所說的自然，它更多包含的是一種狀態的意思，它更多的是作狀語或謂語用，而不是作主語或賓語用。就是相當於我們現在說的「自然而然」。它自己就是這個樣子、自己運動，唯物主義講自己運動就是物質世界是自己在那裡運動，並不是你讓它運動它就運動，你不讓它運動它就不運動。唯物主義者還主張，物質的運動是自己運動，並不有待於上帝的最初推手。

所以自然呢，它也包括了天地萬物、世界在裡頭，都是自身在運動而不是外力讓它運動。所以「道法自然」首先的一個意思就是「道」是自己運動的，是自然而然地在那兒活動的，它是不聽命於任何外力的。另外它也包含著它是無所不包的大自然這個意思。

所以我們從「人法地，地法天，天法道，道法自然」這一連串的推論來說，確實看到它強調的是世界萬物互相之間這樣一個師法關係，它

是一個和諧的關係、一個統一的關係，實際這個話裡頭已經有「天人合一」這樣一個思想的萌芽，雖然他沒有用天人合一這個詞。因為人是地的產物，是在地上生長的，所以人做一切事情要注視、要傾聽地的聲音，要看地的變化，得隨時根據它來調整自己的選擇。地呢，它上面還有天，它要跟隨著天走。所以這是一個和諧的說法，這又是一個很有趣的說法。民間常常講「和氣生財」，一路師法下去，就能做到人－地－天－道－自然的和諧與一致。

在老子這兒又不僅僅看到了天、地、人即俗話說的「三才」，他還看到了道和自然，所以我們也可以說到了老子這兒，「天地人」的這個三維說法變成了「天地人道」一個四維的說法了，甚至於是「天地人道自然」一個五維的說法，這個就更高級了。

相信自然而然是人民的共識

我說過「道」是老子的概念之神、是老子的概念之巔峰、是老子的概念之王，你什麼東西到了「道」這兒都得服小，你都得聽「道」的。但是在這裡老子很驚人地提出了一個「自然」比「道」更高的觀念，就是說任何事情自己運動、自己發展、按照自己的規律來辦事恰恰是道的精髓、是道的核心、是道的根本，就從根本裡頭又找根本。「道」已經是根本了，沒法再根本了，但是從根本當中還能再找出一個根本來，就是「自然」。所以老子的「自然」這兩個字不管你怎麼理解，理解成現在的大自然也可以、理解成自然而然也可以，把它既理解成大自然又理解成自然而然也可以，它都是極其有價值的。這樣一種說法我們可以把它當作老子特別精彩的一個智慧的奇葩來考慮。

　　我們也可以看到，其實我們老百姓在很多地方吸收了這樣一種觀點，它也是我們老百姓的常識、我們老百姓的共識。老百姓當中有很多俗語很多諺語體現的都是這種精神：比如說「瓜熟蒂落」、「水到渠成」，瓜熟了以後，自然它從根蔓那裡就斷下來了，如果還沒熟，你別急著去摘，那就叫「強扭的瓜不甜」。你扭了半天大力士都上去了，不行得動刀往下割，那樣的瓜還沒有熟，不會好吃的。最好你晚一點，你那麼急幹什麼啊！它熟了以後就蔫了、脆了，你稍微一碰甚至你不碰都掉下來了，當然晚了一點會掉下來摔了，那是另外一個問題。智慧來自生活。這個世界總是給人以智慧，給人以靈感。所以說你法什麼、我法什麼，它還有一個啟發，就是說從世界獲取營養、從世界獲得學問，我們這一輩子就是要請教天地，請教自然，體悟大道。

　　中華文化也特別地講究「師法自然」。我們的繪畫理論都講師法自然，不管你表達多麼崇高的思想，但是這個靈感是從哪裡來的呢？是從大地上來的、是從花朵裡來的、是從動物裡邊來的。我們的書法也講究師法自然，一個書法家他的字為什麼寫得很有氣魄很有力量呢？因為他登過泰山、登過黃山，他走過黃河、他跨過長江、他見過大海、他見過各種各樣的動物植物。他從動物植物上體會了各種動態靜態的幾何結構、運動的丰姿，很多人說他喜歡書法是從大自然找到了靈感。甚至於咱們的中國功夫，形意拳是我小時候特別希望能練的功夫，但是我至今一事無成。功夫它也是師法自然，貓竄狗閃蛤蟆功螳螂拳猴拳鷹爪虎跳豹子躥，從自然上得到啟發、得到靈感。就是說人的靈感是從世界得來的，這一段可以說是老子最唯物的說法：從自然得到靈感、從世界得到靈感——我們也是最容易理解的。

為什麼說車到山前必有路

　　還有老百姓有一些說法，比如「車到山前必有路」，就是有一些事你不要過於焦慮，一時沒轍，那是沒到時候，時機尚未成熟，要發展到一定階段才能想出解決應對的辦法。咱們北京人有一種非常普通的說法：到哪兒說哪兒──當然這個話也不完全對，咱們別抬槓，一抬槓我就不能說話了，每一句話都有不完全的一面──你應該有預見，應該早看幾步，但是你既要有預見又不能過於焦慮，到時候自然有辦法。所以叫「車到山前必有路」。

　　還有一個很片面的說法，但是它也有可取的一面：有時候，我的上一輩人見到什麼人埋怨說，自己的孩子功課不好，說這孩子太貪玩，喜歡彈球兒。那時候沒有別的玩，喜歡彈球兒、喜歡看小人書，如我的姥姥、祖母這一代人她們就會說「樹大自然直」。就是說他處在一個成長的過程當中，在成長到了一定的程度後他自己就會有所調整。這對我們現在的人教育孩子也是很有啟發的。

　　養生醫學也講這個，所謂「自癒」就是有很大一部分病是你好好休息休息、多喝一點水是可以自行痊癒的。有時候醫療過度、醫藥過度就違反了「道法自然」的規則，所以自癒的觀念也是這樣的。

　　反過來說，我們也有一些說法，如「多行不義必自斃」，你老是做壞事情你遭恨，不是很簡單的嗎？你的朋友越來越少，你的敵人越來越多，你給自己製造的麻煩困難越來越多，所以「多行不義必自斃」。還有一個詞「自取滅亡」，說滅亡並不是由於對手把他搞滅了，是自己把自己滅了的。這裡邊都包含了相信自然而然、重視自己運動、重視自己變化的含

義。我相信這些東西都和老子的學說有關係。

共產黨喜歡講理論，這個理論和老子的學說也有一致的。比如說共產黨一再提倡人民群眾要自己解放自己，因為你不能等著別人送給你解放。「解放」不是禮物，不是一瓶酒，我送給你，你就解放了。應該你自己能夠把自己的思想枷鎖打碎，應該把你自己的各種各樣的偏見、愚昧和沒出息的想法打碎，這樣你自己才能做到你應該做到的事情。所以「道法自然」的說法也是表面上看非常的簡單，但是實際上它非常的有道理。

理想的政治是自然而然地做事的

有一些事不要老是從人為的或者從外物的角度上找原因，老子在《道德經》第十七章裡還講到，當時的君王、當時的侯王和聖人——不是那個猴，是諸侯的侯，侯王和聖人如果把國家治理得非常好的話，老百姓就會說他「功成事遂」，就是你所有要辦的事業都達到了目的，「遂」就是順遂、遂願、符合，都很順利，符合願望。「百姓皆謂我自然」。這個「我自然」是什麼意思呢？就是老百姓說這是我幹成的，這是我自己要幹成的。什麼是最成功的政治呢？就是把領導的或者是政治家的——在當時來說談不上領導談不上政治家了，就是君王的那種意圖變成了老百姓的願望、變成了老百姓自己的利益，變成老百姓自己去把它做成，而且做完了以後，老百姓相信這是我們把它做好的，是我們願意這樣做的。

所以這也是一個自然之道，這可以說是老子的一種理想政治，不是靠你苦口婆心、不是靠你耳提面命、不是靠你手把手地教，而是老百姓自己把它做好。當然這裡也有理想主義的一面：世界上有很多事情，既然什麼都強調自然而然，咱們誰都甭管了，就讓它自然吧，「非典」(SARS)

來了，甭管它，它自然而然到時候也就沒了。那是不可能的！為什麼我說《老子》不能當飯吃呢？你要真正拿這當飯吃，說以後咱們大家什麼事都不幹，上班時間每人一杯茶就在那兒喝茶，然後拿一本王蒙的《老子的幫助》看一看，然後你又領工資，這世界上沒有那麼好的事。

為什麼說知道了美反倒醜惡起來了

關於自然的這個意義是特別好的，在講自然的同時，老子對於一些人為提倡的東西抱懷疑的態度。老子他挺「各」（特別）的，他講一個道理說：「天下皆知美之為美，斯惡矣。」說大家都知道美是美麗的，這就太壞、太糟糕了。還說「皆知善之為善，斯不善矣」。說都知道善是善，這反倒不善了。之前曾講過老子善於逆向思維，別人都這麼說，他就反著說，或者別人都這麼想，他就逆著想。

我們有很多大家，比如說我讀過錢鍾書先生寫的筆記，他就說「皆知美之為美，斯惡矣」這個話不能完全說得通，他說因為從概念上說美和醜是同時存在的一對概念——大意如此，我不是複述錢先生的原話。就是說美就是美、醜就是醜，比如說一個美女西施一個醜女東施擱在一塊兒，大夥兒都瞅著西施順眼是不是啊？這個不能說因為有西施才出來的東施，他這個道理是從語義上從邏輯上講。錢先生講得特別好，但是我對老子這個話的理解是從經驗上理解、從人生的經驗上理解。我覺得什麼叫「皆知美之為美，斯惡矣，皆知善之為善，斯不善矣」，你只要在單位搞一回評工資就知道了，說工資這回提百分之二十，找最美最善的人來給這百分之二十，其他不夠美不夠善的工資一率不提，再評出百分之一的又醜又惡的人咱們給他降工資、降百分之二十。你說這個單位還

有寧日嗎，這個單位還搞得下去嗎？非常的難，為什麼呢？

當你有了一種提倡、一種追求的時候，首先一個美字就破除了人和人之間生來平等的這個觀念。怎麼平等呢？人的模樣——女性的模樣都能趕得上鞏俐、章子怡嗎？男性的模樣——這我對不起，我舉不出例子來，我不注意男性，這個俊男都是誰，周杰倫？劉德華吧，我不覺得他特帥，就說周杰倫、劉德華吧，咱們這個模樣也不像周杰倫和劉德華，所以這個標準就很難選取和確定，它把平等的觀念、絕對平等的觀念破除了。

第二，大家就都追求這個美，我要美怎麼辦，我就得美容，美容你弄過頭了就出現了好多美容變成毀容。這樣的故事很多：追求盡孝道，過去說天下要舉孝廉，中國封建社會都有這樣的全國評孝子，也會出現過分的情況。「二十四孝」裡有好多故事都非常的過分，父母生了病想吃魚怎麼辦，又沒有破冰的設備，就脫光了趴在冰上把冰化開然後夠一條魚，這太矯情了是不是？而且這個也不容易啊！這人得有多熱才能把冰給化開啊？這不符合以人為本了，和老子的思想也不吻合了。

第三，它還會有虛假，咱們過去有一個時候看一個人學習得好不好、看一個人的思想好不好，要檢查他的日記，於是有一些人就把寫日記變成登龍奇術，就是甭管真的假的，你每天日記上記第一你有覺悟，第二你幹了好事：今天我到BTV做講座，一進門就看到那裡有一團火，我就撲上去了。這好，我日記上有這麼一條，真過了二十年再來評這個日記，人家早不知道有火沒有火了，你寫上去了也就出現虛假了。《官場現形記》最可笑了，說是上邊有一個官吧，一個巡撫，按照現在說就是一個省級的官員上任了，這個大官最喜歡的就是樸素，他最恨人穿好衣裳，他最希望的就是人衣服上左一個補丁右一個補丁。底下的官員一聽，哎喲，

他們穿的衣服都太漂亮了，就衝這個弄不好當場就找一個毛病，就給革職了，摘了烏紗帽。怎麼辦呢，趕快買舊官服，一時間自由市場上舊官服的價錢變成了新官服的幾倍，二百塊錢你可以買一身新官服，但是你要想買一身破爛官服得一千塊。到了這個程度，這真是可笑到了極點，也醜惡到了極點。

這說明什麼呢?就是提倡任何一種對價值的追求都有它自己的反面，都可能走向自己的反面。

當然我的意思不是說老子說的都對，說以後咱們不准說誰美誰不美，也不准說誰善誰不善，大家來了以後每人每月工資三千塊錢全一樣。這個是行不通的，該提倡的東西要有，該反對的東西也要有。但是老子提醒不能極端，不能過熱，所以我說老子有時候是「涼藥」就在這裡。

當然你貶斥美善也不行，你貶斥太多、非議太多的時候看看《老子》，幫著你消化消化。你不要過於追求刻意地去做什麼，這一方面老子的見解實際上是對現在這個所謂後現代世界的啟示。

老子的天地不仁說太刺激了

有一種思潮叫做對文化的質疑，或者叫文化批判，就是我們都看到文化是好東西，也當然認為文化是好東西，但是文化在發展當中會不會也有一些負面的東西呢? 比如說什麼都自動化、什麼都順利，這人的體力反倒下降了；什麼東西在電腦上都能查得出來，這人反倒不進圖書館了，有沒有這種可能? 應該說這種可能是有的。所以在文化的發展當中、在文化的建設當中，我們同時還要注意保留我們那些不應該丟失的東西、保留那些自然而然的東西、保留那些淳樸的東西、保留那些可愛天真的

東西，老子的方法在這方面給了我們一個啟示。

還有對於價值的質疑，沒有價值觀念就沒有文明也沒有了最最起碼的規範了，但是另一方面，會有價值狂熱，如恐怖主義；會有價值霸權，不需要舉例；會有價值僵化與反人性化，例如中國封建主義的「名教殺人」，殘害了多少女性？還有價值歧見造成的宗教戰爭等。而老子幾千年前就看穿了價值與文化的兩面性，他不是絕了嗎？

把「自然」抬得這麼高，那「自然」就是最好最最親愛的了，「道」就是最好最最親愛的了嗎？老子有一個驚人的說法「天地不仁，以萬物為芻狗；聖人不仁，以百姓為芻狗」。他說得太刺激了，你要是膽小的，看完這一句話能晚上做噩夢。他是什麼意思呢？他說天地並不講仁愛，你不要想天地都喜歡你心疼你，天地它是無情的。這很容易理解，一個四川大地震你就看出來了。天地不仁，反過來說天地它也不壞，它也沒有要害你的意思。它既不是要愛你，它也不是要害你，天地、自然、道，不是一個意志的概念，也不是一個道德的概念，更不是一個情感的範疇，而是一個運動的概念、一個哲學的概念。它超過了人間的意志和道德，所體現的是一個客觀世界的規律。

在這個意向上講，他說「天地不仁，以萬物為芻狗」，「芻狗」是什麼東西呢？就是送葬的時候用的那些紮的紙人紙馬紙狗，這些東西到時候一把火就燒了。他說得刺激、很難聽、很殘酷，這是一種智慧的殘酷性，就是告訴你真相，把真相非常慘烈地擺在你面前。讓你正視這個現實，你得聽這個音樂，聽老子這個音樂。

「天地不仁」這個東西看你怎麼理解它了，你如果把它當做是殘酷的話，認為老子還在提倡殘酷，我覺得是你自己理解錯了。因為不管是在歷史裡還是學說上，我們沒有找到老子這個人為人特別殘酷的證據，

或者是這樣的紀錄。相反的，老子在另外的章節裡頭是反對戰爭的，他是用非常悲哀的語言來講戰爭的，像「兵者不祥」、「大兵之後必有凶年」，到現在這些老百姓愛說的話都是從老子那兒來的。

那麼他為什麼要講天地不仁呢？就是要讓我們正視這個世界有許許多多不如人意的一面，你不要指望著「天地」老撫摸著你的額頭：我的乖孩子啊，我讓你舒舒服服的，我讓你心想事成，沒那個事。這是老子的一服清醒劑。我們不要把它當作殘酷，而要把它當作在今天來說是一種對世界的唯物主義的態度。就是任何事物都有它自己發展的規律，它並不首先決定於「我愛你、你愛我，我心疼你、你心疼我」，它不表現在這些方面。像地震是由於地球的運動、地質的構造、地殼的構造所造成的一種現象，還有生老病死、興衰成敗、生駐壞滅、禍福通塞、「縱有千年鐵門檻，終須一個土饅頭」、「天地者萬物之逆旅，人生者百代之過客」……你只能這樣去理解這種所謂無常的、即「不仁」的現象。

老子關於「天地不仁」的思想，從積極的方面來說，就是我們要拋棄那個沒有出息的依賴的思想、僥倖的心理、幻想的思想，一切都得靠自己奮鬥，同時要豁達地對待一切不如人意。你不能靠天地給你擺出一個非常美好的世界。

道像雨露一樣

當然老子也自相矛盾，老子在另外的地方又說「道」就像雨露一樣滋潤全世界。他又讓你感覺到天地有情了。所以事物就是這樣的，天地有無情的一面又有有情的一面，我們看到月亮升上來，正月十五月亮很好，月亮又下去了，我們覺得很留戀；我們看到太陽升上來了覺得振奮

乃至感恩，太陽的溫暖使地球很多生物能夠生長、使很多能源能夠形成，所以天地又有它有情的那一面，又有它珍惜萬物所以滋潤萬物涵養萬物的這一面。

「道法自然」裡有這種注意客觀世界、注意唯物主義的一面。但是它又超越了這些，因為它是「道」。道是不講主客觀之分際的。

老子在另外的地方又講到，一個人如果他得到了道以後有一點刀槍不入的那個勁兒，說是「入軍而不被甲兵」，就是說你去打仗任何武器都傷不了你，金鐘罩鐵布衫！我們這麼理解：老子講的不是功夫，不是講金鐘罩鐵布衫，他講的就是你掌握了「道」以後，你就無往而不利，你就沒有危險，你就沒有困難。這裡又有非常主觀的一面，或者說唯心的一面。所以老子對於「道」的理解是超越了物質與心靈、超越了世界與自我、超越了主觀與客觀的。

老子捅破了你的窗戶紙

總的來說，無論是老子講的某一句話還是通篇來看，他整個《道德經》其實都是有一種辯證的或者用更中國化的說法叫做「機變」的思想隱含在裡邊。一方面我們要這麼理解，一方面我們還要看到另外一面，所以我覺得它整個的思想都是辯證的。我們讀《老子》或者是討論《老子》也不能犯死心眼兒，這本身就跟老子的思想完全對著來、太相悖了。

老子對非自然的、不是萬物所固有的、不是世界所固有的這些規則常常抱懷疑的態度、批評的態度，對人的意志常常給你捅破這層窗戶紙。你本來覺得你的意志很了不起，覺得你的願望或者你的判斷是標準的，很偉大，但是老子他給你捅破了，尤其是對儒家強調的那些標準，他都

覺得是可疑的，並不是絕對的或者是鐵定的，它都有它的漏洞。

比如說老子有一段非常有名的話，這話說的跟那個「天地不仁」似的，也是非常刺激、非常扎耳朵的——他最有名的話我老覺得像在詛咒一樣，好像在那裡念咒一樣——他說：「大道廢，有仁義。智慧出，有大偽。六親不和，有孝慈。國家昏亂，有忠臣。」這幾句話說得太重了，實在令人難以接受。

微笑是有定價的嗎

我們簡單地先解釋字面：「大道廢」就是大家都不能各安其位了，是大家都不知自己該幹什麼了、都不能自己運動了、都不能自己變化了，有了病也不能自己痊癒了。這種情況之下就得提倡仁義，仁義就是用道德的約束來維持人際的已經被污染了的關係。老子這裡有一點理想主義，他認為人和人的關係本來是很正常、很自然、很樸素的，非常美好的，不需要別人教給他的，但是現在不行了，現在我一見你，我得先想一想。老闆說了顧客就是上帝，我明明很煩這個顧客、很討厭這個顧客，但是我臉上一臉的假笑。有這種事情啊！

有一陣咱們南方有一個城市，那時候開始——其實我個人完全理解這種做法——就是當時當地的領導提倡微笑服務，我去一個在上邊能旋轉的高層建築，我就發現服務員每個人都在這兒繫一個絲帶，上面寫的是「微笑服務」，可是她臉上並沒有笑容，她的微笑是在絲帶上，她臉上還是冷冷的。也有人寫小說就是專門寫這個微笑所造成的故事，好像是畢飛宇他就寫過這麼一個小說，就是因為一個農村的小女孩到了一個服務行業，老闆就要求她笑，她老笑不出來；老笑不出來，她被解雇了，

她更笑不出來了。有人說刻薄話，就是計算微笑的經濟效益，比如如果你每天微笑五次的話，你這個月能增加二十塊錢工資，這樣的話每微笑一次可以有三分錢，大概是類似於這樣的一種說法。

這就是說事情有這一面，所以老子認定，「大道」如果人人都掌握了，人和人之間的關係非常的自然，用不著提倡仁義道德、用不著規定人際關係的規範，也根本用不著學習掌握禮貌用語。當然我說了他這個話是片面的，實際上有些時候你也是需要經過一個人為的過程。但老子的見解又是奇特的，振聾發聵、發人深省的。

他說「智慧出，有大偽」，大家都讀書，都要有智慧，都要發展自己的智商、智力，都要長心眼兒，可是這樣就有一個問題：智慧比較高了，會作偽了：他心裡這麼想，但說的是另外一套。這種事情你也不能說絕對的沒有。尤其中國人有一個問題：講計謀，我們有三十六計，什麼瞞天過海、圍魏救趙、打草驚蛇、投石問路等等，這是老子反對的。但是實際上在民間在歷史上是深為講究這些的。我還結識過一位瑞士籍漢學家，他就專門研究中國人的計謀，他已經背誦得倒背如流了。當他用計謀來分析問題的時候，有時候讓你起雞皮疙瘩，挺瘆的。比方我們在維也納參加一個會，講完了以後他就過來了，說王先生我聽著你的講話就是釜底抽薪。把我給嚇一跳，我抽誰的薪了，人家正紅燒肉呢，我釜底抽薪，我讓人弄一個夾生飯（半生不熟的飯）？我沒有這樣，但是確實有搞這種計謀的。

老子他煩這個計謀，他反對，人和人之間用過多的計謀是他所反對的。他的反對不無道理，雖然不能夠絕對化。

夫妻間需要不需要每天說「我愛你」

老子說「六親不和，有孝慈」，這個話是什麼意思呢？比如說慈，指的是父母長輩對待自己的子女是很慈祥、慈愛的，是慈父、慈母。子女對待自己的父母是很盡孝、很孝順的。這也是人的天性，許多國家沒有孝和慈這個觀念、這個詞，但是不等於人家都是不盡孝、不喜愛父母，或者是父母瞅著孩子討厭、把孩子掐死。不是這樣的，雖然也有這樣的個別例子。當然有相反的，我想我們從另一面來說，比如說我現在歲數大了，假設我的孩子來看望我一下或者還給我帶了二斤元宵，一進來就說我今天盡孝來了，我給您帶了二斤元宵。我怎麼聽著那麼彆扭啊！你什麼話也不說，你把元宵擱在那裡，說咱們吃元宵吧，稻香村的，漲錢了。這個多好啊，是不是啊！

父母更沒有這樣的──比如說如果年輕一點，我這個孩子還剛兩歲剛三歲，一見著孩子我就高興「小寶今天天冷了你穿這個衣服不行，我給你加一件衣服吧」。過來給穿衣服然後說：你看我是你的慈父，你看我對你是多麼慈祥。我要是那個孩子我也害怕，你算了！一天你對我慈祥八次，第二天你對我慈祥了七次，我該琢磨了我犯什麼錯誤了，你少一次？所以老子說「六親不和，有孝慈」，所以你得強調孝、強調孝慈。這個老子夠絕的，他有一點哪壺不開提哪壺，本來孝慈很好嘛，但是他發現了──他的眼睛很毒、很厲害──他說真正要關係特別好，我用把這個孝和慈掛在嘴邊嗎？

這是中國文化，外國不一樣，這個問題我還沒研究清楚；外國人什麼都要掛在嘴上，要表達的一定要說出來：我喜歡你我愛你或者是我怎

麼樣一定要當面說，送禮物也要當面打開，我見過外國的孩子給父母送生日卡，底下都要寫上 "love"——我是愛你的。所以這個世界上的事也不是絕對的。兩人已經結婚十五年了已經結婚三十年了已經結婚五十年了，兩人還得不斷地說 "I love you"（我愛你），那邊就說 "Me too"（我也是），他是怎麼回事？也許咱們老子只管中國，老子當時不知道英吉利、美利堅，所以他也就不去管這個外國人的文化了。可能對於外國人來說，掛在嘴邊就是自然而然的，不掛在嘴邊反而是不自然的。所以我們可能也不能分析表面的現象，比如外國人把這個謝謝、請原諒永遠掛在嘴邊上，把我愛你也永遠掛在嘴邊上，這樣他形成了他的一套生活方式，他要連續三天不說我愛你，那對方還真有一點嘀咕了。老子煩的是沒有自然而然地、出乎你的本性去愛去幫助別人、去孝敬父母，太刻意就不好，故意造作也不好。

要自然而然，不要刻意作秀

當然老子也不是傻子，老子很聰明，他能看到「國家昏亂，有忠臣」，這個話說得更重，但是有這一面。我們老百姓的話不這麼說，老百姓說「家貧出孝子，國亂顯忠臣」。國家不出事你怎麼知道誰忠誰不忠呢？都說自個兒忠，公務員考試的時候你問一下：有認為自己不忠的舉手！誰也不舉手，他舉手就考不上這個公務員了。但是恰恰是國家有了事了，你會明顯地看出來誰是忠臣誰不是忠臣來了。

所以老子的意思還是說，你要合乎「道」，合乎自然而然之道。不合乎道的時候，才會有這許許多多人為的努力出現，而在合乎道的情況之下，美好的詞句不必掛在嘴上，也不要去作秀。老子的這個意思是好的。

不能說老子說得不對，因為忠臣在任何一個社會、任何一個國家都是被肯定的，是一個褒義詞，但是你掛在嘴上作秀就可能走向反面了。這樣的經驗在中國的歷史上、在外國的歷史上也都是有的。在中國，正是「文革」時期把一個「忠」字喊破了天，而那個時候叫做動亂，與昏亂差一個字。

所以老子說「人法地，地法天，天法道，道法自然」，把這個「自然」強調到一個無以復加的程度，甚至都超過「道」了。它超過道、超過人為的許許多多的努力、超過了許多人為的提倡或者反對的東西。這裡儘管有過分的地方，但是他強調「自然」還是對的。

就拿咱們這個講座來說吧，電視要錄像，錄像是要做很多的工作的，但是我自己感到最尷尬的就是比如說我講得並不是特別好，然後導演說你們鼓掌怎麼這麼不熱烈，鼓掌，再鼓一次，再鼓一次，還得鼓！這樣的話讓人非常難受。有時候不是錄像，就是到大學裡去講座，大學那個系主任或者是那個院長校長為了表示客氣，就說「首先讓我們用熱烈的掌聲歡迎王某某來我們這兒講話」，然後「讓我們再一次用熱烈的掌聲」，本來我覺得我講得挺好的大家鼓掌，後來他老這麼說，我就想到我是不是講差了、講砸了，別人都不愛聽，幸虧有領導在那裡監督，不好好鼓掌的影響提級、影響學分。任何一個事情排演過度、掌控過度或者是操作過度、反應過度，都會走向自己的反面。

不能操之過急

老子有時候老是抱著一種抬槓——老子也是一個槓頭——叫做雄辯的態度講問題，他是從這個抬槓的角度給你講，他講的也真有真理，但是你做的時候不可能只考慮到這一面。我覺得老子的關於「自然」的理

論、學說對我們也是非常有幫助的。反過來說，我們也可以找到許多的例子是我們違背了自然而然這樣一個規律，我們過分地追求那個客觀上並非立馬能夠實現的東西。一個很簡單的說法就是急性病，你不讓他自然而然地運轉，所謂一口飯吃不成一個胖子，可你希望一下子就把這些問題全解決。你做不到，你只能夠是傷害事物自己的發展規律，所以我們中國又有一個說法叫「欲速則不達」。你想快走，結果你反而到不了那個地方。還有一句是「心急吃不了熱豆腐」，都是這個意思，很多這一類的話，「不到火候不揭鍋」，它都是這個意思。就是說你違背了大自然、違背了事物自己運動的規律，你就會吃苦頭。

從道法自然的角度看計畫經濟與市場經濟

比如說我們國家長期實行計畫經濟，計畫經濟有計畫經濟的必要，如在長期的戰爭之後或者在戰爭之中，有許許多多計畫經濟的因素，這個也是正確的。但是計畫經濟裡頭也有問題，你再偉大你不可能想到每一件事情，你不可能讓你所有的計畫符合自然的運動，所以為什麼現在我們實行的是社會主義的市場經濟呢？因為市場經濟更多的是調動各行各業各地區各城鄉甚至於是每一個單位每一個個人的積極性，讓他們自己通過市場來使用這些資源，實現資源的最優配置，能夠更好地發展生產力。但是反過來說，金融危機、金融海嘯又提醒我們：全是自然了沒有意志沒有概括沒有操控，或者是沒有監管、沒有宏觀調控也不行。

我們從人生——小而至於家庭的和睦、大而至於一個國家或者世界的財政金融經濟，都可以看出怎樣尊重自然，怎樣掌握好個人的意志、人類的文化所能起的作用，這都是很有意義的。

第三講:
無為是關鍵

為,還是不為

　　我們來討論一下老子關於「無為」、「上善若水」這兩個命題。這兩個命題涉及到老子和別人不一樣的獨到的智慧和風格。關於「無為」,《道德經》裡邊從頭到尾不知說了多少次,每次說的角度都不太一樣,比如說在第二章裡老子說「聖人處無為之事,行不言之教」,聖人在這裡可以設想為指協助當時的君王來管理國家的一批人或者一批讀書人、一批有學問的人,有本事的、得道的人。他們要做的事情是「無為之事」,說得相當玄乎,就是要做的事情是「別幹」。乍一聽沒法理解,有一點誠心找彆扭的意思。但實際上幹某一類事的目的就是表示自己不準備做什麼,這樣的例子中國很多,例如劉備在寄身

曹操手下的時候，表示自己忙於種菜，比如某個高級領導退下來忙於拉胡琴，這都是處無為之事。在政治運動如火如荼之際，突然發表一首領導人的詩詞，發表一張領導人遊山玩水的照片，也有處無為之事的某些天機。起碼是表示領導人胸有成竹，自有道理，全國人民也就少安毋躁，聽從指揮就得了。

「行不言之教」倒好理解一點，因為我們現在也常說身教勝於言教。你自己做榜樣，你不要老在那裡說教、念經。在《老子》的第三章裡也說到「為無為，則無不治」，就是你幹得越少或者你幹得比較少，各方面的管理治理反倒會更好。這個說法也略略有一點矯情，但是他有針對性，因為在春秋戰國時期他看得太多了，當時的諸侯國家在那裡亂為、瞎為、窮折騰，越為弄得越亂，弄得國無寧日，弄得老百姓不能夠平平安安地生活。這樣的事情他看得太多。那時的一些君王，還有一批所謂的「士」，就是讀書人，這些讀書人也緊緊張張地在那兒販賣——用我們的俗話說就是賣狗皮膏藥似的：我這個跌打損傷全治、我這個能長壽、我這個可以滋陰補陽。他什麼都在那兒販賣，但是真正做成一兩件事的人非常少，很多不但沒有做成事，最後連自己的腦袋身家性命都不保。這一類的事老子看得多了，所以他說「為無為，則無不治」。

老子的學說使我常常想起莎士比亞的《哈姆雷特》，哈的名言是「活著，還是不活，這還是一個問題」。老子讓你想的則是：「為，還是不為，幹，還是別幹？這確實是一個問題。」

越是不那樣做，越是能夠達到目的

在第二十二章裡老子說「不自見，故明」，更多的學者認為這個「見」

應該讀「現」，我上小學的時候寫「發現」從來不寫這個「現」，都寫「見」，但是讀就要讀「發現」，因為「現代」的「現」和「見」在古時候是可以通用的，特別是當「發現」講的時候。所以這個「不自見」或者「不自現，故明」的意思就是：你不老想著表現自己，那麼你的形象反倒比較清晰。這是一種解釋，還有一種解釋是：自己沒有成見的人，就比較明白；你不要老抱著一個成見，事還沒弄清楚——先有結論後去調查、後去瞭解，這樣的事情也非常多，這叫「不自見，故明」。

「不自是，故彰」——你自己不自以為是，你的成績、你的好處反倒就彰顯出來了。簡單地說，你吹得越多，別人越不買你賬，這種事我們很容易看到，吹噓太過，引起逆反心理。「不自伐，故有功」，就是你不把什麼事都放到自己身上，你的功勞人家才承認，本來你是有一點功勞，但是你說得過多了，喪失了可信度了，人家煩了反倒連你原來那一點功勞也不承認了；應該說這是很接近生活的說法，很接近現實，對老百姓一說就能明白。

「不自矜，故長」，自己不驕傲，你反倒顯得比別人高明，所以他接著又是那一句話「夫唯不爭，故天下莫能與之爭」，我自己各個方面的成績，我的正確性、我的智慧都擺在那裡，就用不著爭，別人也沒法跟我爭，我不跟你爭，你說什麼你說吧，我不予置理。

善於幹什麼，就用不著刻意去幹什麼

《老子》第二十七章裡說「善行，無轍跡」，這個也有兩種解釋：一種說會走路的人是不留痕跡的，這話又稍微費一點勁，會走路的人就不留痕跡，你又不偷東西你怕留痕跡幹什麼啊？你走路就走啊，行得正、

想得明，你愛在哪裡走就在哪裡走。所以對這個解釋我一直略抱懷疑；但是還可以有一個解釋：就是做好事不留痕跡。善行不留痕跡，就是跟雷鋒一樣，做了好事人家問你的姓名，我不說。對這種解釋我們比較容易理解。

「善言，無瑕讁」，這個也比較容易理解，就是會說話的人或者說的是好話，你挑不出什麼毛病來。雖然說話很容易被人家抓住毛病，但是我沒有惡意我沒有私心，我說一件事既沒有私心也沒有惡意，我就不怕你挑我的毛病。在某種意義上說，「無瑕讁」是不可能的，老子在另外的問題上又說過「善者不辯，辯者不善」，老子他是不讓你說很多的話的，前面也講了「行不言之教」，為什麼又說「善言，無瑕讁」？我覺得我們從更高的層面上理解就是：你既然是「善言」，你是很有智慧的、很聰明的，而且是很好意的很善良的言語，你根本不必在乎有沒有「瑕讁」；我有一句話說得不太妥當，不太妥當就不太妥當——我覺得這樣解釋比說「他說的話滴水不漏」還可愛，還對人有啟發。否則要滴水不漏那也非常困難，有時候哪個字念得不太準確、有時候用詞不當，這都是難免的。

「善數，不用籌策」，「籌策」是竹籤這一類的東西或者是珠子，像算盤是用珠子做的原始的計算機。「善數，不用籌策」，就是能夠計算的人不用那些東西，這是非常中國化的一個觀點。中國人認為你有了「道」、有了「大道」，什麼都能解決，不像外國人那麼講究用工具用手段，就是說不用任何工具不用任何手段，你心中有數。外國人的那一套方法有時我們中國人也不能接受，外國人有的教給你說，當你想做一件事情的時候、你拿不定主意的時候，你應該把你想做 A 選擇的理由寫出來，再把 B 選擇的理由也寫出來，然後每個給多少分，看哪邊的分多。我反正一輩子沒有這麼辦過事。比如說別人給我介紹一個女朋友，這個女朋友我

跟她是繼續聯絡下去還是算了、拜拜了？拿一張紙，我願意和她聯絡，因為什麼：此人算比較可愛這算四十分，第二有正當職業這算二十分，第三家庭無閒雜人口這算十五分；然後，我不想跟她見面了：第一說話口音怯這減十分，第二比較計較錢，我們倆一塊吃完冰棍她半天不掏錢，那就再減二十分，如此這般，看最後剩多少分，來決定取捨——我怎麼覺得人沒有這麼幹的？沒有這麼幹活兒的、沒有這麼辦事的，至少我們中國人不這樣，太教條了。相反中國人喜歡囫圇著討論問題，整體地來考慮自己的感受，不想就是不想。你問他為什麼不想啊？就不想，就是不想。所以說「善數，不用籌策」。

「善閉，無關楗而不可開」，你會關門，不用插上門栓可是開不開。這個稍微繞一點，有一點腦筋急轉彎的意思。這個就是一種比喻，老子什麼事都往最根本上想，比如說「寵辱無驚」，他不給你分析寵辱，他說你忘記你自己你不就寵辱無驚了嗎？他一下子說到根上去了。至於善閉不用門栓，要是說：這門我關得嚴著呢，我會武功，我家裡還有防暴武器，我還有一把防身利器，誰敢進來啊？再不行我家裡養兩個藏獒，你不是也進不來嗎，你幹嘛非得用門栓，門栓太具體了、太小了——要順著老子的思路往下發展，還可以更上一層樓，那麼閉得嚴不嚴既不是藏獒的問題也不是武功的問題，而是：這一輩子我沒有得罪過任何人，我家裡又沒有更多的錢，我過的是非常簡樸非常正常非常善良非常有道德的生活，我敞著門都沒有人對我有任何不良的動機或者行動，就像那句話說的「不做虧心事，不怕鬼敲門」，他有這個意思。他給你從根上來提。

「善結，無繩約而不可解」，會繫扣的人，不繫但是你解不開。他說得非常美好，我就立馬想到黃山有一個情人橋，說那個地方是表達愛情的地方，新婚夫婦最喜歡到那裡買兩把鎖，把兩鎖鎖在一塊兒再鎖在那

個橋上，說這夫妻倆就可以白頭到老了。說老實話，到那裡看那鎖全是鏽，髒乎乎的，那是黃山風景的一個敗筆。要我說，兩人心結合到一塊兒了用不著繫扣，比如我跟我老伴今年是金婚又過了兩年，五十二年了，我們也沒上過鎖也沒拿繩把兩人捆起來是不是？所以說善結用不著繫扣，可以從更高處來想。

美麗的無為令人陶醉

老子在第三十七章裡講「道常無為而無不為」，這也有一點繞，又進入玄妙的階段了。我想他的意思就是說，你不幹那些愚蠢的「為」，就是使那些正常的自然的「為」都能夠順順當當地進行；你不能去揠苗助長，那些小苗該怎麼長就怎麼長；一個人很正常地吃飯時，用不著給他鼻飼、給他鼻子裡插一個管，你越不給他鼻子裡插管、不給它往裡頭灌牛奶和大米稀粥，他自個兒吃飯吃得就越香。

在第六十四章裡老子又說「聖人無為，故無敗」，你無為也就無敗，又有一點繞，可以怎麼理解呢？「無為」的意思就是你不給自己提實現不了的目標，不去做那些經過努力也做不到的事，這樣的話你當然就無敗了。你不唱高調，不給老百姓大眾許下那種不可能實現的應許、許諾，所以你就無敗，你許諾太多了，就做不到了。從這一點上能感覺老子這種無為的思想是有針對性的，而且他非常欣賞自己這種無為的思想，他覺得這個思想不但是有針對性的而且是非常美麗的。

「無為」，就跟中國人想像的功夫一樣，這功夫不太高的時候，比如咱倆比劃比劃練一練，我一拳打過來你一腳踢上來，你一刀砍下來我一棍給你撥開，這是最簡單的。在中國人的頭腦裡最上乘的最理想的武功

是：一個老頭眼睛半睜半閉就這麼一坐，敵人過來一刀砍下來了，我的脖子稍稍一閃然後用手指頭一彈，那人癱了、不能動了。這是中國人的理想。我們可以看得出來，因為我也是爬格子的人，我就覺得老子在說到自己的「無為」的時候，他有一種自我的欣賞自我的陶醉，他非常陶醉，因為別人都提倡怎麼「為」，都教給你怎麼「為」，他告訴你「無為」。從他這些論述當中可以看出來他這個自我陶醉，因為他這些話都非常的美。他不完全現實，完全現實的就不美了，他有那種理想的幻想的想像的成分。

「無為」，什麼事都別做，這個不能接受而且絕對不能接受，人怎麼能什麼事都不做呢？早上起來得穿衣服中午要吃飯這些事都要做，但是，我們能不能不幹傻事不幹壞事不幹無用的事不幹損人又不利己的事？「無言」也是一樣，「不言」也是一樣，我們起碼能不能做到不說或者少說假話大話空話套話廢話？咱們試一試，如果能夠一個人想一想自己不說一句「假大空套廢」，我估計那一天他的話能夠節約很多，他的聲帶、他的呼吸能夠節約非常的多。所以「無為」如果一下子做不到，我們能不能做到有所不為，就是有些事別幹，害人的事別幹，蠅營狗苟的事不要幹。中國人發明的這些詞都很好玩，說你像一個蒼蠅一樣地在那裡亂飛亂撞經營自己，像一條狗一樣沒有尊嚴地去做一些失去人格尊嚴的事情。

應做的事各式各樣，不可以做的事應有共識

這種事情在春秋戰國時期，在老子那個時代他看得多了，如果我們能夠從這一方面來做，在「無」字上、在否定上下工夫——我們給人提意見往往是從正面提，比如說你的數學還得再好好地補一補，哎呀你這

個孩子外語不行——這是正面提的，但是正面提的一個困難就是每個人和每個人都是很不一樣的，我們有的人唱歌好、有的人唱歌差，你就不必希望那個唱歌差的多唱歌。但是從反面上下工夫，這人倒是同意的，比如說你不應該心胸太狹隘、你不要自己給自己找病、你不應該老是用壞的思想來想別人、不應該多疑、不應該不信任人。從反面來思考也是一個思考的方式。

《安娜·卡列尼娜》一上來就寫到家庭，說幸福的家庭都是相似的，而不幸的家庭各有各的不幸。可是要按照老子的觀點就是：幸福的人生是各式各樣的。幸福的人生並沒有統一的規則，做大款（有錢人）也可以很幸福，做貧民也可以很幸福，人身體健康當然是幸福，身殘志不殘，有所成就，有所快樂，殘疾人也可以得到屬於自己的幸福。而能夠導致你不幸的事情，也就在於你自己的做人底線如何，這倒常常是大家都一致的。例如我剛才說的做壞事、欺騙別人、坑害別人，那是不應該做的，我想這反而可能有一個統一的標準，大家可以取得一個共識。

再比如學外語，學大語種有學大語種的好處，用途廣，例如英語，學好了幾乎可以走遍天下。學小語種也有小語種的好處，人才稀缺，就業反而容易，做出特殊貢獻的可能性更大些，那就叫冷門，叫物以稀為貴。反過來說呢，你有條件而不肯學習外語，那是一件糊塗事，是不可取的。就是說，應該做什麼，我也許不能提出統一標準，不可做什麼，我反而可以向公眾做出明確的判斷。

怎麼樣分辨好人和壞人

平常我們討論什麼叫好人什麼叫壞人？我最喜歡說，好人就是有所

不為的人，就是有一些事他不能幹；壞人就是無所不為的人，就是對他只要有利他什麼事都能幹。

老子的有關闡述雖然都說到根上，但是我們理解的時候不能片面或者說特別絕對地來理解，比如說「無為」並不是說什麼都不做，而是有一些事情我們不能做。「不言」也不是一句話都不說，而是說我們得想清楚哪些話是不能說的。這麼解釋，我覺得老子就特別容易被人接受，但是這樣被人接受有時候又喪失了老子那特別與眾不同的特色。比如說如果老子的話不這麼說了，不說「無為而治」，而說你該為的為，不該為的就別為，那就沒特點了。老子是一個思想家，他本身並不直接參與重大的社會實踐──他既不經商又不理政又不帶兵──思想家喜歡把語言搞得審美化、把語言搞得個性化、把語言搞得光澤化。他說出的「無為」就非常的有光澤。

同樣，我們作為一個個人，我們也不是老子，我們也不寫《道德經》，但是當我們看到了「無為」以後，我們想到原來我有很多事情是可以不做的，原來我有很多爭論是可以不和別人爭論的，原來我有很多操心的事──北京前幾年有句話說：你活得累不累？這個意思也是讓你「無為」──一旦把這些東西和老子的「無為」聯繫起來的時候，那麼老子在寫到「無為」這兩個字的時候，他的那種思想的光芒、他那種自我欣賞的快樂你也能分享一點。雖然你不能絕對地無為，你該為的時候還得為：不用說大事、就是一件小事該跟人家說清楚還得說清楚，你上超市買東西他少找你兩塊錢，你肯定不會無為的、也肯定不會不爭的，你肯定告訴他說你再數一遍，我這兒少兩塊。但是你腦子裡仍然有一個可供欣賞、可供咀嚼、可供流連忘返的非常美麗的兩個字，這兩個字就叫「無為」。

精兵簡政

「無為」還可以從另外一個角度上說，就是說治國理政少折騰，要精兵簡政。早在延安時期毛澤東就提出來要精兵簡政，而且說精兵簡政是黨外人士李鼎銘先生提出來的。這個思想實在是一個非常好的思想，那是在抗日戰爭的階段，各派的政治勢力都希望壯大自己的力量，但是必須反過來想，如果你的人員太多、非生產人員太多、吃公家飯吃餉的人太多，會不會給老百姓增加負擔？如果你的會議太多，會不會給實際工作造成負擔？所以在所有的機關、所有的公共機構裡邊經常會提到要精兵簡政、要精簡人員、要反對文山會海。

我記得在一九四九年、一九五〇年、一九五一年的時候，北京也常舉行詩朗誦會，那時候朗誦的詩裡有一個就是蘇聯詩人馬雅可夫斯基的一首詩叫〈開會迷〉，這首詩列寧非常的喜歡，因為他描寫整天在那裡開會、開會，然後馬雅可夫斯基建議再開一次會決定永遠不要再開會了。這當然是詩歌，他也不是說一定能夠做到的。我們講要精兵簡政、講不要心細如髮，過去形容說有公務人員甚至於官員甚至於一個大官，他心細如髮、太細緻了，他什麼事都管，這個官員對比他低好多好多級的人穿什麼鞋、穿什麼衣服都有指示，對於哪一天哪個地方哪個餃子的包法他也有指示。這種心細如髮是不值得提倡的，事必躬親也是不值得提倡的。

不要想那些永遠做不到的事

另外就是你不要想那些實際上永遠做不到的事，有的人一輩子都把

自個兒的精力放在永遠做不到的事上。我記得從小我們的老師就給我們講過世界上有三大難題，這三大難題是永遠做不到的，這三大難題其中有一個我記得，那兩個我記不太清楚了，記得的是永動機，三等分一條線段。有一種想法就是要發明一種永動機，因為能量是守恆的，比如說這個機器能把一個物件提升到高處，這個時候耗費了一些電能，到了高處以後它就有勢能，你要一撒手它啪掉下來了，這個勢能就又恢復了這個電能。所以全世界古今中外想發明永動機的不計其數，但是都發明不出來。比較有趣的是有一個電影叫「決戰以後」還是「決戰之後」，就是重慶作家黃濟人寫的，他是寫在三大戰役中抓住的一些國民黨高級將領和一些憲兵特務人員，以後給送到勞改隊，其中有一個淮海戰役被俘的國民黨高級軍政人員叫黃維，他是個留學歸來的將軍，他在監獄裡就整天研究永動機，而且整天鬧，他說他只差一點點就研究出來了。後來還是周恩來總理親自批准說給他一些經費，在那個時代大概一個月有個一二百塊錢、七八十塊錢就可以研究了，一直讓他研究到他釋放出來，他後來還當過政協委員。直到他老先生仙逝，這個永動機也沒有研究出來，不僅沒有被他研究出來別人也沒有研究出來。這說明什麼呢？這個世界上有一些事你壓根兒就不應該起意去幹，就是說這個事已經被世世代代的人證明是幹不成的。

對於謙虛的哲學表述

老子還有一段話表達了他這種「無為」、「不爭」的理想，表達了他對事物的這種辯證的認識，他在第二章裡說「有無相生，難易相成，長

短相形，高下相傾」，就是「傾向」的「傾」，「音聲相和，前後相隨，是以，聖人處無為之事，行不言之教，萬物作焉而不辭，生而不有，為而不恃，功成而弗居。夫唯弗居，是以不去」，就是說世界上各種事都是相輔相成的，沒有前就沒有後，沒有後就沒有前，沒有難就沒有易，沒有易就沒有難，等等。他說聖人是不時時刻刻地在那裡計劃什麼事、刻意地非要做什麼事，而是尊重事物自己的規律，就是我們上次說的「自然而然」的那種行為的模式；「萬物作焉而不辭」，該做的事情他並不推辭。「生而不有」，讓東西生長出來了，但是我並不占有它，並不因為有了這個東西我就要占有它。我做了一件事情，但是我並不自恃說這件事情是我做的，它成功功勞就歸我。自己不居功，「功成而弗居」，越是有功勞我越看到它不是我一個能夠完成的，這樣「夫唯弗居，是以不去」，你越是不居功，這個功勞在你身上別人越拿不掉。

這些道理他講得雖稍稍深奧一點，其實按照我們的理性和常識是可以接受的。就是說如果什麼事你太往上冒了，你太辛苦了，為自己打算得太周到了，什麼好事你都想占全，你絕對是辦不成的。這也是一種非常智慧的說法，跟我們現在的現實生活應該是貼得比較近，和我們中華民族一貫提倡的所謂什麼「滿招損，謙受益」，自己要謙虛、要虛心──和這些東西都是一致的。當然事物也有各個方面，有時候我也想奧林匹克的口號「更高更快更強」，你要到了該更高更快更強的時候，你說不用爭了，誰愛第一就第一吧，那這個奧林匹克運動會就沒法開了。那也是不自然，那就不叫自然，所以你還得根據具體的情況有所調整，該賽跑的時候大家可著命賽，看誰能夠得第一，這是很正常的事情。

上善若水

老子根據這樣的一些理論總結出一個參照物來，他認為最能夠代表「道」、最能夠代表這種美好品格的是什麼呢？他認為最好的東西是水，他有一句名言叫「上善若水」，就是最高的善、最高的美德、最高的智慧、最高的品格就是像水那樣。這也是在老子的《道德經》當中非常重要的一個命題，而且是老子《道德經》的美言之一，我多次看到過在朋友的家裡別人的題字或者有一些書法家寫字的時候很喜歡寫「上善若水」。

「上善若水」，老子的解釋並不是特別多，他說「上善若水。水善利萬物而不爭，處眾人之所惡」，這個「惡」在這裡應該念ㄨˋ，當動詞講。為什麼說上善若水呢？水對萬物都有利。我想這個話是對的，因為我們知道水是生命的一個重要的元素，世界各國把衛星放到火星上去拍照、去找資料，很重要的一條就想找到一點水的痕跡，因為一找到水的痕跡你就會相信那個地方曾經有過生命或者可能有生命或者將要有生命，這是一個非常激動人心的事情，但是很可惜到現在還不能夠確認在地球之外的任何地方有水。老子已經看到水利萬物而不爭，水本身只是順勢而流，當然這個水爭不爭的問題你要故意抬槓也可以，古代戰爭史上也有決堤水淹七軍，用這種方法來作戰，但是那個並不是水本身要淹死誰，是人為的。水本身「處眾人之所惡」，一般人的想法都願意往高處走，而水是往低處流的。我們俗話說：人往高處走，水往低處流。所以老子特別欣賞水往低處流這個特色，這又體現了老子與眾不同的地方，別人都這麼說的時候他那麼說，別人都那麼做的時候他這麼做。老子喜歡說一些與眾不同的精彩的話，有震撼力的有爆破力有衝擊力的話。

　　他說上善若水，他並沒有對上善若水做非常多的解釋，這也是咱們中華文化的一個特色，就是我們不是特別講究形式邏輯的，那個論點，所謂大前提、小前提、結論，並不追求這個東西，我們也不會為了一件事擺出 A 和 B 相互比較，我們喜歡一種整體性的思維、喜歡一種感悟性的思維。「上善若水」這四個字給你擺到那兒了，這本身就給你留下了空間，你去想吧！水好不好、為什麼水好，你自個兒去琢磨、去感受。

　　這個東西你不能說它是沒有道理的，古希臘很多哲學家，比如赫拉克利特也喜歡用水來說事，如說一個人一生不可能兩次從一個地方踏過同一條河流。他的意思是說一切都是變動不羈的，水是不停地流著的，其實這個話就和孔子的那個「逝者如斯夫，不舍晝夜」是一樣的，因為它從來不停下來，不管是白天也好、黑夜也好，流水它是不斷地流動的，所以流水特別容易被人理解成時間，它成為時間的一個象徵。水不停地流著，時間就過去了，一代一代的人成長起來，一個又一個的英雄故事在神州大地上演出，水又代表這種意思。《論語》裡邊還講了「仁者樂山，智者樂水」，這個含義也只能感悟，它沒有經過調查取樣、沒有數據，如果現在一個歐美的人講「仁者樂山」，他起碼先得在全世界找兩萬個人進行測驗，是不是你們都最喜歡山？這兩萬人裡頭有一萬四千八百人喜歡山，另外還有一千人喜歡小土堆，他就說仁者大概有百分之多少多少。這是歐美人的思維方式，所以這兩句話翻譯起來也特別難，給他們解釋的時候他會問你：這些人是喜歡爬山或是登山運動還是說那些智者是喜歡游泳還是水上運動？跟他費好長時間也說不清楚，因為他很難理解這種意境、這種悟性，感覺很難說清的。

感悟水，喜歡水

它其實是一種抽象思維、是一種感受或者說類比，就是你得真的去悟透它當中所要表達的那種意思。要是按我的理解呢，為什麼仁者會和山聯繫起來，因為山代表的是一種穩定、是一種巨大、是一種成熟，是寬厚也是承擔，你在山上壓東西沒關係，所以它和仁者的形象有相似之處。而水代表的是靈動、清潔、明亮、順應，永遠有辦法。它沒有最固定的形狀，可以是這樣的也可以是那樣的，可以走得很快也可以走得很慢，所以它有點像智慧的那些品格：它的靈活性、它的清潔性，同樣水也能承擔許許多多的骯髒，它能把骯髒洗滌成清潔，有多少骯髒經過水以後就會變得比過去更清潔一點。過去我在勞動的時候，有時候取水非常困難，真是來了一盆水先洗臉、洗完臉以後又洗手絹、洗完手絹以後又洗什麼，反正洗一大堆。看那個水都挺髒的了，別人說你怎麼還在這裡頭洗啊，那時候我就會說「見水為淨」，不管那水有點不太乾淨、按高標準是不可以的了。

水有這樣一些品格，這些品格都是值得肯定的。老子的這種上善若水的思想，我有時候覺得：因為中國在古代哲學、文學、史學甚至於政治學、社會學是不分科的、相通的，所以上善若水有一種文學的情懷在裡邊。我們可以看看我們中國的詩詞，對於水可以說情有獨鍾。屈原就是借用當時的民歌，在〈漁父〉裡邊，漁父就說「滄浪之水清兮，可以濯我纓」，可以洗我的帽纓子，「滄浪之水濁兮，可以濯我足」，水乾淨的時候特別清，我可以用來洗帽子，水不太乾淨了還可以洗腳——當然水要是污染太厲害洗腳也不行，也可能會帶來腳部的疾病、長腳氣也不

好。但是起碼他這個話說得你也很舒服，滄浪之水本身就已經是很美好的詞了，而且清的時候可以用、濁的時候也可以用。李白的詩裡說「桃花流水杳然去，別有天地非人間」，在桃花流水之中我自己有自己的一番天地，李白創造了一個他自己的境界。我們甚至於可以說「上善若水」這四個字給老子搭建了一個精神的樂園，想一想這麼一個騎青牛的老頭，腦子裡還琢磨出很多與眾不同的思想，他既沒有高的地位、沒有大量的金錢也沒有權力，但是他很喜歡水，他老想著我這一輩子就像水一樣自自然然地流過，他給自己也經營了這樣一塊上善若水的天地。朱熹的詩說「問渠哪得清如許，為有源頭活水來」，說這條河、這條小溪（渠亦可作「它」解）為什麼它的水老這麼清澈可以照人、可以為鏡，像鏡子一樣的清，因為它源頭有許多的活水。對於老子來說這個源頭的活水是什麼呢？就是「道」。因為萬物萬象都是在「道」的統一作用之下自然而然地運轉著活動著，它成就悲哀也成就快樂，它成就失敗也成就成功，所以它永遠是活的，永遠讓你受用不盡的，永遠讓你琢磨不盡的，就像活水一樣不停地在你的面前流去。有時候你這麼想一想，你對上善若水這四個字比你一個字一個字地摳（深究）它，得到的印象還更多，所以陶淵明說「好讀書不求甚解」，當然這個不求甚解有人認為是我們傳統的缺點之一，我們不喜歡搞數字，不喜歡搞百分比，不喜歡特別的精確，但是如果你從審美感受去感悟真理，你不是光去計算真理、去理解真理、去分析真理，而是去感悟真理、去欣賞真理、去擁抱真理、去受用真理，要從這個意義上說，那我們中華的文化就確實有自己的特色，有自己特別可愛的地方了。

虛與靜

由於有對「無為」的提倡，有這些美好的思想，由於有對上善若水這樣一個非常形象的比喻——老子還有一點我們願意聯合在一塊兒提一下，就是他喜歡「虛靜」。「虛」就是你不要把自個兒安排搞得滿滿當當的，相反的你給自己保留一下接受信息的空間、保留一下內存、保留一下硬盤，你的內存別一下子占了百分之九十八了，那一開機準死機了。你要虛，虛就是你得有內存、你得有硬盤，不行你得外接硬盤，不能夠把什麼全都占得滿滿當當，該刪除的時候得刪除，要有自我刪除的功夫，要有一種自我刪除的機制。「靜」這個說法是我們文化的特點，這個特點在「五四」時期曾經被很多先知先覺的大家、思想家所批評、所詬病，魯迅就表示過他對中華傳統文化的失望，他說中華的傳統文化在你看完了以後讓你的心一下子靜下來了。我想「五四」時期中國面臨的是一個救亡的問題，是一個亡國滅種的問題，是一個積貧積弱的問題，如果那個時候——「五四」時期也好、盧溝橋事變的時候也好、「九一八」的時候也好，或者是平津戰役、淮海戰役的時候也好，咱們到處去講老子講無為，那哪兒成啊，你別有用心是不是啊？你這應該算反革命！

老子說的意思是你保持清醒、不要感情用事、不要動不動搞煽情、不要動不動地犯急性病，因為每個人都有自己的欲望。所謂靜的意思、靜的核心，我覺得就是一個人能夠把自己的主觀的東西、欲望的東西有所控制。所謂心不靜，所謂心亂，我們現在有一個詞——我還挺喜歡這個詞——叫「鬧心」，說這個事它太鬧心。我覺得這個詞真是準確，非常生動，這個事處理不好它就老鬧心，鬧心的原因就是你自己的欲望太多、

自己主觀的要求太多,而這個主觀的要求和客觀的世界之間有一點距離,這個客觀的世界不可能按照你的主觀的要求來運轉,所以老子就提出來說:你自己的心靜一點。

　　靜的提法當然提得非常哲學,「天乃道」,你知道了天意也就和「道」挨得近了;「道乃久」,掌握了大道也就能夠長期穩定可持續地發展下去了;「歿身不殆」,一直到死你都仍然可以享受道的滋養、獲得道的智慧。這可以說是老子對於人的人格和智慧的一個理想。

第四講：
有、無，一、二、三

當然是無中生有

我今天想探討的是有關老子的「道」。這個問題有兩組重要的觀念：一個觀念是關於「無」和「有」的觀念；一個是「一、二、三」的觀念。

這個無和有，老子前邊也都說到了，他一上來就講「無名，天地之始。有名，萬物之母」，他就是把有和無作為最概括的觀念來描述，除去「道」以外，幾乎找不著別的觀念像「有」和「無」這樣，能概括世界上的一切事情了。「無中生有」就是老子提出來的：他說，「萬物生於有，有生於無」。這本來不是貶義的話，是後來在流傳中，被接受的人理解成壞話了。老子發現世界上每一件具體的事、每一個具體的物、每一個具體的存在都不是永遠的，

而都是從無變成了有，從有又變成了無。這些問題後邊再慢慢地細講。

我們先來引用一下老子關於「無」和「有」對於人的作用、關係的理解，他說的是最普通的事例，但是他的思想絕了，別人不可能那麼想的事他就想到了。我在很年輕、十幾歲的時候讀任繼愈教授用白話文翻譯做了注解的《老子》，有很為之驚歎的一句話：老子說「三十輻共一轂，當其無，有車之用」，他說的是車輪，我想古時候可能是木頭輪子，不會有現在的膠皮軲轆，有支架的那種叫輻，可能他說有三十輻在一個輪上，就像自行車輻條有三十輻，但是輪子不可能都是打死了的，打死了它太重，還有輪子放軸的地方，自行車叫軸碗的地方必須是「無」的，如果那要是一個死膛的輪子就不轉了，只有它是「無」的，然後有一個軸在裡頭——老子那時候可能沒有滾珠軸承，但是起碼他懂得抹上一點油減少摩擦它就好轉了，只有這個輪子的正中間是一個空白的東西、是「無」的時候輪子才能轉，才能用。如果那個地方也「有」，它就成了一個死木頭片或者死木頭疙瘩，只有輪子的形狀而不能實現輪子的功用了。

無才有用

然後他又說「埏埴以為器，當其無，有器之用」，「埏」指的是陶器陶罐這一類的東西，或者是土罐，罐子你必須得留下口，另外你還得留下膛，如果罐子沒有口又沒有膛，那拿它幹什麼呢？那成磚頭、成了一塊實的東西了。它的用途的大小就看這個膛有多大，不是看這個皮有多厚，皮多厚也許跟視覺的觀感有關係、也許跟它的堅固有關係，但是用途——要看它膛有多大、口有多大，有不同的用途，有一些東西需要有闊口瓶，有些瓶子瓶塞小一點便於保存。

他又說「鑿戶牖以為室」——就是辦公室的「室」——「當其無，有室之用」，這一點我沒完全弄明白，我不是專家，可能有專家比我更瞭解，他說蓋房鑿一個窗戶和鑿一個門，這有一點像洞穴是不是？那個時代不像現在似的有土木工程，不是壘牆，當然這個跟主題沒有關係，它這裡說的主題就是蓋出房來也不能是死膛，我們是說它有多大的空間，按現在說的要買房子你先得要弄清楚有多少平方米——使用面積，就指的是「無」的這一部分。我們說的建築面積要把牆的厚度，當然還有其他公攤的那些東西包括在內——今天不在這兒討論置產物業的問題，是說房子的用途恰恰是因為它的「無」、有很大的一塊「無」，如果那些地方不是牆就是堆的建築材料垃圾什麼的，裡頭全都填死了，你不是也沒法用了嘛！

這些說法，我在十幾歲的時候看了以後就奇怪，他這個思路——因為這些東西都太普通了，你要是跟愛抬槓的人說的話，要是北京人，他可以有兩個字評論：廢話！一個罐子不能是死膛，廢話，買一個罐子死膛？買一個車軸轆，那個軸得留一塊空，不能說填死了，軸伸不進去，這也是廢話！房子得空出來，說房子都占滿了堆滿了垃圾了，那房子還能用嗎？不能用，這是廢話！他說你是廢話，可是你想想這是老子說的多麼偉大的一個哲學的命題！原因在於他把這些平淡無奇的事理，上升到哲學的角度，上升到有與無的關係的角度來分析、來體悟。

老子的哲學是對於生活的發現

他底下就做了一個結論，他說「有之以為利，無之以為用」，就是你有的那一部分東西是給你提供的便利、提供的條件，比如說一個房子你

必須得「有」，你什麼都「無」，那空場就不叫房子了，最多叫野地。你必須得有牆，得有頂子、地面，你得稍微修理修理，修理得當然越漂亮越好，你得有窗戶得有照明，還得有門你得能進去，你得有很多的東西，但是只要你使用這個房間，那個就是「無」，就是提供給你由你自己來決定你怎麼使用的「無」的那一部分。

這可是老子的一大發現啊，這個不得了啊！這給人一個什麼啟發呢？就是說哲學真理它不是脫離生活的、它不是從概念到概念的產物，相反，就是在我們每天的日常的生活裡都有真理、都有道理、都有「道」、都有「無」和「有」的關係。

我在這兒講課也是一樣的，我講了很多話，這是「有」的，但是畢竟還有很多東西我不能夠講，沒有時間講，我必須得留出時間來讓咱們該散的時候得散，我不論講多少理論，還有更多的理論需要聽眾們自己去體會發揮，我不論講多少事例，還得留下更多的事體情理，請聽眾們去聯繫推論。該有的應該有，該無的應該無，講得太簡單了，就是「無」得太多了，令人摸不著頭腦。講得太詳細太囉唆了，就是「有」得太多了，也只會惹人生厭。它處處都有這個「無」和「有」的關係。

無的優越性

我們順著這個「無」和「有」的關係往下想，就覺得這裡邊學問大了，首先我們都知道共產黨最經典的文件是《共產黨宣言》，《共產黨宣言》就提出來說：無產階級失去的是鎖鏈，得到的是全世界。在中國這樣一個社會主義國家這個話也是家喻戶曉的，這可以說是非常富有動員性的、也是非常富有文學性的一句話。當年，一八四八年馬克思、恩格

斯他們在《共產黨宣言》上寫上了這樣一句話，這就是「無」的優越性了，因為它是無產階級，所以它在當時的馬、恩所設想的世界工人運動當中、在世界的無產階級革命當中，失去的只有鎖鏈，得到的是全世界。就是說無產階級因為「無」，所以它不會失去什麼東西。無產階級因為「無」，所以它非常歡迎一場蓬勃的歷史的暴風雨。無產階級因為它「無」，所以它不懼怕社會繼續向前發展。這是根據當時馬、恩的理論，是一無所有，成就了無產階級的偉大歷史使命與優越性。

比如說我們還有所謂「無標題音樂」，就是這種音樂只有什麼 C 大調作品第 364 號、E 小調什麼多少多少號，不立標題。不立標題的意思是什麼呢？隨你去想像，它表達的是情感、它表達的是內心，它有一種純粹性和自由感悟的空間。說來好笑，「文革」後期，還突然批了一通「無標題音樂」，驢唇不對馬嘴。

另外有一種音樂很容易被理解，就是它能夠跟具象的東西連接起來，比如說流水，〈漁舟唱晚〉的這一段是表達水聲，那一段是表達漁夫的心情，這樣的音樂當然很好，但另外也可以有無標題的音樂或者無題的詩。李商隱寫了很多詩，實際他的詩包括各方面，包括政論詩、包括詠史詩，但是李商隱最令人感動的、令人千古傳誦不已的是他的那些無題詩，像「相見時難別亦難，東風無力百花殘」，像「昨夜星辰昨夜風，畫樓西畔桂堂東」，還有以詩中頭兩個字命名的其實也是無題詩，例如〈錦瑟〉。而且很奇怪，這些無題詩一方面是大家在那裡爭，好像並無定解──「詩無達詁」，另外一方面又是家喻戶曉、人人喜愛。你說他不懂，他喜愛，你說他喜愛，他又解釋不清楚，越是眾說紛紜他越喜愛越如醉如痴，越是喜愛就越是作出千奇百怪、匪夷所思的解釋。所以說正是這個「無題」本身給你提供了感受和思考的空間。

舒伯特還有一部〈未完成交響曲〉，這個「未完成交響曲」標題本身就對人有極大的吸引力。同樣從這個意義上來說，我認為《紅樓夢》也是一部「未完成交響曲」，正因為《紅樓夢》後四十回原稿不可考了，現在大多數人考證出來的結果是：後四十回是高鶚續作的。對高鶚的續作雖然有高低不同的評價，但是這後四十回成了一個謎，成了牽心動肺的事情。在某種意義上正是因為這個「無」，還有一系列的缺失——無，如缺少作者的有關紀錄與檔案、缺少寫作情況的記載、缺少編輯出版閱讀接受等方面情況的紀錄檔案，這才有了《紅》學。我這是開玩笑了：萬一咱們哪一年在什麼地方挖出一個大箱子來，從這箱子裡一下子找到曹雪芹的原稿了，字還清清楚楚一點馬虎都沒有，這個高鶚的後四十回也就沒有用了，對這四十回與脂批的「核對」呀那些研究探討爭論估計也就沒有用了，咱們有好多《紅》學家可就失業了。

所以說，對人來說有的時候需要一點無知或者是未知，這讓我又想起著名的雕塑愛神維納斯，她也是缺臂的，有無數的雕塑家試圖想把這個——就是覺得她缺點兒什麼還是不太好——老嘗試著把這個斷臂給她復原、給她安上。這樣的姿勢那樣的姿勢真的是應有盡有、各種各樣的，但都覺得還不如沒有呢。所以這個「無」的用處還是非常大的。

無是想像浪漫的前提

文學藝術裡這一類的事情特別的多，比如說中國的國畫特別講究留白，就是要留下很大的一塊空白的地方，不能弄得這麼滿。一個人做事、講話都不應該太滿，都應該留下「無」的部分。有時候人爭取的是「有」，當然啦，比如說我沒有工作我當然希望有工作，我沒有學歷我希望有學

歷，我沒有工資我希望有工資，我比較缺錢我希望我更富裕，我沒有對象沒有情人馬上又過情人節了我也非常希望有一個情人。遇到這種情況的時候可不能一味地「無」。但是我們想一想「無」是不是對人就一定是不利的呢？許多情況下這個「無」呢，恰恰是對人最有利的，為什麼呢？要和成年人相比，青年人無地位、無資金、無可以特別說出來的成就，但是青年人他這三個「無」成就了他一個「有」，他有前途、有明天、有選擇的可能性、有無窮的可能性，叫做大有希望。

而且「無」給人帶來浪漫，中國人最喜歡在自己的詩裡歌頌月亮、懷念月亮、想像月亮，連毛澤東主席詩裡都是「我失驕楊君失柳，楊柳輕颺直上重霄九」，然後「問訊吳剛何所有，吳剛捧出桂花酒」，他說的也是月亮，因為中國人太喜歡月亮了。我這兒插一個話：以至於在三十年代的時候，上海有一批年輕的左翼作家發表了一個「不寫月亮」的宣言，就是說中國整天寫月亮，太沒勁了，你不寫人民的疾苦，我們今後再不寫月亮了。但這個也非常的難做到，因為正是這種「無」它帶來了那麼多的浪漫，帶來了那麼多的幻想。

相反地說，美國人一項偉大的成就是登月，月亮上很多細沙，傳來了許多照片，上面沒有桂花樹、沒有桂花酒、也沒有吳剛、也沒有兔兒爺、也沒有兔奶奶、更沒有嫦娥，一下子把那些浪漫都弄沒了。但甭著急，因為今天的世界上永遠有大量的東西你還是無知的，所以「無」不但帶來了可能性、帶來了前途、帶來了使用的價值，它還帶來了浪漫。對一件事無結論，這種情況之下有最好的討論，有定論已有結論那你照辦就完了，你反而沒法討論了。所以「無」可以帶來許多好處。對剛才提到的那些命題：沒有工作啊、沒有女朋友啊，或者說也沒有什麼成就、沒有什麼成績，這都沒關係，因為這都會有、都會存在有的可能。

我還要說無知識更是一個人學習的動力，而且是給學習提供了一種最好的狀態：我對這個方面沒有什麼知識，我從頭學起我從零做起，為什麼我們的運動員在獲得了冠軍以後往往提一個口號叫做「從零做起」，就是你在「無」的狀態下心情最放鬆，你的意志最堅定，無地位正是苦幹和實幹的機遇。這種情況之下你不會好逸惡勞，你也不會去依仗已有的權力、資金或者門第或者是父母過不勞而獲的生活，無名聲正是從頭幹起、從零做起的開始。

我們還可以舉一個例子，就是有一些殘疾人正因為他們失去了一些東西，他們做出來的某些成就就更加感人、就更加達到一個特別崇高的令萬人虔敬的地位。例如天文學家史蒂芬·霍金，「二戰」期間的美國總統羅斯福，我國作家史鐵生等。

哲學的魅力在於發現生活

老子從「無」和「有」中能夠考察出這麼多道理來，我們隨便聊一聊也可以聊出這麼多的道理來，這就是哲學家，他跟生活貼近，他從生活中發現哲學，他從哲學中解釋生活，而不是從名詞到名詞。我們從小學就知道的那些故事，說牛頓看見蘋果「果熟蒂落」給了他靈感，最後他研究出萬有引力。說瓦特由於看到燒開水的時候蒸汽把水壺蓋頂起來，他發明了蒸汽機。說哥倫布發現了新大陸以後，別人說發現新大陸有什麼了不起，新大陸就在那兒攔著呢，你走過去不就發現了？哥倫布就跟他們開了一個玩笑，他拿起一個煮熟的雞蛋來，說你們誰能把這個雞蛋豎起來，大家都不能，然後他過去，啪一磕他就把那個雞蛋豎在那兒了。大夥兒說磕的這算什麼！他說這很簡單，你不磕這一下就豎不起來，我

礁了一下就豎起來了，新大陸也是一樣，你過去了你就發現了，但是你沒過去就發現不了。世間的事就是這麼簡單，所以老子對無和有的考察也可以說是曠世奇才，是最普通的，就和大實話一樣，但是又是非常珍貴的一個發現。

由於無與有的這個思路，老子尤其反對盈、滿，就是什麼事不要搞得太充盈了太滿了，老子在第十五章裡說「保此道者不欲盈」，不希望它很充盈，「夫唯不盈，故能蔽而新成」，因為它不盈所以它仍然還像新的一樣，那意思就是說它仍然還能吸收新東西，給自己保持一個永遠獲得生命的可能，這可以說是老子對我們中華文化的一個非常大的貢獻。

中華文化對於一的追求與崇拜

老子的另一套概念比這個說得稍微玄虛一點，不像這個這麼容易接受，但是又特別有琢磨頭，他說「道生一，一生二，二生三，三生萬物」，有人說老子有兩段話正好可以寫成對聯，就像老子的真理口訣一樣，對聯上聯就是「道生一一生二二生三三生萬物」，下聯是「人法地地法天天法道道法自然」，正好連平仄都是對的，非常合適的。這是一副最有名的對聯，老子那個時期的語言不僅僅是為了論述，也為了有最好的效果，所以他的文字特別精彩、精練，而且裡邊奧妙無窮。

「道生一」的這個「一」的問題在中華文化當中也是一個非常關鍵的問題，因為中國是非常重視「一」的。他認為世界上不管有多少千千萬萬的形象、過程、怪問題、怪現象，但是思維的力量，人類的智力追求的是將萬物概括為一。一切思考計算分析的最後一定有一個本質，唯一的本質，就是一。而有了這個一就有了一切，就有了二三四以至於無

窮。

在中國，「一」表達了中華思維的一種整合能力、一種概括能力、一種綜合的能力，就是不管什麼東西最後它變成一個「一」。郭沫若在他的詩裡最喜歡的詞之一就是「我要歌頌這一切的一、這一的一切」。在我們中文裡，「一切」就有一的意思又有群體的意思，就是群體不斷地發展下去就是一切。老子在另外的話裡對「一」又有一些更神奇的說法，「昔之得一者」──昔：古昔、過去──過去能夠獲得了「一」、獲得了整體性、獲得了關鍵、獲得了大道的人。「天得一以清」，天如果按照這個唯一的統一的整合的大道來運轉，天就是清澈的、就是乾淨的。「地得一以寧」，地要是按照大道來做，地就是安寧的，它不鬧地震也不鬧泥石流。「神得一以靈」，神如果能夠按照大道來運轉，它就是有效的，我們說靈不靈？靈！就是說它是有效的、能夠運用的，用英語說就是能工作的。英美人喜歡說一個東西壞了不能使用了 "doesn't work"，要翻譯成中文就是「不靈了」。最早的時候我們旅遊事業經營得不太好的時候，有一個美國人反映──那還是八十年代初期，說到中國的旅館 "nothing work"，什麼都不靈──所以「神得一以靈」，那個時候咱們中國有的旅館還沒得到那個「一」所以它就不靈，你得到了那個「一」就靈活就管用了。「穀得一以盈」，說穀穗穀子得了「一」就能盈，這個穀穗，老子還是不反對它「盈」的，因為穀穗老是一半，那糧食更不夠吃了。「物得一以生」，人和萬物只有在符合大道的情況下，能生長、能繁殖。「侯王得一以為天下貞」，有人說這個「貞」實際上就是「正」的意思，侯王──當時國家的一個諸侯或者一個王，他能夠按大道來做就能給天下人做表率，他的治理就能夠有他的正義性有他的合法性。這裡他把這個「一」字抬得非常高。

這個「一」到底代表什麼？它不是一個簡單的數學的數字的概念，

這個「一」是一個很有意思的詞，在某種意義上來說「一」是各種數字的一個根本的代表，有了一就有了一切。為什麼呢？一加一就是二了，再加一就是三，沒完沒了地加下去就是無窮大。一減一就是零，再減一就是負一，所以你有了一就有了一切。我們電腦語言裡其實也重視「一」，零就是斷了電了，接了電了就是一。有了零有了一，二進位法，一切數字化的數據下載運作就都有可能了，所以這個一確實是一個非常神妙的概念。

另外一的好處就是說它既是群體又是具體，假設說我來到咱們這個講座上和聽眾一一握手，這個意思就是我和每一個人都握手了，是不是？說我們舉行了一場講座，這又是一個籠統的，反正我在這兒講了一次，大約個把小時。所以這個「一」代表了一切。英語也一樣，叫做 "one by one"，幾乎可以全都包括進去了，一個又一個。

道生一兼論解讀《老子》的可能性

「道生一」，這是一個非常麻煩的問題。什麼叫「道生一」？歷來有這麼幾種解釋，一種解釋：道即一，因為道生一，因有了「道」就可以把世界當作一個整體來看，所以道就是一，所以「道生一」，「道」使你把世界能夠看成一個整體，這是一種解釋。

還有一種解釋：古人喜歡講的，說「道生一」就是說「道」生太極，道生了太極當然能講得通，然後「一生二」，因為太極又生了陰陽，「二生三」說除了陰陽以外還有「和」氣，能把陰陽調和起來的這一部分元素，就變成了三，這也是一種解釋。這種解釋也很高明，但是我個人不滿足。

　　這裡順便說一下，我沒有能力對老子做原意的或定論的這種探求，因為我實在沒那個本事，說再找到別的資料，知道老子有一個錄像或者他有一個日記或者有一個書信集，讓我來考察一下他的思想，我沒有這個能力，但是我願意提出解釋《老子》的可能性，就是從老子的語言當中獲得智慧和獲得啟發的不同的可能，最好是多幾種可能，多一點啟發。這也算是自己個人的一種心得吧。所以「道生一」是什麼意思呢？我理解的「道」是什麼東西？「道生一」其實就是無中生有，因為道是無形的、道是無定量的、道是無可感覺觸摸的，這樣一個無形的「道」它是先於世界、先於萬有萬物壓根兒就存在的。這個是老子的一大智慧，他不認為世界是永恆的，相反地他認為一開始是沒有這些東西的，他說過「道之為物，唯恍唯惚」，好像他的那種描寫特別像現在關於「星雲」的學說，混沌、恍惚惚恍，「恍兮惚兮，其中有精」，「惚兮恍兮，其中有象」。「道」本身是一種無形的東西，是一種先天地而生的東西，這些東西以後從這種無形的「道」——我常常用的一個詞：下載了，它下載了以後就變成了一個有形乃至於有情有態的多媒體的存在了，它就變成了一個有形的世界、一個有形的宇宙。當然，有人細摳這個，說宇和宙哪個是代表時間哪個是代表年代，說那個年代還沒有時間和空間的概念，所以不能用宇宙這個詞，那沒關係，咱們不用這個詞都沒關係，總而言之它是從一個無形的「道」變成了一個有形的大千世界，這就叫「道生一」。我覺得我們這樣解釋，也就是把它和那個「無」跟「有」聯繫起來。讓人挺開竅的，甚至心情非常愉快的，就是世界從「無」當中會產生出「有」來，能產生出一個有形的世界、一個有靈性的——按中國人喜歡說的是——有情的人間。

　　「道」是無形的也是無情的，從這個無形的無情的無靈性的「道」

當中，產生了這樣一個世界，這個世界是有形的，這個世界尤其是有人的，有了人以後是有情的也是有靈性的，這是一個世界發生的過程。這可以叫做「發生學」。這個「道生一，一生二，二生三」和我們在最開始講到的「人法地，地法天，天法道，道法自然」正好是一個相反相逆的過程，因為「道」是一個終極的同時是最原始的概念，它是一個真理，看不見摸不著，但它是萬物運動的規律。現在是反過來說，先有了這樣一個規律、有了這樣一個定論，然後產生了萬物。

道的根本在於從無到有又從有到無

老子認為「道」是一個永遠的存在，有了這個存在，萬物才有可能——比如說按照唯物論的觀點，我們把生命看做是特定的物質，尤其是蛋白質，這是當時恩格斯《自然辯證法》的說法，當然生命、生命科學有很長足的發展，不是我的知識所能達到的。恩格斯說是由於許許多多的物質，尤其產生了蛋白質以後，生命才能夠出現。如果說這個說法是正確的，我們今天仍然按這個說法來解釋的話，那蛋白質產生生命是根據什麼原理呢？這也等於說，生命是後生的，它的產生是有條件的，但是蛋白質能夠產生生命的真理是從來存在、壓根兒存在、無條件存在的。

這等於就是說：「道」根本的原理是一種從「無」能夠生出「有」來的原理，所以老子認為「道」反過來能夠產生出「一」來，產生出一個有形的世界、有情的人間來，這實在是非常精彩的說法。

然後「一生二」這個「二」有幾種可能，第一種可能：從無形的「道」無情的「道」到有形的世界、有情的人間，這已經是「二」了，一個「道」一個「人間」，一個「無」又出來一個「有」，這不已經是「二」了嘛，

就像一個主觀一個客觀、一個大道一個萬物、一個發生原理一個真正發
生了的世界一樣。

第二種可能：任何一種「道」它本身不是一個單向的，它不是一個
平滑的單一的存在，任何「道」都有它相反的因素，我們剛才講到「天
得一以清，地得一以寧」那一段話底下有一些話比較費解，他說「天無
以清，將恐裂」，如果這個天老不清弄不好它就裂了，天要裂天要漏縫的，
這當然是古人的一種想像。說「地無以寧，將恐發」，這裡他寫的是「發」，
但是學問家都考證說這個「發」實際是「廢」，說地本身也廢了，也沒法
用了，因為它不寧。「神無以寧，將恐歇」，這神不寧了就只能歇菜（完蛋、
死亡）了是不是啊？「穀無以盈，將恐竭」，就是如果穀穗不按照「道」來
生長來種植，那麼穀穗都是癟的，那就吃不飽了，起碼你肚子枯竭了是
不是啊？「萬物無以生，將恐滅。侯王無以貴高——有的地方是『無以爭』
——將恐蹶」，「蹶」就是摔倒的意思，就是說萬物如果不能夠正常地生
長就滅了，侯王不能夠做天下的表率了、不符合「道」了就會摔倒，就
會跌跤。

道本身包含了自己的對立面

這一段話比較費解，既然天就按照「道」來運轉，它怎麼還「無以
清」有裂的危險呢？地也是按照「道」的是不是啊？「人法地，地法天」，
那他怎麼還能夠說「無以寧」它就會廢掉了？其實我覺得《老子》裡又
有一個非常深刻了不起的思想，就是「道」本身包含著大逆不道的可能，
這不是一個單行線，這是一個雙行線，「道」本身除了好的那一面——就
像現在我們國家領導人也常常用「天行健，君子以自強不息」來勉勵人

民——之外，天有天災，地有地害：有地震、有泥石流、有滑坡、有塌陷、有火山爆發。人有人禍，更應該警惕：人有所謂大逆不道，你做那些不符合客觀規律的事情，不但能夠毀壞人間的正常的運轉，還能毀壞地、毀壞天、破壞環境——什麼氣候變暖、什麼厄爾尼諾現象等等，所以老子起碼涉及了這個問題，雖然他沒有仔細地研討這一點。

「道」本身並不是一個單一的、直線的、平滑的、順順利利的運動，而有著產生自己的對立面的可能，所以「一生二」也還包含著一個產生自己的對立面的意思，老子前面就說了「前後相隨」、「高下相傾」，有了高就有下，有了前就有了後，有了美就有了醜，有了生就有了死，有了善就有了惡，什麼東西它都會分成「二」，有了陰還會有陽，有女生還有男生，有小孩還有老頭，有健康的人就有生病的人。健康的人是「道」，那麼人生病就是「無道」嗎？「道」本身就已經包含了得病的可能，生老病死任何人不能夠逃脫的。

我們知道一個詞：一分為二。一分為二是毛澤東最喜歡提倡的，因為他是一個革命家。他說一分為二，就是世界上的任何事物都是由對立的兩面鬥爭所形成的，所以他要強調一分為二，強調要用「二」革現存的「一」的命。有一個電影叫「開國大典」，「開國大典」裡——我相信這些場面都是有根據的——就有毛主席跟他旁邊的一個什麼人好像是一個民主人士講話，是誰我記不清了，毛主席就說：蔣介石就是講天無二日，我就是要另外給他出個太陽看看。我覺得這是非常符合毛主席的一分為二思想：你不要以為你蔣介石就能坐穩江山，你不能以為你的那一套就能治理國家，我接受了共產主義的思想、社會主義的思想、馬克思主義的思想，我另外出來一個太陽，我這個太陽成了。所以毛主席喜歡講一分為二。

一分為三

老子對「道」的理解、他的這個「一生二，二生三」是太了不起了！「二生三」更精彩，我覺得這是精彩中之精彩，用現在的詞叫「重中之重」，就是說你有天有地，還有一個天地和人的叫做「三才」的說法，天和地的結合、天和地的活力凝聚在了一起，才有了人。什麼叫「道生三」？就是有了世界有了天地，然後天地又有了人，這就是「三」了。有了陰有了陽以外還有「和」氣，不僅僅有陰氣有陽氣還有和氣，就是說任何的事物除了對立的兩種狀態以外還會有第三種狀態，不一定是中間狀態，也可能是一種新的狀態，也可能是一種結合以後的往前走了一步的狀態。

為什麼我特別喜歡這一段呢？因為我很尊敬的一位學者、一位老師叫做龐樸，他近年來就提倡一分為三。我們還批判過楊獻珍——原來的中央黨校的校長還是副校長反正是常務校長吧，他講「合二為一」。但是龐樸教授就說我們要注意對立雙方鬥爭的結果有時候有可能出現一個第三種狀態，不見得非得是綜合的狀態而是一種新的狀態。龐樸還舉過這樣的一個例子，他說過去我們講市場、講商品——那時候還沒講市場經濟——常常說一抓就死一放就亂，這就是一分為二，因為你抓得管得太多，這經濟生活就死了就呆板了，你放手了隨便吧它就亂了，什麼三聚氰氨、什麼假冒偽劣就都出來了，龐樸說我們作為哲學家，要研究的就是除了一抓就死一放就亂以外，我們能不能有第三種情況，就是抓而不死放而不亂的這麼一種情況。其實類似這樣的思想也不是龐樸教授一個人發明出來的，因為黑格爾對辯證法的理解已經是講「正反和」，任何事

物都有正體，然後反了，他就有了第二個體，一分為二了，然後經過正反的一段相當長時間的鬥爭和變化，又在新的基礎上回到了原來的狀態，或者叫否定之否定。這些詞我們過去其實聽到的都是非常之多的，但是我們現在看看老子，老子那個時期當然沒有龐樸也沒有毛澤東也沒有黑格爾，但是老子已經注意到了是「一生二，二生三，三生萬物」。

為什麼叫「三生萬物」呢？因為「三」的意思就是有了「一」，有了他的對立面，那麼「一」和「二」互相鬥爭，又出現了新的東西就是「三」，又有新的東西不斷地出來了，不就有了萬物了嗎？要光兩人、光兩個東西在那搯，你搯死我了，然後再出來一個反對者，又變成原來的那個反對方了。我搯死你了，我那兒便又出來一個反對的，又成了你了，事物只是在循環在打轉，就永遠不會有發展變化了。

「一生二，二生三，三生萬物」就是大道本身意味著事物在它們的鬥爭當中、在它們的矛盾當中、在發展當中，出現新的東西、新的可能，也包括和解的可能、和諧的可能。所以我說老子這個「一、二、三」是非常的、特別高明的對世界的一種看法，有很深的智慧在裡邊。我想一定提醒大家，它不僅是一個簡單的數字的變化，如果說只是一加一等於二，再加一就等於三，這個是非常簡單明瞭的，但是「三生萬物」的時候就是各種可能性都可能出現，所以就有了這個大千世界。

超越簡單的兩分法

我們現在談老子的「一、二、三」觀點還有一個好處，這個所謂「三」的觀點有助於我們克服那種簡單的二分法所造成的極端對立的情緒，比如說「非黑即白」，說你不是我的盟友你就是我的敵人。這樣的論點不僅

中國有外國也有，說誰不是我的盟友誰就是我的敵人。但是中國人的思想恰恰相反，按照我們的傳統文化是提倡中庸之道的，所以「一生二，二生三」，只有從這個觀點你才能理解「中庸之道」。過去我一直認為中庸之道是中國的一個惡習，因為「五四」時期有很多人是很討厭這個中庸之道的，認為中庸之道就是什麼不陰不陽、不男不女、不好不壞，什麼事都模稜兩可，好像是這樣的事情。其實中庸之道不是這個意思，就是蘇格拉底和柏拉圖他們也都有類似中庸的看法，他們認為兩個點之間的那個中點是最可取的。所以「一生二，二生三」幫助我們掌握中庸之道。中庸的意思，有學者解釋說「中」的意思實際上是恰如其分的意思，並不是正中間。就是什麼事要恰如其分，不要過分。而「庸」的意思就是保持常態。我想這對於我們的思維方法是有好處的，所以「一生二，二生三，三生萬物」的觀點能夠幫助我們避免走極端，能夠幫助我們使我們的思想行為做事更加準確沉穩。

在一二三的討論中看中西文化觀念的差別

「道生一，一生二，二生三」好像不是像此前講的那些內容那麼容易理解，雖然看上去非常簡單，這是因為它高度概括——用數字來概括，但是表達的又不是一個數學問題而是一個哲學問題，是人生經驗的一個高度的濃縮、高度的總結。但是想一想我們的生活，跟這個「一、二、三」問題實際上聯繫得也非常密切。首先說我們的中華文化，由於我們長久的、可以說是完備的封建社會形成了我們對「一」的崇拜，我們對「一」有一種特殊的感情，比如說忠心不二，這就非常明顯，「二」是壞的事情，忠心只能是一。好女不嫁二夫也是，你只能夠一。我們說一往

情深，這是一個很好的詞，一如既往也是一個非常好的詞，你覺得這個人很靠得住，說我現在一如既往，這在中國是非常好聽的話。在其他的文化裡不一定是這樣的：一如既往——白活這麼幾十年了是不是？它不完全都這麼理解。始終如一——這是馬克思回答他的女兒的話，問「你最喜歡的品質是什麼？」他說是「目標始終如一」，所以馬克思也很喜歡這個「一」字。一元化的領導。我們可以看到古代的許多哲人都希望能夠找到一個概念，這個概念甚至是一個字，這一個字能夠解決一切的問題。它可以是「道」。「孔曰成仁」，就是人對人的愛——「仁」。「孟曰取義」，到了孟子那裡是「義」，也就是正義、就是核心價值、就是基本原則。他們都希望找到這麼一個關鍵，這個關鍵解決一切的問題。這和我們中國人的或者說東方人的思維觀念、思維方式、思維習慣也有關係，我們願意找一個概括的東西、一個大的概念來解釋一些具體的事物。

西方人不是這樣，他們願意從一些具體的事情來歸納出一些規律。我們希望什麼呢？就是我們認定了大概念管小概念：「道生一」，道是管一的，一是管二的，二是管三的，三是管萬物的。這是我們中國人的思維方式。我們的思維方式認為要抓主要矛盾，主要矛盾解決了，次要矛盾就迎刃而解。這是非常中華式的思維方式。外國人不這麼想，我們隨便舉一個例子，比如說細節決定成敗，這個就有一點外國味兒了。我們看我們的諸子百家包括老子，他們從來不告訴細節會決定成敗。外國人重視工具、重視這些細節：你要想把你的家庭安全搞好，你一定要把防盜門做好，你一定要把這個門栓做得很結實，外人讓他擰不開，拿刀撬也撬不動，不留縫隙。他的這個觀點是跟我們不完全一樣的。

崇拜一也警惕一

老子的這些說法開闊我們的思路，能感到一種思辨的快樂、感到一種智慧的沐浴——人家這腦子他怎麼長的呢？他怎麼能夠把世界上的事想得這麼多呢？——對我們是非常有幫助的。當然中國的話裡對「一」也有批評，不是沒有批評，所以它也有警惕、也有制約。比如說一意孤行，這可就不是好話了，一相情願這也不是好話，光你想幹什麼就幹什麼，比如說你要結婚，結婚你得兩相情願，一相情願你不可能有成功的婚姻。一手遮天，這就更糟糕了，這說的是壞話了。

所以中國文化裡又同樣有把「一」僵硬化、把「一」絕對化的，得有所批評、有所警惕。中國在政治上有一個很重的語詞，是批評某一個時期或者某一個範圍之內成為頭兒的人，罵人的話叫「獨夫」，「獨」本來就是「一」，獨夫的意思就是說你脫離了人民、脫離了群眾、脫離了部屬、脫離了朋友、脫離了親戚，你變成了一個獨夫。

老子講這個的時候反過來又講，說「孤啊獨啊」這些都是最難聽的，就是孤家寡人。但是君王要用這個字稱自己，他說這個字表達的本來是君王們的謙虛，我們看京劇、看《三國演義》，都是稱孤道寡，「孤寡」本來是最難聽的，誰願意孤寡啊？孤寡老人屬於五保戶、屬於民政要特別照顧的低保的對象，但是位置特別高了他稱自己孤、稱自己寡，說明他把自己看得很低下，這是老子那個時候這麼說的。到後來稱孤道寡本身變得牛得不得了，有野心、想當皇上——變成了這個的表現。

那麼「二」呢，又有各種各樣的說法，有很多說法是不好聽的，過去批評大臣說你有二心，基本上他就有滅門之禍了。「有二心」是什麼意

思？你不忠於君王，你想背叛你的君王，所以曾經把這個「二」當成一個很不好的字。中國人對於「三」應該說很多時候是有感情的，我們說天、地、人叫「三才」，有什麼三星高照，但是《老子》裡沒有涉及到這兒。還有學者說「三」的可愛之處在於有三個點就可以保持穩定了，只有兩個點是無法穩定的，不是往這邊倒就是往那邊倒，但是有了第三個點以後它就容易保持平衡、容易保持穩定。

這個「一、二、三」說起來非常抽象，但是從我們的身邊、從我們自己的日常的經驗裡邊，甚至於我們會感覺到我們在感情上、在經驗上都跟它是有一定聯繫的。雖然我們在座的並沒有君王，但是我們同樣也有那種喜歡說一不二、不喜歡聽不同意見的人，有「二」和「三」在你的旁邊，那是好事情。其實有二和三是最正常的，如果你只有一個點就更穩定不了了，所以當有了「三」以後，一、二、三同時存在的時候，它就是一個最穩定和諧和平穩的狀態。也不是說有了「三」就必定能平穩了，但是起碼讓你有找到那種狀態的可能性。

第五講：
寵辱無驚

朝為座上客，夕為階下囚

今天我想討論「寵辱無驚」，這是老子的名言之一。老子有許多名言，我們中國人說話，其中就離不開老子，有些我們現在常說的話，最早都是老子先說的，像什麼「哀兵必勝」、「無中生有」，尤其是「寵辱無驚」，成為很多人的座右銘。五十年代我開始學著寫小說的時候，去看望也算我的老師的當時《人民文學》的執行副主編、老作家秦兆陽，他家裡就擺著四個字「寵辱無驚」，就是不管是寵愛還是冤枉乃至於侮辱，你不必反應過度，不要一驚一乍，就這麼一個意思。

老子為什麼提出這個來呢？因為春秋戰國時期天下大亂，群雄並起，此起彼伏，都在那兒爭權奪

利。另一方面，有許多的士人，就是讀書人——有人說是叫知識分子，有人說這不叫知識分子——我們不討論這個，知識分子是個新詞，就是這些讀書人吧，每個人都在宣傳自己，都跟賣狗皮膏藥的一樣，都希望自己的這一套，能夠被哪一個諸侯國的君王所採納，然後自己可以出將入相、可以治國平天下、可以執天下之牛耳，所以都在那兒賣弄。有時候能導致所謂「朝為座上客，夕為階下囚」。搞這一套的叫說客，我們念「說」（稅）也行：說客。說客有時候去找到某個君王，得到機會跟他侃了一上午，然後那君王愛聽，接著跟他說，又侃了一下午，又侃了一晚上。哎，第二天早上把他封成了相國了。朝為座上客，夕為階下囚——剛封成相國，又出什麼事了，懷疑是他幹的，晚上就把他又扣上手銬子送到監獄裡去了。所以一寵一辱，摸不清怎麼回事兒。

得寵這個話並不好聽

老子說「寵為下，得之若驚，失之若驚」，「寵為下」是什麼意思？什麼叫「得寵」？你是一個下面的地位、你是一個卑下的地位，你才有這個寵不寵的問題，所以這個「寵」字不太好聽。地位平等的時候，就談不上寵，就只能是我們相愛：我喜歡你，你喜歡我。父母對孩子可以說寵，寵物指的貓、狗這些東西，所以「寵」這個詞並不好聽。寵愛、寵信、寵幸、得寵、失寵、寵用，這個「寵」要查漢語字典，就是偏愛的意思，比如我有三個兒子，對三個兒子都很好，這不叫寵，我偏偏對其中一個百依百順，這個叫寵。所以寵這個詞不是特別好。一個人需要別人寵，他這處境有點可憐。

我想起八十年代初期的時候，有一個西方國家的記者訪問我，跟我

聊到我寫作艱難的歷程，起起伏伏。他就說："But you are in favor now."
——但是你現在是受寵的啊！是不是英文稍微好聽一點，好像 "favor" 一詞沒有在我們文化當中那麼難聽，就是喜歡。但是因為我英文不好，我一聽到 "favor" 就好像說你現在是得寵的，我一下子臉就紅了，本來我夠有經驗的了，但是我不愛聽這個話，因為「寵」並不好聽。

范進中舉與小公務員之死

說你得寵的時候，你要是再一驚一乍的，就更丟面兒了，寵得一驚一乍。這個例子也有，《儒林外史》裡的范進中舉，他去考試的時候，他的岳父大人胡屠夫、宰豬的，說你也該撒泡尿自己照照，你還考什麼試啊，別給我丟這人了。結果他一下子考中了，報子來給他送喜報。一開頭他不信，後來他信了，說「中了，中了，中了」，牙關緊咬，不省人事，他傻了、他瘋了。後來吳敬梓描寫得也很刻薄，說怎麼辦呢？得找一個平常他害怕的人。他怕誰呢？就怕他那泰山、老丈人、宰豬的。那宰豬的橫橫地就過來了：你中什麼了你中！啪，一個嘴巴打過去，他好了。當然這是小說家言，一個極端的例子，但是說明「寵」也能把一個人寵驚了，寵的他找不著自個兒了，都不知道自個兒是老幾了。

至於辱、受驚，這樣的例子就更多了。比如契訶夫的小說〈小公務員之死〉，說一個小公務員見到一個大官，很緊張也很有幸福感：哎呀，我能見到這位大官。可是這時候他一過敏，咔嚓！他打了一個噴嚏，打完這噴嚏，那個大官就一皺眉頭，這當然是很不禮貌的，外國人要打噴嚏，第一他要趕緊捂上，第二他要說：請原諒——"excuse me"，我對不起，很失禮。可是這小公務員一輩子沒見過大官，好容易得這一個機會

見大官，能給大官留有好印象，將來對他說不定還有好處，結果他打一噴嚏，就很緊張，回去以後就不斷地寫信啊，想法託人啊給大官解釋，說我不是故意的，說：大人，我打那噴嚏可不是成心的。那大官哪有工夫管他打不打噴嚏，他當時皺完眉也就完了，如果要拉出去斬首，當時也就拉出去斬了，要是沒斬首也就沒有這回事兒了。可他糾纏起來沒個完，第二天他見到這個大官，還說：大人，昨天我打那噴嚏——這個大官可真火了，說你討厭，囉唆什麼。得！他一見大人對他這樣臉色，馬上回去就病了、死了。當然這也是非常極端的。這極端地表示了一寵一辱都能讓人驚。

《紅樓夢》中的得寵與失寵

《紅樓夢》裡頭就更多了，《紅樓夢》裡的丫鬟得寵也很偶然，比如說紅玉，那個小紅本來沒有人知道她，正好趕上一個巧合的機會：王熙鳳要傳個話找不著人，一看小紅來了，問兩句話，她嘴皮子還挺利索，就說你去給我找誰誰誰——找你平姐姐，就是王熙鳳的家裡邊，傳一個什麼話給她，她傳得很好，回來以後報告得清清楚楚。就這麼一件事，鳳姐說：好，以後你留在我這兒使用。錄用了，有了工作了，就這麼著就得到了一個 job（差事）。這個也是寵，但是這種寵有非常令人感到悲涼的一面，就是那麼偶然的、被動的、不能自主選擇的，而且不一定是最有道理的，因為你不可能先來一個演講比賽，再錄用一個口齒伶俐的人。

辱也一樣，我們看晴雯，一般地認為晴雯是很有性情的，是不會搞奉承拍馬這一套的，但是晴雯同樣地在客觀上需要得到寵愛。她為什麼

在病中冒著危險給賈寶玉夜補孔雀裘，就是為了能夠得到賈寶玉的寵愛。當然我們現在沒法做這個化學實驗，說這裡有多少是一個少女對一個靚仔的愛，有多少是一個下人對主子的取寵，這些都有。她又無端的受辱，實際上她什麼問題都沒有，但是她被王夫人、被王善保家裡的侮辱一通，趕回家去，她就死了。所以說寵辱這一關是非常難過的。

誰能做到寵辱無驚

我年輕的時候特別佩服這幾個字——寵辱無驚。那個時候我談不到有太多的寵和辱，但是也免不了有順心的時候，也有不順心的時候。那時候我是做團的工作的幹部，所以我老想「寵辱無驚」簡直太好了，要是能夠做到寵辱不驚，這個人會顯得多麼沉穩，多麼高尚，而一寵一辱，一驚一乍，又有多麼丟臉！

「寵辱無驚」的狀態對我們現實生活當中的人也是非常有意義的。尤其是中國人比較在乎面子，在西方的文化當中面子的說法淡一點，相對比較實事求是，是怎麼回事，就是怎麼回事。而我們可能就比較在乎自己在別人心目當中是一個什麼樣的位置，或者別人對我的評價是什麼樣的？太在意了，才會產生這樣極端的情形。有些當幹部的，非常在意排名字的順序，所以有時候我們只能夠按姓氏筆劃排，萬一不按姓氏筆劃排的話就很彆扭，有時候排的就靠前，有的時候排的就靠後，這些做排名工作的人也很難，因為有的人可能差不多，你到底把誰放在前面誰放在後面？人家說這叫名單學。

所以一方面大家都覺得寵辱無驚這個境界特別好，一個人能做到寵辱無驚：他很鎮定，他有定力，他有靜力，我自巋然不動。不管你對我

今天都說好啊好啊，我還是這樣，說他不行了，不行就不行了，我還是我。要是做到這一點是太理想了，但是幾乎沒有什麼人能完全做到這一點。能夠控制得稍微好一點就已經是不錯了。為什麼做不到這一點？都知道寵辱無驚好，沒有一個人說：寵應驚，辱應大驚，寵應歇斯底里，辱應滿地打滾。沒有人發表這樣的理論，可是就是做不到寵辱無驚。

貴大患若身

老子對這個也有一個看法，他說為什麼寵辱有驚呢？就是「貴大患若身，吾所以有大患者，為吾有身，及吾無身，吾有何患」。他說為什麼寵辱你都會驚呢，你把寵辱看得和你自己的身家性命一樣重要，把寵辱就看成了你的身、你的生命的全部，你把什麼事都想到自己的身上，這樣的話你就是寵也驚辱也驚。如果你能夠不想自己，能夠忘我，能夠不考慮自身，那你還有什麼可驚的呢？

老子這話說得特別漂亮、特別精彩，而且還說得特別徹底。你想一想沒有我這一身存在，根本就沒有這個王某人存在，這樣的話誰還寵他呢？誰還辱他呢？可是它漂亮得也讓你感到有一點難受，它做不到。他說到終極了：「為吾有身」，當然沒身就沒我，我的身是我生命的下載載體、是我生命的家園、是我生命的依靠，你要把我這個身體給滅了，你上哪兒去找我這個王某人，你找不著了，當然也就既無寵也無辱，其他問題也都沒有了，飢飽的問題也沒有了，工資的問題也沒有了，路線問題也沒有了，什麼問題都沒有了。

這是不是老子的荒謬

關於這個又有一段名言，也是中國人，尤其是中國的讀書人相當熟悉的一句話，叫做「人之大患，在有吾身，及吾無身，何患之有」，這個大概中國人讀過一點書的、高中以上的都知道這個話，但是對這個話的理解就有很多不同。自古以來就有一些大知識分子、大學問家說老子說得太荒謬了，說你講得好是好，但是這是荒謬的。為什麼是荒謬的？因為人的存在是以身的形式而存在的，他不可能無身，你丟了一條胳膊還有身體，你丟了四肢還有軀幹，你不可能完全無身，所以認為這個話是荒謬的。包括錢鍾書大師，都曾經在他的筆記當中，引用歷代名家對老子的「人之大患，在有吾身」的批評質疑。

但是我很喜歡琢磨這個話，我總覺得這個話有一點弦外之音。老子說得很簡單，但「人之大患，在有吾身」對於我一個寫小說和讀小說的人來說，我覺得這句話相當沉痛，你有沒有這個感覺？「人之大患，在有吾身」，就是我這個生命——因為「身」就是生命，我的生命，我的身體給我帶來的痛苦太多了，佛家認為人生的痛苦是生老病死，這也是身的痛苦。出生會給你的母親帶來痛苦，你自己一生下來有很多的危險，這是你的痛苦。老了老了，首先你的身體老了，疾病帶來痛苦，還有死亡。所以這裡頭本來是包含著幾分沉痛的。在文學當中引用這句話或者表達這一類思想，都是以一種痛苦的呼號這樣一種性質來講這句話。並不是說是通過這個話號召大家：忘了你們自己吧！佛家有，佛家是另外的，要求你忘掉你自己，道家也有，但是文學裡也喜歡引用這個話，把它當作一段痛苦的話來引用。

「五四」以後，比如說在郁達夫的作品裡邊，甚至於在魯迅的作品裡面，尤其是描寫一些知識分子的時候都有這樣的心情，就是我之所以倒霉，誰讓我有這一百多斤呢，這個我也給它弄不好，那個我也給它弄不好，我這麼樣做也不對，我那麼樣做也不對，餓了我鬧騰得慌，我飽了也撐得難受，我有女朋友，或者一個女生有男朋友，我們之間會發生各種問題，如果我什麼朋友都沒有，孤獨一個人，也都是問題，總有一種沉痛的心情，甚至於是悲觀的心態。

消化痛苦，提高人格

最近還有一些文學雜誌刊登這一方面的評論，說這叫做中國作家的靈魂突圍，說為這個「有吾身」，要考慮找到一個解決的辦法。但是我們再進一步想老子的意思，還真不是，至少不完全是要在這兒長歎一口氣，更不是想在這兒表示：我的媽喲，人生太痛苦了！不是這個，老子不是這種人，這種人小說家可以是，詩人可以是，老子他不是這樣的。老子說這個話的意思是什麼呢？他承認人的存在，人的自我意識、人的身體的存在帶來了許許多多人生的苦惱，其中很突出的表現就是寵辱有驚：寵亦驚、辱亦驚，這是人生一個很大的苦惱。但是老子的特點——不僅僅是老子的特點，是中華文化的特色之一，就是在承認這許許多多的問題以後，有一種方法把它消化掉。問題很多，生老病死、寵辱、飢飽順逆，他希望你能把這些問題都消化掉，來提高自己的人格，用提高自己的人格、提高自己的境界、自己的智慧的方法把這些問題消化掉，消化掉以後你就達到了一個超凡脫俗的高度。

那麼怎麼消化掉呢？我們來探討這個問題：徹底的沒有吾身，這是

做不到的，除非自殺，自殺以後還得火化，要不火化的話，你那個身還在那兒，還得存在一個時期、腐爛一個時期，所以你不能用那種方法。但是我們對老子的很多主張，可以慢慢地、逐步地、降格以求地、一點一點地去理解，你要一上來就較勁：請問李耳先生，怎麼樣能夠無吾身呢？你給我一把刀，還是一條繩，還是自焚的工具啊？不是這個意思，起碼你可以把你自己的小我看得稍微輕一點，不要看得那麼大。

老子後邊又有話「故貴以身為天下，若可寄天下，愛以身為天下，若可托天下」，老子提倡什麼呢？就是說如果你把天下看成你的身，在我們今天來說，就是和社會——那時候大概還沒有社會這個詞，如果你把天下看成你的身，因為你活在這兒，不是你一個人在這兒活著，當時的天下——也還沒有國際、世界的意思，當時認為就是中國，有這麼一個國家，周圍有一點番邦，再不然就是海，四海之內皆兄弟——當時是這樣一個看法，無非就是說，你把這個小我跟大我要結合起來，不光把它看成你個人的事情，不光把它看成你自己這一百多斤、這五尺高的事情，而是把它看作一個眾人的事情、看作一個大我的事情，你的境界就會恢弘得多。

我們可以從老子談的這些問題裡頭知道，要想寵辱少一點驚——完全無驚你可能做不到，我也沒做到，我說老實話：我受到表揚、我得了獎我高興，我受到誤解，在網上被人罵一段，我不是那麼高興——生氣也不見得，我要真為這生氣早就沒有我了，但是我不高興。可是你少一點驚可不可以？可以，怎麼做到呢？增加你自己的尊嚴、提高你的人格、增強你的自信，就是說我對我自己是有一個瞭解的，我自己要做出最大的努力，這樣不管是寵是辱，我還是我，我有一定的自信，我不會跟著別人的話走。在過去的政治運動當中，我也翻過車、我也沒過頂，如果

要跟著別人說的走，把自己說成大壞蛋，你就真覺得自個兒是大壞蛋，覺得：算了，這麼大的壞蛋，你把他滅了算了，為社會除一害，為國家除一害，那你就完了，你就慘了。

另外，得寵也可能是你某個時候符合工作的需要，或者符合社會的需要，符合領導的需要，或者是符合老百姓的需要，這個寵還不要光看成從上頭寵，也還有社會和群眾的寵愛。這個方面表現在演藝人員身上最多，演藝人員有時候摸不清原因，他忽然就受到寵愛了，他並沒有覺得他那次演出特別好，但是他就受到了寵愛。也有時候被喜歡了幾次，忽然他也沒有覺得自己演得特別差，結果就被罵上了，三年翻不過身來。也有這種事。

以尊嚴和信心對待寵辱

這個時候，碰到這種無端走運、無故得寵，忽而又是無理受辱、無由倒霉的情況，你如果自己有尊嚴、自己有信心，就能夠做到像〈岳陽樓記〉中范仲淹所說的「不以物喜，不以己悲」，就是不因為外界都說你好——外界，這個「物」指的是外界，不因為外界都說你好，你自個兒就真是樂滋滋的，就飄飄然，你真以為自個兒在天上飛呢，你化成大鳥了。不是！同樣也不因為自己受到一些什麼議論，甚至於被誤解、被冤枉或者被別人給栽了贓，也不因為這個你就顯得非常的悲傷。在中國，不管哪一家，不管儒家道家，中華文化非常提倡一個人的始終如一，一個人能夠穩住自己，我們經常講穩定穩定，要想穩定首先你自個兒得穩定，你要自個兒一驚一乍、一東一西、忽左忽右，早晨這麼說，晚上又那麼說，聽到一句好話，立刻就恨不得跟人親密無間，聽到一句壞話，

立刻就翻臉、就恨不得跟人家動刀，如果你是這樣的一種人，就成就不了什麼大事。所以人就是要增加自信和增加尊嚴。

謙卑與鈍感

但是老子也有另一面，整個《老子》五千言裡，提倡你要自尊自信的話並不多，相反的，是提倡你要謙虛、你要卑下、你要和最底層的人保持同樣的水平。這個事很有意思，你提高自尊可以寵辱無驚，你要是加深你的謙虛，也可以做到寵辱無驚。我在「文革」當中在新疆農村裡勞動，我就發現農民是最坦誠的，因為他覺得他沒有什麼面子可以丟失的。我在新疆的農村裡頭，見到的農民是各式各樣的，有世世代代的農民，有的是當了幹部，後來在政治運動當中或者是經濟問題上犯了某種錯誤，甚至於是被開除了公職的，有的是被關過三年五年的、十年的十五年的，我都見過。他們說出來都特別坦然：我當過科長，我就當了三年科長，就給抹下來了，抹下來以後還在哪個勞改隊待了六年，回來了，現在我踏實了。他是這麼說的。這個一般的知識分子或者幹部很難做到。我們會覺得一個人受處分了，或者是人家別人都升了，你沒升，你都覺得是很丟面子的事，可是在我接觸到的那些農民當中，他們完全沒有這個意思。他們覺得人世中，就是有這種起伏、有這種升降、有這種榮辱，這都是人生所無法完全避免的。至少他有這一面，是不是這一面就完全好——你什麼都不在乎了，如果說得難聽的話：都沒皮沒臉了，好像也不算是一個很完整的、很理想的人格。但是你要是什麼事在乎得太過分，所謂「心細如髮」，如果一句話、領導的一個眼色，可以讓你高興得半夜睡不著；或者又有哪個領導傳來的一句話，讓你恐懼得連著三宿不睡覺，

那你很快就要發作疾病了。所以我們也需要有這一面，這一面是什麼呢？就是我們應該有很好的心理素質。

最近有一個日本人寫的書用了一個詞，這個詞比較新，內容意思並不新，這個詞叫「鈍感力」，和「敏感」相對應的，就是你對有些東西不要太敏感。中國古代有一個說法：明察秋毫，秋毫就是秋天動物身上剛剛長出來的特別細的毛。如果這個毛你都看得清清楚楚，這是不吉祥的，因為「水至清則無魚，人至察則無徒」（《漢書・東方朔傳》），什麼一點一滴的屁事，你都看得清清楚楚，長著一副 X 光一樣的眼睛，你說這個人誰還願意跟他合夥、誰能跟他一塊說話啊？這個鈍感力，實際上就是有些東西要能放下，有些東西能夠視而不見，你只能抓大放小，你不可能什麼東西都親自過問。

這個意思老子是有的，所以他講恍惚，就是有些事你不要太清晰。

多幾個世界

加強心理素質，我覺得還有一點非常重要，就是說一個人應該多有幾個世界。你有你的工作，你還有你的業餘愛好，你還有你自己的探索和學習，你還有你自己的家庭、自己的親人，你還有你自己的朋友，你還有你自己的娛樂、社會交往等等。這樣的人也比較經得住寵辱，比如說我在我們單位寵辱無驚，實際上這個偏正詞組側重的還不是寵，側重的是辱，因為寵了以後你再驚吧，找你丈人打兩個嘴巴，你也就治過來了。可是辱了以後你要驚得太大了，你就會想不開，你可能上吊，你可能像晴雯那樣得病死亡，所以它更側重的是辱。但是你要多有幾個世界呢，工作上沒戲了、評級沒戲了，但是我還有另外的世界啊，我家庭仍然過

著幸福的生活，不是每一個人都有幸福的家庭啊！你經過那麼多曲曲折折、反反復復，但是我的家庭充滿了溫馨、充滿了幸福、充滿了關愛，這難道不是人生最大的福氣嗎！而且我還要讀書啊，我可以是做——比如是做經濟工作的，我讀書探索思考，這沒人限制你。我可以研究老子，我可以研究莊子，我可以研究孔子、孟子，我可以研究蘇格拉底、柏拉圖、海德格爾，在讀書的精神交流當中，我得到了無限的快樂，擴大了我的心胸，增長了我的才幹，在各種知識當中——北極、南極、太空行星以至於動物植物、古代現代當中，我享受著知識的快樂。你再剝奪你剝奪不了我這個知識的快樂。我的職位很容易就剝奪掉了，不擔任這個職位就不當嘛，但是我有這種知識的快樂。再說得幹嘛一點，您別的都沒有了，起碼你還有一點個人的愛好吧，你喜歡下象棋，你好好下兩盤象棋也能夠讓你增加鈍感力，兩盤棋你都贏了，你挑戰一個對手、很高的一個對手，你把他贏了。你打橋牌、你喜歡體育、你喜歡打球——這個「寵辱無驚」從積極的方面來想，一個人是完全可以做到的。

對於寵辱都要有準備

要想做到寵辱無驚，還要更深一步地瞭解老子辯證的思想，用一種智慧來對待寵辱，這更是非常難得的。從老子的學說來說，他認為世界上的事情都不是單方面的，有寵就會有辱，寵了你，在某種意義上就冷淡了另外幾個沒有得寵的，寵了另外的人很可能就冷淡了你，這是無法兩全的、是無法什麼都照顧到的。因此，逆、順、興、衰、寵、辱、通、蹇——那個字念「蹇」（ㄐㄧㄢˇ），像賽字似的，底下變成一個足字——這些都是不可避免的。

如果有智慧，你就不管做什麼事永遠有兩手的準備，一種是成了，一種是敗了，又一種情況可能是大部分成了小部分敗了，因為你照顧不完全的。做一個講座也一樣，你講得非常的通俗，可要是遇到研究生、遇到博導，他就會說你講這些太普通、太一般了。如果你講的到處是引文，還不斷的有中文的引文、英文的引文，還有拉丁文的引文，你這學問上去了，可是沒人聽了。所以說做任何事情的時候都要有這兩手的準備，尤其是在你成功的時候、勝利的時候，你要想：做不好怎麼辦？用現在股市上的語言就是有風險的準備，那你的智慧和沒有風險準備者就應該有很大的不同。這個辯證法一直是貫穿在老子整個的思想當中的，包括之前我們講到的「無中生有」、「道法自然」，其實都是說事物有自己的規律，你不要一驚一乍的，看著是這樣了就認為永遠是這樣，它是有變化的，它是永遠在運動過程當中的。

所以老子這個「寵辱無驚」，你要單獨拿出來說，這個問題也許不好解決，但是你要和整個《老子》相輔相成，和物極必反的這樣一個世界觀聯繫起來，你就會覺得這個事情不單純是一個心態的調整問題，「無驚」是一個心態問題，也是一個世界觀的問題。

寵辱無驚與物極必反

老子的這些想法實際上在中華文化中源遠流長，甚至於到了《紅樓夢》裡頭。《紅樓夢》剛開始不是太久就寫秦可卿死了，秦可卿死以前給王熙鳳託夢說，世界上的事情都是「月滿則虧、水滿則溢」——月亮太圓了它也就到了頭了，十五十六了，十五的月亮十六圓或者是十五圓，那麼十六十七以後它就開始往下虧了。水太滿了本來很好，但河水太滿

成了水災，流出來失去了很多水，很多水利失去了甚至於變成水害了。秦可卿在夢中——這是小說家的寫法了——說了一句話：榮辱自古周而復始。原來這個秦可卿也是一個哲學家，曹雪芹是哲學家，可惜我們沒有把秦可卿或者是曹雪芹請來參加咱們這個「中華文明大講堂」。秦可卿也有這個觀念，她不談寵辱，因為秦可卿既不是大臣也不是丫鬟，所以她不好說寵不寵的問題。但是她說「榮辱」，這個就更有意思，就是有榮有辱，這些東西，往往是互相經常變化的。一個人一個家庭，榮華富貴再加榮華富貴，不可能全是榮華富貴，他或者他們也會碰到屈辱損害，會碰到天生的禍事，俗話叫做天有不測風雲，人有旦夕禍福。佛家的說法叫做無常，沒有永遠的勝利，沒有千年的榮華。這點辯證法都沒有，他只能是自取滅亡。

寵與辱的兩面性

然後我們再討論一個問題，大家都喜榮喜寵，拒辱厭辱，這是當然的，很自然的。如果不是這樣的話，這個國家也沒法運轉了，如果越光榮我越不幹，越恥辱我越幹，這個國家完蛋了。但是又能夠有一個適當地掌握，就是我們仔細分析一下，寵榮對一個人有多大的好處，有多大的危險；辱、枉——冤枉，辱、恥，對一個人有多大的好處、有多大的危險。這個世界上的事還真是很難說，寵和榮對人的好處是鼓勵他的信心，使他心情愉快、趾高氣揚、得意洋洋、滿面笑容、兩眼放光，這些當然都是很好。甚至於在這種情況之下，他的地位越來越高、待遇越來越高，在這種情況之下，連擇偶徵婚對他都有好處。但是它也帶來風險，就是你實際上沒有達到那一步，一下子各種榮譽、各種寵愛集於你一身，

這種情況下，第一有很多人不忿，也有很多人盯著你、找你的毛病。再一個你自己可能有驕傲的情緒，你可能有浮躁的情緒，你可能不願意細聽別人的意見、不同的意見，甚至於你會變得非常的忙碌，你整天的不是在這兒所謂的曝（暴）光，或者是用臺灣的念法曝（ㄆㄨˋ）光，不是在這邊曝光，就是在那邊接受獻花，然後還得參加什麼社區——新的社區、小區開幕儀式。你會丟掉你的業務，把特長丟掉。有很多很多這樣的危險。我們看到許多許多這樣的例子，就是一旦出名以後，一旦得寵得榮以後，反倒生活被打亂了，沒法過非常正常、非常平和的日子了。

那麼辱呢，辱好不好呢？當然不好，辱會使你抬不起頭來，會使你灰心喪氣，特別是對於軟弱的人來說，你辱他兩次他就得病了，他的細胞開始惡化、癌化。他自己把自己的正事、正經的業務丟掉了，這種可能性都有。可是反過來說，辱的時候、一個人失敗的時候、遇到挫折的時候，他反倒能夠塌下心來，能夠好好總結自己的經驗。我個人就深深地感覺到，逆境當中是學習的最好機會。一個人在逆境當中，很多事都不能做了，但是他還能夠學習。在我處於逆境的時候，有朋友給我一首詩看，這是當年黃山谷的一首詩，他說「外物攻伐人」，就是外界有一種對立面，這種對立面攻擊你：「外物攻伐人，鐘鼓做聲氣」，又敲鑼又打鼓，也搞得有一套氣勢，也有跟著上的，也有不知就裡的，就跟著一塊來找你的麻煩，叫做落井下石，叫做牆倒眾人推。「待渠弓箭盡」，這「渠」是渠水的渠，但是這個「渠」是代名詞，不是說渠水，說等著這些攻伐你的人又開槍、又放炮、又射箭、又打彈弓、又扔石頭的時候——他有打光的時候，他打光了他的弓箭了，他的噴頭的狗血、他的抹黑的狗屎都用完了——「我自味無味」，這個時候我自己來體會來咀嚼這件事的味道。無味，就是沒有味，就是我要吃那個沒有什麼滋味的東西。

寵辱的不可預見性

這是老子的一個觀點，我們後邊還可以講，就是我不追求厚味，而追求無味，「道」本身是無味的，既不甜也不酸也不鹹，所以我等這個過程，它總會過去。「外物攻伐人，鐘鼓做聲氣」現在鑼也不敲了，鼓也不敲了，弓箭石子都用完了，沙土都用完了，然後我自己看看，我覺得挺可笑的，我品品這滋味，人生原來如此，原來壞人也還有一點表演，原來傻子也還有一點表現，原來跟著起哄的也有一點鬧騰。因為我就有這樣的經驗啊，有這樣的人跟著起哄，既可厭，更可憐。他們會在關鍵時刻說一點對你非常不利的話，做一點操作你的事情，但是他們實際上又嘛目的也沒有達到。

你可以說你得到了寵、你得到了榮、你得到了愛護，你得到了支持，但是如果你發展得太快了，或者是膨脹得太過分了，或者是時過境遷了，這種時候你又會感覺到，怎麼當年的風光不再了，怎麼好日子不來了？也會有這種情形。對於我們一般的人來說，其實我們都有這樣的經驗。但是還有一些行業，這種情況的幅度特別大，而且來得特別快，一個是運動員，一個是演藝人員。你說運動員吧——當然我們都是從新聞報導瞭解——我們輿論導向強調的就是他得金牌不是偶然的，是他從小就有大志，父母就關心他，黨和政府又給了他什麼樣的條件，然後教練又怎麼好，多少勤學苦練，經過了十幾年的努力，達到了今天這個成績。這個話說得對不對呢？當然對，你不可能生下來就是冠軍。但是反過來我也要問一個問題：辛辛苦苦鍛煉的可不止你一個人，可是金牌就一個啊！好教練也不止一個，黨和政府也不是就關心你一個人。一個少年體校裡

邊學員多了、有前途的多了、身體素質好的多了。他上來得這麼快，常常是自己沒想到的，有時候也是教練沒有想到的，甚至於有意栽花花不發，無心插柳柳成蔭：原來體委、體育協會押好了說他可能得金牌，他要得不上，另有兩人也可能得銀牌得銅牌。對不起，結果你定好計畫的那個人，沒得到金牌，沒想到的一個人、勉勉強強上了名單的這個人，他得了金牌了。所以有時候人上來得非常快，一快，一取勝，馬上就成了榜樣，成了典型，成了人物，一切都不一樣了。又是獎金，又是獎牌，又是新的身分、身價、稱號、頭銜、地位，怎麼得了！相反的，如果他有幾次成績下降，再趕上什麼藥檢，出一點什麼問題，一下子就完了。

有時候群眾對一個演藝人員的寵，也是很有趣的一個現象。我知道，因為我也接觸一些藝術家，有一些演藝人員，無法具體的分析，用一個詞叫「臺緣」，就是他有人緣，他一上去，別人不服也不行。如果有人說，他的嗓子，他能唱 C、升 C3，唱到什麼程度，我比他嗓子還高呢！沒用，你沒這個緣，觀眾一瞅著你那種趾高氣揚的樣子，他煩你。有這種事。所以這種寵辱，實際上對於一個人的影響是非常大的。

零心態與從零做起

我們的運動員每次參加比賽的時候，領導都要反復地說，不要背包袱，不要心情緊張，一定要把自己調整在最佳狀態，忘掉你過去的成績，從零做起等等。這可以說是對運動員、對演藝人員的一個寵辱無驚的教導、一個希望。對運動員來說可能更難，因為他畢竟是在運動場上，處於一種高度緊張的競技狀態，所以對運動員的心理素質要求可能要比演藝人員還要高一些，他的成敗有時候就是這一瞬間。籃球隊賽那麼半天，

最後差一分半個球，有時候能讓你活活窩囊死，你要高興呢也能讓你活活高興死。在運動的競技當中，你處在一個興奮激動的狀態，腎上腺激素大量分泌、進行超水平發揮的狀態，這是很正常的，但是你對於勝敗得失要能夠看得很開，看得很豁達，這是我們最提倡的。你做到這一點，不但能做好的運動員，說不定將來還可以當好的體育總局的局長，或者你將來不管是經商或者是做什麼事，你都比別人更沉穩，都比別人更理性，有更好的思考。

老子的「寵辱無驚」不容易，即使不容易，我們還得信它，我們還要嚮往它，它給咱們立了一個目標。

我這一輩子各種寵辱經歷的多了，我今天不在這兒說，我並沒有做到絕對的寵辱無驚，但是我早就知道，我從十幾歲就知道「寵辱無驚」這四個字，我早就喜歡這四個字，我崇拜這四個字，我嚮往這四個字。這四個字對於我來說，比美女還美麗。遇到我驚了的時候，我怎麼辦呢？我對自己念幾句：寵辱無驚，我已經有一點驚了，但是我寵辱無驚、寵辱無驚。我念到第三遍的時候，就比剛上來那麼驚的時候，稍微好了一點，不信你們試一試。你們都是寵辱有驚的人，我不相信在座的就已經做到寵辱無驚了，我不相信，但是你知道這四個字，你把它當做一個信念，多讀它幾遍，多念它幾遍，甚至於你給自己寫上「寵辱無驚」四個字，像我說的那個老作家，在這個桌子上，擺在這兒：寵辱無驚。你瞧瞧：你的心態、你的境界跟原來有所不同了。

當然，有時候語言本身是有一種局限性的，用我們的說法，語言有時候給人留下陷阱，因為任何一種說法，在表達某方面意思時不太可能兼顧到其他的方面。比如說寵辱無驚這個話好不好？我說很好，我剛才講了，我很喜歡這個話，我很佩服這個話，很多人在自己的家裡邊做所

謂座右銘，在自己的案頭都寫著這一句話。但是另外也有話，也很好，叫「士可殺而不可辱」，就是你作為一個堂堂的讀書明理的人、一個準知識分子或知識分子，殺頭是可以的，侮辱我是不可以的，愛榮譽勝過生命，為了榮譽我可以不要生命。為什麼呢？因為我要：我愛吾師，我更愛真理，我不能夠向強權低頭，叫做「富貴不能淫，貧賤不能移，威武不能屈」。我想上述所說的這些都是這樣。那麼遇到外敵入侵的時候，說我寵辱不驚，你誰來誰就來吧，誰願意統治就統治吧，我到時候聽喝就行了。那就太沒有出息了，那甚至於會變成壞人了，所以老子所說的「寵辱無驚」有特定的所指，他指的就是春秋戰國那個時代，尤其是士人——準知識分子或知識分子，他受到了君王、受到了權力的寵或者辱，我覺得他指的非常清楚，他講「吾身」也是這樣，他講的是小我的那點寵和辱，他並不是說為了一個民族的尊嚴，並不是說為了捍衛真理，為了捍衛自己的理念而做出的鬥爭和犧牲。我覺得這一點我們與其去摳他的字眼，然後挑他這個字眼的毛病，不如從他的所指，從他說話當時的環境，來體會他這些思想當中可供參考的部分、對我們有所幫助的部分。

當然這也是事實，整個通篇的《老子》講辯證講得多，講「退縮」講得多，講「無」講得多，他講奮力拼搏講得少，他講「不爭」，不爭就是咱們——比如說朋友之間或者一些所謂煩瑣的、無所謂的、意氣用事的爭論，你應該不爭，但是你要是上競技場不爭行嗎？更高、更快、更強，如果說在奧運會上，因為咱們是產生過老子這麼偉大的哲學家、作家的國家，那你們誰愛得什麼牌就得什麼牌吧，上我這兒領來就行了，我們「不爭，莫能與之爭」，那就成了笑話了。比如說韓復榘——山東的國民黨軍閥韓復榘看打籃球，說幾個人就爭一個球，這麼可憐，多買幾個球給他們就不爭了——我想當然不是這個意思，老子在「不爭」裡要

求一個更高的境界，要求一個所謂「不爭一日之短長」。

論萬世、高境界

在《漢語詞典》裡收了「寵辱無驚」四個字，它是怎麼解釋的？就是不要計較個人得失。這個解釋很容易理解，不要過分地計較個人得失，而不是說一概不許計較，會計給你發工資，少發了二十塊，那你該計較就要去計較。你買東西找錢，多找給你你也要計較，趕快還給人家，別揣兜裡帶走了，那對不起自己的良心，也對不起售貨員。所以我說他都是有針對性的。老子的「寵辱無驚」還讓我特別想起中國一句很有名的話，這句話是宋末元初的學者謝疊山的，但是後來被很多人引用過，他說：「大丈夫行事，論是非，不論利害，論順逆，不論成敗，論萬世，不論一生。」就是我考慮一個事，我做一件事情，我不在乎這一時的得失成敗，我不在乎這一時的收益或損失，我不是做小買賣的，賺兩毛我就幹。我要考慮萬世，就是永遠的，我這事做的是順還是逆，是合乎大道還是大逆不道。他這個氣魄太高了，操作起來也難。我老琢磨這個「萬世」，萬世有多少？一萬年還不夠一萬世呢。要是「一代」，按照西方的說法是把三十年說成一代，那得三十萬年。我現在實在無法想像三十萬年以後的事，三年以後的事我還敢想，三十年以後的事，我就拒絕多想了，如果三十萬年以後的事，我更想不了了。但是他的這個氣魄，他這個含義還是很好。後人還有一個解釋，說你如果是論一時的，只是論當時的那點得失、成敗，那麼孔子、孟子這一輩子都過得寒寒酸酸，他們不是成功者。按現在所謂的成功者的標準，孔子有什麼成功的？教了一點學生，人家送他一點臘肉，然後他到處——所以為什麼有一本書從負面來說，

當然也有爭論——說「喪家狗」，說孔子不過是一個喪家之犬。他沒地方待，誰也不聽他的，那些君王、那些權力的擁有者都不聽他的，孟子也一樣。所以說要論萬世的話，孔子、孟子都是萬世之師表，永遠有他的精神的光輝，他的精神的資源永遠對我們有好處。老子也一樣，你要論老子，當時他算什麼呢？管一點圖書館，圖書館那時候都還是竹簡，拿竹子在上頭刻字，搬著還挺費勁。後來他提倡一些比較奇怪的理論，沒有幾個人真聽他的，然後騎著一頭青牛就出關了。你們看魯迅的小說《出關》，那個老子的形象甚至帶幾分滑稽，既可憐又滑稽。但是，萬世也還沒到，兩千多年以後，現在的——因為查不出來，就說兩千五六百年的事——在社會主義的中華人民共和國的首都，在 BTV 講堂上，我們仍然津津有味地來討論老子的這些表面看來稀奇古怪，實際上又對人很有助益的學說。所以你如果有了「論萬世」這樣一個心胸，做不到也沒關係，你打個折論五千世，你有一個論五千世的這麼一個心胸，那你當然寵辱就無驚了。你驚什麼啊，你今天寵我，你明天還能寵我嗎，你能寵我一百年，你寵我一百年你也沒了、我也沒了，誰也寵不了誰了。你今天能辱我，你永遠能辱我嗎？所以他這樣一種心胸、這樣一種氣魄、這樣一種針對性，對我們還是非常有啟發意義。

第六講：
知白守黑

黑格爾盛讚知白守黑

老子有許多名言，我們講過了「寵辱無驚」，同樣「知白守黑」也是一句名言。這句名言的普及程度不如寵辱無驚，但是它發揮的影響、它在老子語言的魅力方面處在特別突出的地位。為什麼呢？我們可以看到，例如歐洲的哲學家，尤其是黑格爾，他非常陶醉於老子的這句話。他不懂中文，但是他理解什麼叫「知白守黑」，就是說我把自己沉浸在無邊的黑暗當中，然後我去尋求、我去注視光明。這個實在是很美的一種境界，它讓我們想起一個青年詩人詩裡的名句：「黑夜給了我黑色的眼睛，我卻用它來尋找光明。」它也有一種美，當然這個詩人後來自己的經歷上，有許多令人遺憾的地方，讓人感覺

他找了半天，還是沒有找到這樣一種光明，而是永遠沉默在黑暗之中了。

保持溫和

老子的原話說「知其雄，守其雌」，就是我知道什麼樣是強有力——過去認為這個「雄」指的是一種非常強有力的雄強——「守其雌」，可是我保持溫和。在各種典籍當中，我只有在《老子》裡看到這個說法。他在另外一章裡說，堅強是死的特點，而柔弱是活的特點。他說草木死了以後很堅強，一撅就折，它不能彎的；一根樹枝、一棵樹都不能彎，但是它活著的時候是能夠彎的。老子的思路真是非常奇怪，因為堅強——我們認為這是一個非常美好的品質，非常正面的一個品質，但是老子說堅強——我查了許多辭典與字典，我們現代的漢語把「堅強」完全是當做一個正面的品質來說的，這原因與我們經歷過長期的民族鬥爭和階級鬥爭有關。我們提倡的是一種堅強不屈，一個務求徹底勝利的品質。但是在古代的漢語詞典裡，「堅強」裡已經包含了某些強硬，或者是不肯打彎、不肯回旋的意思。另外我又查了英語，英語裡的堅強是既包含著很堅決很強盛，也包含著比較執拗、比較偏執這個意思。老子說「知其雄，守其雌」，就是我知道怎麼樣才能表現出我的強烈、厲害，但是我經常不那麼強有力，我比較溫和。

紳士的風度

有時候我想這是一種風度，溫和是一種風度，在英美的語言裡，說一個男士很文明很好，就是 "gentleman"，那麼 "gentle" 是什麼意思呢？

就是溫和的、輕柔的。我八十年代第一次去美國，在一個寫作中心裡碰到幾個法國作家，我當時一下子還不容易接受，因為他說話老是那麼細聲細氣的。我說怎麼這法國男人一有學問都跟大姑娘似的。他給你這種感覺，他提倡輕柔。

老子說「知其雄，守其雌，為天下溪」，就是像溪水一樣，在低處悄悄地流著，它不是大河，不是大河滔滔，更不是海嘯。「知其白，守其黑，為天下式」，就是什麼事，我心裡都跟明鏡似的，但是我自己不必急於跳出來，把什麼真相都跟你們揭露、都告訴你們：我可是什麼都明白，我告訴你們，他們什麼事我可都知道！他不，他不這樣。這個「知其白，守其黑」是最抽象的，還不像「知其雄，守其雌」。

攝像鏡頭的啟示

在這兒做節目，我還抓住了一個「知其白，守其黑」的典型例子，是什麼？就是咱們的攝像機，你看那攝像機它對著咱們，對著的是白，咱們在燈底下，咱們要沉浸在黑暗當中呢，那這節目它就沒法做。但是攝像機必須放在黑的地方，它要放在亮的地方——我這是班門弄斧，孔夫子門前賣三字經——實際上常常還把攝像機藏在觀眾的座位後頭，讓大家看不見，你越看不見它，它越把你看得清楚，你說這逗不逗。如果它露在外面，大家都看到它——當然這裡頭有許多理論，有光學的問題，有攝影材料的問題，有數碼錄像的問題，或者還怕影響大家的情緒——如果這不是「知其白，守其黑」，我就找不著一個「知其白，守其黑」的例子了。下次如果我再出書，我希望能夠把這個攝像機的例子弄一個圖片，讓它黑糊糊的，露出一個攝影機來，對著挺亮的地方，這就叫「知

其白，守其黑」。

這句話它還有一個意思，這個白和黑是什麼意思？就是把你自己、把認識的和行為的主體置放在一個不太有知識的位置：我這兒沒什麼光，我這兒沒有多少知識，我從頭學起，我看你們各位、我聽你們各位的。這個攝像機為什麼能夠有很好的攝像的效果？因為它本身並不想介入我們的講座，它無意進入討論。如果這攝像機認為它自身對於講老子有自己的看法，而這看法又跟我不一樣，攝像機就有可能與我們的講座打上架了。

這個「知其白，守其黑」我覺得還有一個意思，就是蘇格拉底所說的：「我唯一知道的就是我什麼都不知道。」這話說得有點藝術化了，有點文學化了。你說蘇格拉底什麼都不知道？這你也別抬槓：蘇格拉底什麼都不知道，你不知道你爸爸是誰嗎？你肚子餓了你不知道吃飯嗎、你渴了你不知道喝水嗎？那就是故意抬槓，故意抬槓蘇格拉底也沒轍，他也得認輸、投降：行了，我不說話了。完了！但是他說的這個意思是什麼呢？就是你面對世界的時候不要把自己當做什麼都知道，你什麼都知道，你就無法接受信息了。你面對這個世界的時候，我不能說你是一個電腦第一次初始化，但是起碼你是關機以後重啟。你不能說已經是三年半不關機，你這兒在接受各種的信息、在上網、在下載多媒體圖片音樂，內存飽和，那就太困難了。「知其白，守其黑」裡包含著這樣的意思。它有很多其他的意思，我底下再說。

老子為什麼提倡低調

同樣在這裡還有什麼呢？有「知其榮，守其辱，為天下谷」，前邊已

經說了「寵辱無驚」，但是他又說「知其榮」，就是我知道什麼叫出風頭，我知道什麼叫榮華富貴，我知道什麼叫衣錦還鄉，但是我「守其辱」，我寧願把自己放在一個比較卑下的地方、一個比較謙卑的地位，我並不覺得我比你們更能出風頭，我也並不覺得我跟你們比，我一定是金牌選手，不一定，也許在座的很多朋友，他們將來得的牌比我還多。他有這麼一種心理，有這麼一種認識，寧可做天下空空洞洞的，而且是最底下的那個山谷，我不是山峰。也就是用一種低調的方式處理人生的各種問題。這是不是人生的唯一方式呢？不一定！人生，尤其是西方世界講競爭，它講一個人應該彰顯自己的本領，應該張揚自己的個性，你應該走到哪兒去都說：我是最好的。這也是事物的一個方面，而且也很應該提倡這種進取精神、創造精神、拼搏精神。

為什麼老子偏偏要這樣消極地講說呢？我覺得這有幾個原因：一個是老子是生活在春秋戰國時期，一片混戰、危機四伏、勝負難定，叫春秋無義戰，都在那兒爭權奪利，沒有誰是正義的、誰是不正義的區別。所以在這種情況之下，老子看慣了有許多人由於過分的追求、過分的表現自己、過分的高調，最後都沒有好下場。商鞅變法那麼厲害，最後什麼下場？吳起打仗那麼厲害，什麼下場？太多了這樣的故事，龐涓原來壓倒孫臏，最後是什麼下場？可以找無數的故事，說明越高調你的危險性越大，你越是什麼都知道，最後證明你是什麼都不知道。所以老子強調這一面比較多，但是我們今人用不著，我講老子不等於我是老子這一派，我不是這樣，我只是從老子那兒得到我能夠得到的東西，該爭的時候還要爭，該明的時候還要明，該痛快淋漓的時候還要痛快淋漓。你想一輩子老是「知其白，守其黑」，那到處都是白就你一個人黑，兩眼一抹黑、你心情也是黑的，這一輩子也太窩囊了，該亮堂一回咱們也亮堂一

回、該痛快淋漓一番我也揮灑自如一番。也有這一面，所以「勿謂言之
不預」，把這話先說到這兒，免得咱們再抬槓，說老是「知其白，守其黑」。

知與守並不統一

這個知什麼守什麼：知雄守雌、知白守黑、知榮守辱，裡邊還有一
點小小的提醒，也可以說是人生的一個小小的悲哀，就是你的知和你的
守，並不能達到統一的水準。你知道的是一切心明眼亮，什麼叫「知白」？
我心明眼亮，我有各種各樣的信息；什麼叫「守黑」？我能做的是有限度、
受很多條件限制的，因此我用不著到處做一切皆知狀，我用不著到處做
心明眼亮狀，我更不要到處做——毛澤東在〈實踐論〉裡邊批評過——
叫「知識裡手」，就是你什麼事都內行、萬事通、無所不知，你不要做這
種狀態，這種狀態人家別人很煩、很討厭你，你更不容易把事弄成功，
所以就要懂得知和守的區分與距離。

同樣的，「知雄守雌」也是這樣，我知道怎麼去爭第一，但是我用不
著什麼事都爭第一。比如賽球，我代表我們本單位去賽球，我爭一次第
一，這我好好爭；說吃飯我也爭第一、漲工資我也非得爭第一不可，抬
槓非得把別人壓倒，損得別人一句話都不能說了，面紅耳赤了，恨你一
輩子、恨你八輩子才好，你不要這樣。相反，你該退讓的時候退讓、該
謙虛的時候謙虛。

「知榮守辱」更是這樣，好事多了，都能讓你全占上嗎？你已經得
過一個獎狀了，行了，第二個獎狀、第三個獎狀讓人家得吧，你再沒完
沒了的，是獎狀都歸你，是好事都歸你，這樣最後的結果常常是不妙的、
適得其反的。老子這一點看得比許多人都高，看得比許多人都深，就是

「知」可以走在前頭、可以超前，但是你做事情、你把握自己——所謂「守」就是把握自己——把握自己你稍微滯後一點、稍微靠後一點，這是老子的人情戰略、這就是一個人生戰略。你如果說這是處事權術，是老子的處事權術，當然也不能絕對化，也有到時候「行不行先衝上去」的這個時候，你要打仗的時候「知白守黑」，我明明能勝我不往前衝了，我一邊找個土丘我趴那兒得了，那當逃兵弄不好給槍斃了，更守不住了，連命都守不住了。所以這個知什麼守什麼也令人歎息，既令人讚歎又令人歎息。

知白守黑的延伸

「知白守黑」的說法對我們後世的中國人，以至於對於今人都有很大的影響，許多說法都與知白守黑有道理情理相通的地方。為什麼呢？我們現在有許許多多的對政治、對社會、對人生的說法，這些說法我們都可以往「知白守黑」上掛靠一下。我舉例來說，譬如說毛主席有一個有名的話叫做「卑賤者最聰明，高貴者最愚蠢」，這句話是毛主席為遼寧省安東市安東機械廠——它自力更生研製出我國第一臺輪式拖拉機——而做出的批示。毛主席說這個話是什麼意思呢？就是說——當然這個和毛主席的意識形態有關，毛主席這一生提倡的就是要站在大多數的受壓迫、受欺負、受剝削的工人、貧下中農一邊，來和老財、地主、資產階級，甚至於是和資產階級知識分子精英們做鬥爭，這是他的一個意識形態的表示，但同時他講的也很有道理——有些事就是卑賤者聰明，因為卑賤者比較實際，卑賤者都是直接從事體力勞動的，都是腳踏實地的，他沒有忽悠的餘地，所以農民是最不信忽悠的，他是最能夠什麼事都從

實際上來考慮的。

一九五八年大躍進的時候，當時我們有一些急性病，農業上要放衛星，某地就報導白薯，說一畝地出了八十萬斤白薯。當時我已經在運動裡自個兒出了事了，我就在農村勞動，雖然我在農村勞動，這些大躍進的喜訊，我還得給農民念報，還得幫著掃盲，還給宣講，我就給他們宣講，我說現在一畝地能打八十萬斤的白薯。農民聽著他不言語，然後他自個兒在那兒算，算半天告訴我說：老王——其實我當時並不老，人家叫「老」也是表示客氣吧——說老王你知道什麼叫八十萬斤白薯嗎？他說一畝地這白薯每一塊都跟你一樣大，排隊，擠在那兒，站在那兒，跟列隊一樣，都擠在這一畝地裡，都不到八十萬斤。當然我沒去做過實驗，它到也好不到也好，反正農民他不信。相反的，大知識分子信、大科學家信，怎麼信呢？我就不提了，因為大家都是好心。大領導也有信的，還有寫文章的，還有論述為什麼白薯能夠放衛星的。

卑賤者他比較實際，所謂卑賤者他也比較謹慎，為什麼？因為他沒有什麼本錢，他輸不起，如果這個事我要做壞了的話，我家底就這麼一點點——當時來說，有的時候一年的結算才幾十塊錢，那還算不錯的，要上百塊錢就算不錯了，當時當然物價也不一樣，我五十年代後期在北京郊區勞動的時候，農村的食堂每個月的伙食費是三塊六毛錢，下放幹部多交，是交七塊二毛錢，這跟現在的物價當然不一樣了，現在你三塊六毛錢、七塊二毛錢吃一頓都不行，那時能一個月——所以說農民他沒有什麼本錢，他不敢胡作非為、胡思亂想，只能夠實實在在地一件事一件事往下辦。

還有一個，卑賤者也有點「知白守黑」的意思：我這兒的資訊非常少，我這兒也沒有多少大道理，我這兒既不舉行講座，也不舉行研討會，

我這兒既沒有博士、碩士，也沒有教授、副教授，因此我看什麼東西眼見為實、耳聽是虛，而且我是從下往上看，我是最底層的，要現在來說更有新的詞了：我是弱勢群體，我站在弱勢群體這一邊來看待那些大的人物、大的事情、大的口號，判斷哪件事、哪個口號是好的，是幹得通的，是能夠給老百姓帶來利益的；還有哪些口號、哪些說法，那純粹忽悠、那是知識分子哄知識分子，你朗誦詩行，真正這麼辦事不行。我覺得農民有這麼一種觀點，這在今天來說，就是說我們事事要照顧到大多數，要注意人民的大多數，要注意弱勢群體，和這個觀點也是一致的。

韜光養晦

其次還有一個說法、還有一個思想，這個思想在我們中國也非常重要，就是「韜光養晦」，「韜」是劍套，把劍放在套裡，不要讓它光芒四射、鋒芒畢露；「養晦」，「晦」就是一個相對模糊的狀態，「養」是保養也是保持，你保持一個不特別扎眼的狀態，你不要做人做得太扎眼，做人做得太刺激了，他就是這麼一個意思。當然這個意思我們也可以抬槓：我這一輩子就不興扎兩次眼了？我穿件衣服誰也沒有穿過，吸引一回人家的眼球就不行啦？這是另說。我們先研究老子他是怎麼想的。韜光養晦這個詞不是出自老子，它是後來的故事，我就說老子的這個思想：知雄守雌、知白守黑、知榮守辱，特別符合韜光養晦這個原則。比較著名的韜光養晦的故事，其實還是三國的時候，曹操請劉備吃飯，吃飯的時候問劉備，現在天下有什麼英雄——煮酒論英雄——劉備就給他胡扯，劉備就是在韜光養晦、知榮守辱、知雄守雌，他專門說那些不成樣子的人：袁紹、袁術，凡是真正的英雄他絕對不提，他提那些最平庸最不成

事的人，按照我們老百姓的話說就是揣著明白裝糊塗，劉備他就是裝糊塗。為什麼呢？他怕引起曹操的注意。曹操跟他說，你說的那些都是不值一提的廢物，真正英雄就倆人，一個是你一個是我。劉備一聽嚇得筷子掉地下。曹操說你怎麼了？趕得巧正好天上要下雨，反正不是人工增雨，打雷了，劉備趁機說：剛才雷聲一響，我害怕了。曹操就想怎麼這麼膽小怕事，原來說他是個英雄，看來不是，就把他放過了。所以這是最有名的韜光養晦的故事。

另外我們知道在一九八九年底，所謂「蘇東波事件」，蘇聯東歐解體的時候，鄧小平講過我們中國在國際上應該韜光養晦，我們不要做出頭椽子，什麼事我們不要挑頭，自己的事情沉著應對，把自己的事情做好。

我跟幾個懂英語的人商量，說這個韜光養晦翻譯起來比較難，只能講故事，讓那些外國人從這個故事當中自己去領悟，而且韜光養晦講解起來給人一種不良的印象，讓人覺得你特別狡猾、覺得你特別陰，不是實實在在，不是有一說一。所以這個事物也有那一面。

但是中國人為什麼有韜光養晦這樣一種思想呢？這並不是由於中國人自來性格上有這方面的問題，或者我們的遺傳基因、細胞，我們 DNA 裡頭有韜光養晦的元素。這主要是由於中國人口太多、政治鬥爭太複雜了，尤其在春秋戰國的時候，各種的謀略、各種的招數，所謂聲東擊西、指桑罵槐、圍魏救趙、欲擒先縱、調虎離山等等，有無數的這種說法，在這種說法之下、在群雄並起的情況之下，你過早地暴露自己的力量、過早地暴露自己的光輝和銳利，往往對你做成一件事並沒有什麼好處，所以我們有了韜光養晦這種說法。

你想想「知其白，守其黑」難道不是韜光養晦嗎？我明明心明眼亮，但是我走到哪兒都表現的是知之不多，這也是為了我真正要學習，另一

方面也是為了我自己不成為一個目標。你什麼都知道、你什麼都懂，有時候我看到聽到有些學者——收聽或者是收視一些學者的講話的時候，想給他出一個主意——但是我也不好意思——你千萬別什麼都知道，你哪怕有一次說：這個事我還鬧不太清，我還沒聽說過。或者：對這個事我還沒有什麼把握。立馬你的公信力就增加了。因為你只有承認你有所不知的時候，別人才能相信你有所知。這個道理就跟假花一樣，現在這假花越做越好，有好幾次把我騙過去了，為什麼？這個假花上它有枯葉，它有開敗了的花朵、有長鏽的花朵，我一看覺得就是真的，它以假亂真了。如果花擺在這兒，全部葉倍兒鮮、倍兒綠，所有的花都開得一樣大小，一點殘的、壞的、損失的、招蟲的或者枯萎的都沒有，你肯定就不相信它是真花。

所以韜光養晦，你表面上看是低調，但是實際上確實是一種智慧是一種聰明，尤其是鄧小平講韜光養晦，當時有這樣一種說法，認為蘇聯解體了，好像中國應該擔負起把全世界社會主義的力量、工人運動的力量重整旗鼓，來當全世界的革命的頭目。鄧小平同志並不贊成這種主張，他認為中國現在不是這樣一個時候，中國自己的任務非常的沉重，中國自己不能夠提出一些自己做不到的目標，來耗費、來轉移我們謀發展這樣一個大的目標。

還有一個例子，就是現在全球經濟危機，也有一種說法，說中國應該承擔，我覺得在這個時候可能韜光養晦對我們也很重要，因為其實中國把自己的事情做好了，就是對世界最大的幫助。所以現在比較相對地來說，我們並不希望我們這牛吹得太大了，你牛吹得太大了，你的力量並沒有達到，我們如果按人均收入來說，在世界仍然居於後列，雖然我們總體的經濟總量有了非常偉大的發展。所以韜光養晦，這是中國的一

個智慧，也是中國的不得已，因為你本來就沒有那種雄視一切、普天之下我最牛那樣一個實力。這些都是很有意思的一些說法。

磨難是必要的

還有一個民間的說法也很符合「知其白，守其黑」這樣一個原則。我們常常說：吃得苦中苦，方為人上人，過去我們常常批判這句話，因為我們把這個人上人，理解成是做官當老爺、當大款，要剝削別人甚至要壓迫別人。這「人上人」就看你怎麼理解，「人上人」──你的境界比別人更高，你的知識比別人更豐富，這完全是可能的。這種思想還不僅僅老子那兒有，孔孟同樣有，孟子也喜歡，他就說「天將降大任於斯人也，必先苦其心志，勞其筋骨，餓其體膚」，就是要受很多的苦，才能有點成績，有點模樣。我想這個是符合人生的規律的，你先不必急著吹牛，你先把面對的挑戰，能夠解決一點算一點，你得積少成多，你得從低向高，你不要一步登天，你不要想不經過任何的奮鬥、不承擔任何的苦難，就把一件事做成，就能做出成績，甚至於就想超過別人，這是不可能的。

我覺得老子的「知其白，守其黑」還有一個意思：我從「黑」做起，我從「雌」從溫柔做起。當然作為人的風度來說，你即使是已經很偉大的人物了，你也應該柔和一點，謙虛一點，請不要窮橫，沒有人喜歡窮橫的，也就是現在我們說的，不論做什麼事，要有一種心態：從零做起。

難得糊塗與愚不可及

「知其榮，守其辱」，可以聯想到解放以後我們常常有的一個說法，

很理想化也並不容易做到的說法：把榮譽讓給他人，把困難留給自己。
這一點是太難做到了，但是我們知道有這麼一個老子的學說，也許碰到
榮譽碰到困難的時候，我們在選擇上會比別人更高尚一點。還有一個說
法、我們中國的一個說法，也能夠聯繫到知白守黑，就是揣著明白裝糊
塗，這「裝」字比較難聽，但是中國有一個說法叫「難得糊塗」，鄭板橋
特別寫了這幾個字。這個「難得糊塗」同樣是看你掌握什麼分寸，如果
這個難得糊塗，你把它理解成什麼事一問三不知、不負責任，那就成真
糊塗了，成了傻子了、成了弱智了。但是他這個「難得糊塗」裡我覺得
包含著兩個意思，一個意思就是大事聰明小事糊塗，你不可能什麼事都
聰明，什麼事情都計較，你計較得完嗎？每一個人，你的對方也好，你
看到的人也好：你為什麼瞪了我一眼、你為什麼眼睛瞟了我一下、你為
什麼一見我你嘴歪了一下、你為什麼剛看見我你把臉轉過去了，你如果
這樣一一地追究起來，這一天你跟別人吵架都吵不完，更不可能有什麼
成績了。

　　難得糊塗，其實往更古代一點的時候來說，不是鄭板橋時代，而是
在老子、孔子的時代，還包含一個意思，就是根據社會的環境來確定自
己的選擇。在《論語》裡邊，孔子說過一個人，這個人叫甯武子，說甯
武子「邦有道，則知」，「邦」就是邦國，那個時候中國還沒有統一，什
麼齊楚燕韓趙魏秦，就是這樣一些國家，意思是說：趕上這個諸侯國有
道，什麼事都走上正規了，這個君王也比較講道理了、比較懂得治國之
道了，有點章法了，這種情況之下甯武子就很聰明。所謂聰明是什麼意
思呢？他可以幫助提出一些治國的策略、一些主意，可以建言獻策。而
「邦無道，則愚」，如果「邦無道」，他一下傻了，什麼話都沒有了、什
麼都弄不清楚了。說「其知可及也，其愚不可及也」，就是你要學他那個

聰明勁兒，你能學到，什麼事他有自己的看法，什麼事他能夠掂量掂量孰輕孰重、孰是孰非，這個你是可以學得到的；「其愚不可及」是說：可他那個傻勁兒你學不像，你學了像假的、顯得狡猾，你越想學這傻勁，你就越顯得狡猾、大滑頭，你學不了。本來這是孔子的話、是《論語》裡邊的話，後世給弄錯了，我們在「文革」當中整天批林批孔的時候，說是孔子認為勞動人民愚不可及，「愚不可及」的意思就是：傻得都沒辦法了、傻得沒救了、傻得沒轍了，但這不是孔子的原意，他那「愚不可及」是認為：他的那個愚比他那個智還有境界，還高明，還難以企及。

你看為什麼「邦無道，則愚」呢？「邦無道」，你還那兒智個什麼勁？你越智不越找麻煩嗎？這本來就是無道，本來就是他不講道理不講道德、治國無方，他又沒事老來找你，說聽說你很聰明，這事該怎麼辦好啊？你給他出了主意他又不聽你的，這種情況下你要想保護自己，你要想踏踏實實過日子，只有一個方法：愚化、糊塗，而且這個糊塗是很自然的，一到這時候就糊塗。

當然這同樣有中國社會的心計，中華文化的對於心計的講究，確有一種心計在裡頭。這個是不是世界上最好的選擇，我們另外說，因為我們還可以有另外的說法，就是說我為了國家的利益、為了人民的利益，我不考慮個人的得失。「文死諫，武死戰」，我作為一個文官，我自個兒該說什麼話就說什麼話，我為這個付出生命都在所不惜，而作為一個武官，不惜在戰爭中獻出生命。這當然是另外一種選擇。

大智若愚

但是這裡說的「難得糊塗」、「邦無道，則愚」真是妙極了，和「大

智若愚」我覺得也有關係，就是你不那麼輕易地來使用你的智慧、不那麼輕易地表達你的見解，在很多情況之下不到時候不應該說，很多情況之下別人無法接受，你不必急著提，你要等到一個最合適的時間、地點、方式，既考慮到效果也考慮到實際運作的可能，你再提。所以大智若愚就是：大智是不急於來表達自己。中國人的頭腦長得真是挺有意思的，他在這種天下的紛亂和爭奪之中，總結了許多的智慧。跟這個還有點類似的有一個中國的說法，叫做：名將不談兵，名醫不談藥。如果我是一個名將、我是元帥、我當過司令、我打過好幾個勝仗，相反的我不愛談論軍事的事。為什麼呢？因為軍事的勝負各種因素千變萬化，誰也說不準。在春秋戰國時期，有一個趙括談兵的故事，就是這個人特別喜歡研究軍事問題，而且講得特別好，什麼時候講都頭頭是道。後來諸侯要任命趙括帶兵，他爸爸就急了，說你可別任命他，任命他，他打了敗仗你們可別殺我們這些親屬族人，我可是早說了他根本不行，我這小子我不知道嗎，他哪裡懂打仗，他會說打仗，不等於他能打仗。果然他去打仗，敗了、大敗，就由於他爸爸先說了這個話了，才不至於株連九族。他爸爸是什麼意思呢？他說兵是凶事，是充滿著兇險的事情，如果你談得太多，把它看得太輕率，自以為讀過幾本書、讀過幾本兵法，跟什麼人討論過幾次戰例，你就以為自己當真懂得軍事了，那是不行的。

同樣名醫不談藥，真正的醫生，他不隨便給人開藥方，那是非常慎重的事情，你應該吃什麼藥，同樣一種病，個人和個人情況都不一樣——這個我說笑話了，因為我現在也有把年紀了，有些好朋友經常給我提各種養生延長壽命的方法，特點就是越不懂醫學的人，越愛提各種方案：有的告訴我應該捶腿的，有的告訴我應該捶腰的、揉手指的，那招兒多極了。可是真正學醫的人他不說這些，因為這些沒經過鑑定、沒經過考

證、也沒有什麼臨床紀錄，比如我先弄兩萬個人做實驗，實驗完了以後，說這有效還是無效甚至於反效果——他不說這個，這說明醫生是本著高度負責任的態度。無知者無畏，所以不懂得醫學的人，可能可以出很多和醫學有關的主意。

大雅若俗

為什麼大智若愚呢？大智若愚和知白守黑是一樣。我們還有類似的話，說大雅若俗：那酸溜溜的人雅不到哪兒去，一張嘴一閉嘴必然就是給你拽點文、拽點你不知道的名詞，一張嘴一閉嘴他就是批評這個俗批評那個俗，全世界除了他以外都俗，這樣的人你們不要相信他。相反，大雅的人他更能夠和俗人和百姓和人民通氣，溝通、交流、交換信息。所以說大雅若俗。老子也是一個特別典型的例子，他的《道德經》裡邊，很多的論述其實都是大實話，這些話要是普通人乍一看：這不是廢話嗎？

我們現在還有一個說法，叫大洋若土。你如果要是像《阿Q正傳》裡那個錢秀才那樣的假洋鬼子，越是真正——我可確實見識過這樣的人，譬如說謝冰心她是最早的威爾斯利女子大學畢業的人之一，她長期在國外生活，可你跟這個小老太太在一塊，她最不喜歡表示自己有多麼洋，相反她就是絕對的一個中國老太太。她熱愛自己的祖國，她喜歡中國人的這一套生活方式，但是她也完全瞭解世界，她不但懂英語，還懂一些其他的語言。其實越是在國外生活久了的人，他保持著中國的傳統、生活傳統，受到外國人歡迎的程度越高。

和光同塵

　　這些東西又牽扯到老子的一個命題，剛才從大智若愚、大雅若俗、大洋若土、難得糊塗這些說法當中又牽扯到老子的另一句名言，這句名言就叫「和光同塵」。「和光」是什麼意思呢？就是把你身上的光輝柔和化、不要刺眼，「同塵」就是和世人、和世俗、和紅塵貼近一點，現在不是講三貼近嘛：貼近生活、貼近現實、貼近群眾。其實老子他也是主張貼近生活、貼近實際，他提出一個什麼樣的口號呢？叫「挫其銳」，把你的銳氣、把你那個針尖麥芒的勁兒磨得鈍一點，弄個銼最好給挫兩下，不要動不動你一張嘴就扎人、就傷人，別動不動劍拔弩張、動不動就傷人。「解其紛」，「紛」就是紛爭，就是你別那麼排他，一聽到一句話跟你說的不一樣，馬上就跟人家爭，馬上就表達不同的意見。值得討論的問題你討論，不值得討論的東西你不要討論。「和其光」，把你身上的光芒──一個智者、一個道德高尚的人身上是有光芒的，你頭頂上是有圓光的，但是你把它蓋住，你不要走到哪裡都裝不下你，你不要走到哪裡老是出語驚人、老是嚇人一跳、老是讓人恨不得趴下、老是放倒別人，不要這樣。「同其塵」，能夠和大眾、和百姓、和塵世保持聯繫，因為不管多麼偉大的道理，它都是生活的發現，不是脫離了生活自己面壁思考出來的。老子這些非常神奇的說法，也都是他看到了當時的社會上的各種沉浮、勝敗、榮辱、進退後才得出來的結論。

　　「和光同塵」以後能做到什麼呢？他底下說得更玄了，他說「不可得而親」，你用不著跟誰特別的親近；「不可得而疏」，你也用不著跟誰特別的疏遠；「不可得而利」，你也不要希求從別人身上撈什麼好處，別人

也不要老是想著從你身上能撈到好處;「不可得而害」,你也不要想著能夠害誰:你討厭的人,你打擊他一下子,你給他製造點障礙,用不著,不必要。反過來說也沒有人能夠害你,為什麼呢? 因為你不是一個惹是生非的人,你是一個憑自己的真本事在這兒勞動、在這兒工作、這兒做事、在這兒為人,你該怎麼辦就怎麼辦,該尊敬的你當然都尊敬,該慈愛的你都慈愛,該幹活兒該服務的,你就幹活兒你就服務。他說「不可得而害,不可得而貴」,這樣的人你沒法再提拔他、再提升他了,他已經很好了,他自己又有理念又有信心、又有學問又有主心骨,不會因為榮辱得失激動,也不會跟別人爭辯我白你黑、我是你非,所以「不可得而貴」,他既不可能把別人封官晉爵,也不可能被別人所寵幸而變得更高。他怎麼更高? 他就是他自己,他的學問就是這麼些,他的知識就是這麼些,他的為人就是比較清純、比較樸素,所以「不可得而貴,不可得而賤」,你想再貶低他也不可能了。你怎麼貶低他呢? 他真本事在這兒呢,他的活兒在這兒呢,他練得出活兒來你練不出來,所以你也不可能貶低他。

　　這是老子對人的一個理想的境界:你的知識很高,你的學問很大,你的道理很深,同時你是和光同塵的,你和老百姓有共同的語言,你和弱勢群體有共同的語言,你永遠知道你自己是老幾,既不會過分地膨脹,也不會哆哆嗦嗦、閃閃失失,你能夠保持一個最穩定的狀態。老子提出來的這樣一種對人格、對人際關係、對人在社會中的地位的想像,要做到也非常不容易。正因為不容易,所以它有吸引力,如果人人都做得到,那用不著老子說了。老子並沒有說,每天你們都要吃飯,這個大部分人能做到,當然還有飢餓者。老子提出了在我們看來比較神奇的境界,正是這種境界非常有魅力,它讓你想,做到了老子的說法,可真是理想。

你想是不是？你知白守黑，你知雄守雌、知榮守辱，你能夠挫其銳、解其紛或者是解（讀ㄒㄧㄝˋ）其紛、和其光、同其塵，而且你能夠做到：不可得而親，不可得而疏，不可得而利，不可得而害，不可得而貴，不可得而賤。

　　然後老子說——這個老子也很有意思，他說了這麼一大堆了，最後說「故為天下貴」，這樣的人你看著他很低調，你看著他和光同塵，你看著他絲毫不顯擺自己，也不包裝自己，可是這樣的人才是天下最貴重的人。「貴」是什麼意思？最高尚、受人尊敬、值得珍重、值得敬仰的人。老子樹立了這麼一個目標，「天下之貴」的這麼一個目標，這個目標我們心嚮往之，雖不能至——我們不能說我們做到了這一步，我們在座的和收看這個講座的人，我不相信有誰已經做到了這一步，但是同樣我們有這樣高級的一個目標，我們心裡會更加暢快，我們做人會更加踏實，我們和大道的距離更近了一步。

第七講：
治大國若烹小鮮

中山服與西服並不截然對立

今天我的衣服換成了中山裝，有人管它叫立領，有的叫青年服，這衣服算西式的算中式的？其實比較早我看到的是印度人與日本人穿它。按說是與中式的中山裝也很接近。但是我有一個發現，你把這領子翻過來看看，成西裝了。下回你再穿中山裝的時候，也可以一衣兩穿。我說這個話是什麼意思呢？中國傳統文化也是這樣，有的你可以從正面看，有的可以從側面看，有的可以倒著看，有的可以給它翻過來看，你都會有各種各樣的發現。有些表面上不一樣的東西實際上是一樣的，譬如西服和立領中山服，它們是一樣的。有些表面上一樣的東西它們又是不一樣的。如果我們學會用這麼一個方法的話，

就能夠學到更多的東西。

觀眾朋友當中要說人人都讀過老子的《道德經》，這個也不太現實，但是對於老子《道德經》當中一些名言警句，大家可能比較耳熟能詳，這應該是現實的，像其中的一句「治大國若烹小鮮」。老子真的不愧為中華文明智慧的最高代表，他的學說當中不僅有很多人生哲理，同時也富含著許多精闢的治國理論。

老子的立言無與倫比

今天我們討論一個非常有趣的問題，就是「治大國若烹小鮮」。烹小鮮就是熬小魚，用天津話就是熬（讀ㄋㄠ）小魚，它叫「熬」小魚。這個話非常地奇特，在我很早很早年輕的時候，一看這句話我一驚：哪有這麼說話的，怎麼治大國成了熬小魚了——一喜：覺得他說得太好玩了，感覺治大國就跟烹小魚一樣——一愣：不知道什麼意思——一讚：覺得這人可真會說話，他怎麼琢磨出這麼一個話來。中國人講立言，你有那麼大的學問，你寫過五千萬字也好、一千萬字也好、二十萬字也好，老子只寫過五千字，五千字也好，但是你能留下一句話，這句話讓人一驚一喜一愣一讚，讓你永遠地去回味它、去品嘗它、去琢磨它。可以說，老子的「治大國若烹小鮮」，留下了一個立言的範例，至今人們喜歡這句話，有了這一句就可以名垂史冊的，有的人寫了一輩子書，他還留不下這麼一句話。

「治大國若烹小鮮」，我們想一想他是在什麼樣的背景下提出來的：在那個時期，治國的事情是一個非常嚴重的事情、是一個非常兇險的事情、是一個非常操勞的事情，甚至於是一件非常血腥的事情。因為春秋

戰國天下大亂、你爭我討，這是跟外部；每一個諸侯國家的內部呢，又存在著奪權、喪失權利、政變、宮廷陰謀這種危險。在那個時期，治國是相當的陰謀化和血腥化的一種事情，沒有誰治國能夠如烹小鮮一樣那麼悠閒自在。那麼老子為什麼要說出這麼一句話來呢，他的意義在哪兒呢？當然了，歷史上也有不同的看法，因為對老子的年代有不同的看法，有的說老子年齡非常的大，他是比孔子還要大二十多歲，這樣的話老子在開始考慮這些思想的時候，可能還沒有趕上那種天下大亂的紛爭局面。這個到底是怎麼回事，我說不清楚，我可以說的是什麼呢，到現在為止，古今中外我們找不到一個治大國若烹小鮮的範例。現在也是一樣，不管是美國還是俄羅斯，中國還是法國、德國，哪一個人能治大國若烹小鮮一樣？他很辛苦，起碼是也很有風險，都是有風險，金融海嘯能烹小鮮嗎？反恐能烹小鮮嗎？反對三種勢力能烹小鮮嗎？都烹不了小鮮。

他要力挽狂瀾

我認為老子這樣提出來，可以說是他的一個治國的理想，還可以說是什麼呢？我用四個字來形容老子的治國理政觀念，叫做「力挽狂瀾」。他就是覺得他所設想的治國，應該是舒舒服服的，應該是按照大道來治，應該是順順當當的，大家都應該過和平的幸福的生活，而不應該是你爭我搶、兵戎相見，甚至於白刀子進紅刀子出，以至於還有在宮廷內部父子反目、夫妻仇殺、兄弟屠戮，這樣的事情對於老子來說太刺激了，所以他要力挽狂瀾。

他提出來治大國若烹小鮮：第一條你不要把這個治國治得神神經經，你應該放鬆心態，你應該與大道同在，你應該把這個治國的事看得舉重

若輕，你應該充滿信心，你應該按照客觀的規律運作，你不要把這個治國的事弄得是一驚一乍，《紅樓夢》有一個詞叫「蠍蠍螫螫」，《紅樓夢》描寫這趙姨娘不管碰到什麼事都蠍蠍螫螫，就好像讓蠍子給螫了一下一樣，她老那麼鬧騰。趙姨娘是一個很好的反面教員。

誰能舉重若輕

這是老子的一個——可以說是理想。老子還有一種非常辯證的觀念，就是說把大事不妨當小事。做大事也罷，小事也罷，它的道理是一樣的。小事有時候也需要當大事做，這樣的故事也非常的多。完全「治大國若烹小鮮」做不到，但是舉重若輕，降低這個緊張程度，用一種比較從容、比較自然、比較自信的狀態來穩定人心、穩定民心，這樣的事是做得到的。譬如說李白的詩裡邊就有：「但用東山謝安石，為君談笑靜胡沙。」就是晉朝時候的謝安，他的字叫安石，他和他的弟弟還有他的侄子、他們謝家軍有「淝水之戰」，淝水之戰中謝安石運籌帷幄，他的弟弟和侄子在前線帶兵，打敗苻堅，有「風聲鶴唳，草木皆兵」的典故，把苻堅打得是一塌糊塗——苻堅是北方少數民族，有說是匈奴的，有說是叫前秦，它那個國號、朝廷的號叫前秦的。苻堅帶著很多軍隊，一直打到了現今的安徽這邊，最後徹底地敗在了謝安石的手下。而這個謝安石呢，他當時在下著棋，他已經都部署好了，他心情很安靜，找個棋友下棋——我考證不出來，恐怕下的還是圍棋，比較早的棋，不一定是象棋——下著棋時他聽到報告仗打勝了，他笑著說很好嘛、好嘛。他這樣一種精神狀態，有點「治大國若烹小鮮」的味道。

解放戰爭當中，咱們也有一位高級的將領，由於我沒有找到證實的

依據，所以我不提他的名字，據說他也是一個棋迷，也有這樣類似的故事：那邊打響了，他說下完這盤再說，因為他很有把握、他一切都瞭如指掌。我說這個話的意思，不是提倡咱們凡是高級領導、高級將領，仗打起來了你先擺一盤棋，你先別管這戰爭的事，我不是提倡這個。我們說明什麼呢，一個人的精神狀態要有節奏，一張一弛，有放鬆的時候，有緊張起來的時候，這個時候他判斷問題比較容易有把握。相反你沒有節奏，你老很著急，你可能沒有把握。

似曾相識燕歸來

其實毛澤東主席也有這一手，越是緊張的時候、越是嚴重的事，他喜歡用一種相對輕鬆的語言來說。譬如說六十年代初期的中蘇論戰，那個時候世界上還分社會主義陣營、資本主義陣營，而在社會主義這邊，蘇聯等於是一個頭兒，蘇聯和中國是最大的兩個社會主義國家，這兩個國家論戰交惡，這是一件有風險的事，但是毛主席怎麼說呢？他說這就叫「無可奈何花落去，似曾相識燕歸來」，這是宋詞中的詩句。世界的規律就是這樣，蘇聯就好比是那個花，無可奈何花落去，它變成了修正主義了──當然政治上我們不去評價他說得對不對，那是另外的事，我們講這個風格、講境界──他說這個就是無可奈何，蘇聯不行了，「似曾相識燕歸來」，真正在國際共產主義運動中執牛耳舉大旗的燕子又回來了，他指的就是中國。當然現在我們也不提這些事了，這些事本身不必提了，但是毛澤東的這種境界、這些風格、這種瀟灑、這種風流──他是一代的偉人。

譬如像林彪出逃，逃到溫都爾汗，然後他那三叉戟飛機掉到沙漠裡

頭，這個實際上也是一個很大的事情，而且事實證明這件事情對於毛主席在內的不少人，影響還是很大的。但是毛主席當時把它說得很輕鬆。他說「折戟沉沙鐵未銷」，這是杜牧的詩，本來說的折戟沉沙和林彪毫無關係，但是毛主席就聯想到那裡去了，不沾邊的一個事：「折戟」，三叉戟折了，「沉沙」，它沉到沙漠裡去了，不沾邊的事讓他一說，好像這冥冥中已經註定，林彪這飛機非出事不可，非折戟沉沙不可。然後他又說——這都正式傳達過的——說毛主席指示說：林彪跑了，天要下雨，鳥要飛，娘要嫁人，隨他去吧。這話本身並沒有分析這件事情，但是他把它看得自自然然，你要出門可是天下雨怎麼辦？下吧，你也不能不讓它下；鳥要飛：你養了一個鳥，這鳥不願意在你這兒，牠飛了，飛了就飛了吧；娘要嫁人——這還有點中國大眾的幽默：本來你這母子相依為命，現在你娘要往前走了，孩子也不好攔著，你就讓人家往前走吧。他這麼一分析，實際上什麼問題都沒有說，但是全國的老百姓聽了以後，心裡頭就會好一點。

所以一個領導人、一個大的政治家，你如果是蠍蠍螫螫，你這一國都會跟著蠍蠍螫螫，你如果是歇斯底里，你這一國都會是歇斯底里，如果你是舉重若輕、不在話下、信心十足、從容鎮定，那麼你這一國做什麼事，都可以做到這一步。這太理想了，這簡直是無法企及的一種境界。

小事有時候要當大事來做

把小事當大事來做，這個也有：我們看過電影「巴頓將軍」，「巴頓將軍」最精彩的是指揮交通，那個戰車都亂成一團了，他下去當交通警了，把交通警轟走，他拿著個棍這樣一下、這樣一下、這樣一下，他當

交通警。所以現在我們在北京行車的時候，有時候看著太亂了，指揮無方，司機同志經常說，北京來倆巴頓就好了，就能把這個交通指揮得更好。

我還知道在解放戰爭當中，我們有一個野戰軍的司令過河的時候，前邊的參謀報告說河水深、過不去。他不信，他拄著一根棍子，自己下去量這個河，然後他怎麼一拐彎、一拐彎，摸著石頭過河，過去了，然後回過頭他說了一句話，叫「粗枝大葉害死人」。就是大事不一定準往大了做，小事也不一定準往小裡邊看，大和小之間，是互相可以溝通、可以轉化的。所以《老子》的第六十三章中提到：「是以聖人終不為大，故能成其大。」就是聖人——治國平天下的人，他們並不覺得自己辦的事有多麼大、多麼裝不下、哪兒都裝不下了，沒那事！他覺得這很普通，小菜一碟、小碗兩個，正是因為這樣，他們才能完成大事業。如果他完成一個大事業以前已經緊張得不得了了，他已經血壓升高、心跳加速了，你說他能辦得成嗎？

下面說的和治大國沒有關係，但是讓我聯想到了，就是北京奧運會上牙買加的短跑名將博爾特，博爾特一個人得了多少塊金牌，好幾塊，好像一百米、二百米，還有接力都有他。博爾特就是藝高人膽大，他比賽等著起跑的時候，臉上顯得特別放鬆，甚至還做一個鬼臉，他能有這種情緒。相反如果你過分地緊張，反倒不能得到最好的發揮。

下知有之最好

所以我說老子是力挽狂瀾，他希望在當時你爭我奪、你死我活的這種氣氛當中，一些君王一些大臣能夠有一種相對放鬆的、相對正常的心

態。這裡的關鍵還是老子的「無為而治」的理想，他設想的就是：你說最少的話、管最少的事、干預最少的過程，然後讓個人、萬物都按照自己的規律正常地發展。老子在第十七章裡講到，一個治國理政的人什麼情況下是最理想的呢？他說「太上，下知有之」，什麼是最高？上上、太上──最高最高，就是老百姓知道，有你這麼一個君王，有這麼一個機構，有這麼一個各種大臣、各種部門的機構，但是跟你關係並不大──這個我們底下再說，這裡很多是老子的幻想，但是他這個思路挺好玩。

他說「其次親而譽之」，那麼二等好、二等理想、中上等，是什麼情況呢？就是你這個君王、你這個大臣跟老百姓的關係不錯，老百姓願意和你親近，而且對你有很多的誇獎，有很多的讚譽，有很多的讚美之詞，他認為這是第二等。老百姓親切，要我們看我們認為這是最好的了，又親切又讚美。但老子認為這是第二等。為什麼，老子沒有說，我個人認為：第一，親而譽之裡頭可能包含著作偽，親譽的結果變成阿諛奉承；第二，過分親而譽之的結果是上面不瞭解真實情況；第三，親譽的結果是下面的期望值過高，期望過高過大了反而容易失望，等等。

「其次畏之」，再往下的情況也就是第三等，就是怕你，這個怕也是不可避免的，老子的很多話裡都有，這點他很實際，譬如說他在有一章裡說「民不畏威，則大威至」──如果你這個管理機構、你這個統治者一點威信都沒有、一點威風都沒有，那就底下不知道出什麼大事，所以他說怕你這是第三等的──我開玩笑：我說這就像開車的人看交通警似的，對交通警，你說我不知道他存在，那不行，我需要知道他存在；親而譽之也不行，你跟他又是哥們兒又是什麼，那都不行；你必須怕他，你不怕他、你不好好地遵守交通規則，他又能罰你還能吊銷你的本子，起碼扣你的本子又能罰款，再不行還能把你刑事拘留，不叫刑事拘留叫

什麼其他的拘留。沒有嚴厲的規則，交通警是無法工作的，所以這是畏之。

他說再「其次侮之」，最壞的情況呢，是管事的人你瞧不起老百姓、你輕視老百姓、你說話難聽、你污辱老百姓，老百姓也根本不信你那一套，反過來罵你，還想各種的辦法出你的洋相。這個侮之我認為是互相污辱，是管理的失敗。

大道烏托邦

老子他所設想的理想是什麼情況呢？設想的情況就是：管理政權機構是存在的，但同時又不讓人過分地感覺到它的存在。我稱老子這樣的理想叫做大道烏托邦主義，這實際是一種烏托邦，你不可能完全做到，但是它仍然有啟發，從思路上有啟發，就是說能夠把事幹得好到什麼程度？好到讓人都覺不出好來，這進入了化境，中華文化特別喜歡這一點，不管什麼事，讓它進入化境。

我不知道大家去沒去過重慶那個大足石刻，那大足石刻裡頭有一幅很有名的畫，它是佛教的石刻，但是它吸收了很多中華文化的東西，譬如說盡孝，佛教裡沒有盡孝這個說法，佛教出家看破紅塵，父母妻子都是紅塵，都應該看破，但那裡要講盡孝。那一幅很有名的畫就是說一個人應該怎麼樣學佛。怎麼學佛呢？這是一個石刻的連環畫，四幅畫：第一幅畫就是一頭牛，牛脖子上、鼻子上──我記不清了──拴著一根繩子，一個人拽著牛，這頭牛不肯來，非得讓牠來不可，這就是說通過強制、通過較勁讓牠皈依佛法。第二、第三幅畫我已經記不太清了，第二幅畫譬如說把牛圈到一間屋裡，你想跑，我不讓你跑，把你押在裡頭；

第三幅畫，牛開始在這屋裡又吃草料又喝水了——我就說這大概的意思，
這第二、第三幅畫，我說的都不準確——到了第四幅畫，是什麼時候呢？
明月清風，就在曠野上、就在田地之間，一輪明月在那兒照著，這牛悠
閒自在地在那兒吃草，牠也不跑了、牠也不鬧了、牠也不跟人鬥了、牠
也不跟人較勁了，就是說牠已經學得佛法、已經進入了化境。

治國的化境

老子的思想也是這樣，說「治大國若烹小鮮」是什麼意思呢？就是
我的這個治理已經進入了化境，使大家都接受，符合大家的利益，你都
覺不出來我在那兒治理，用不著我耳提面命，用不著我用刑、用處罰條
例來嚇唬你。當然這是一種烏托邦，完全做到這一點並不容易。在這樣
的管理之下，老百姓自覺、樂於接受這種觀點，所以他不自知，他就覺
得這是我應該做的，或者說這樣做是非常正常的，不是被動的、被強迫
的。這作為一個標準，或者作為一個理想，還是非常可愛的。

烹小鮮論

往下咱們再進一步把「烹小鮮」的含義研究一下。自古以來注釋老
子的人非常多，有很多學者，其中有一個河上公，他是非常有名的，他
給「烹小鮮」做了一些具體的說明，他說「烹小魚不去腸不去鱗不敢撓
恐其糜也。治國煩則下亂，治身煩則精散」，原文大概的意思就是說：烹
小鮮是什麼意思呢？他說第一不必去腸子，咱們一般做魚都要去掉腸子，
但是魚太小了，你要是去挖腸子，就把魚弄沒了。這也可能解釋為抓大

放小，宜粗不宜細吧。第二勿去鱗，還有勿撓，「撓」是什麼呢，就是對一條魚，你不要在牠的魚身子上使勁再摩擦牠了，因為這本來就一條小魚，你要在上頭刮過來——現在說法就是刮，你要再在牠身上刮過來刮過去，去鱗同樣是刮，你就給牠刮爛了、刮成魚粥了；不用去牠的魚鱗。另外有人解釋，烹小鮮就是在爐火上你不要折騰牠，不要來回地翻、別烙餅，本來這一條魚很容易熱就傳過去，牠是小鮮不是大魚，大魚你烤烤這邊再烤烤那邊，牠是一個小鮮，那水咕嘟咕嘟一開——而且是烹不是烤——咕嘟咕嘟一開，熱就傳得很均勻了，所以用不著來回翻動。先賢們認定，一個是勿撓、一個是勿去鱗、一個是勿頻頻地動，還有什麼不去腸呀什麼的。這個意思說得好不好呢？非常的好！我覺得對，其中確實有一個不要頻頻翻動的意思，也就是現在說的不折騰的意思。這裡顯現了「治大國若烹小鮮」的另一面。前邊我講了小菜一碟、舉重若輕、充滿信心、聽其自然，這是講的一面，它還有另一面，什麼呢？小心謹慎，不要搞太大的動作，因為國家本來就很大，你一動作太大了以後，一個傳一個、一個傳一個、一個傳一個，這個國家很容易亂，亂了以後你很難管住。

所以說治大國若烹小鮮，就是你要掌握力度、掌握火候，不要搞過大的動作、不要弄得這小魚受不了，你那一鏟子下去，啪，一使勁，碎了！你如果不是烹小鮮，是炒南瓜，這個事好辦，一下子下去，啪，就給它翻起來了，可是烹小鮮這樣用力就稍微大了一點。還有一條，現在也有人研究出來了，我也非常贊成這個說法，而且我也早想到這個，簡單地說：烹小鮮不要大火。你不是烤全羊更不是烤全牛，也不是蒸牛頭，你是烹小鮮，就幾條小魚，也就是一拃這麼大，即使是烤全羊、烤牛什麼的也不能火大了，否則就表面糊了裡邊還生著呢。所以就是要掌握火候。

本來老子的話不是關於烹調的，他是一個特別形象的比喻，如果我們理解了他這種比喻，我們就知道他說的是什麼，知道怎樣拿捏這個分寸了。我們想一想「烹」，起碼在北京烹不是炒，煎炒烹炸，用不著加很多的作料，它也不是燉，我們一般是指時間比較長的叫燉，要到廣東叫煲、煲湯，廣東人最喜歡煲湯，跟煉丹似的，湯給我喝的時候，說這個湯已經是煲了七個小時——當然這也是一種文化。烹，相對時間要短得多，它不是燉、不是煲，也不是炸，它不加那麼多的作料，就是要用相對簡樸的方法、相對不那麼費時的方法來推行一個政策。我覺得老子的「烹小鮮」裡還有這一面的意思：掌握分寸、掌握節奏，比如說一個國家或者一個社會，政府不提出點任務、不提出什麼問題來是不可能的，也是不可行的，但你不斷提出新口號、新任務、新方向也讓人暈，所以要掌握分寸、掌握節奏、掌握力度、掌握火候。

烹小鮮的美感

我覺得老子用了這個比喻而沒有用別的比喻，實在是很有意思的，和老子無為而治的思想是一脈相承的。為什麼你力量不用那麼特別大呢？因為你在最好的辦法之下，可說可不說的話你不要說，你可以不提新的東西——實際上他是傾向於他的無為而治，雖然這個無為而治有空想的成分。我再說一遍，因為我無意認為我們當今能夠執行這種方法，說領導人一句話都不用說，每天下棋，你不可能把政府交給棋協來代行職權，不是這個意思。

治大國若烹小鮮，還有一個非常好的地方，就是它有美的感染力，你可以懂這句話，你可以不懂這句話，治大國若烹小鮮，把治國和烹小

鮮，這兩個最不沾邊的事用智慧連接起來，表現出一種把握、一種心胸，這本身就是一種美。我曾經有幸多次到農村勞動，我在勞動當中發現，凡是我們北京的——例如我在北京門頭溝齋堂地區桑峪村勞動過——人家稱勞動好的人叫「把式」，就是師傅，把式就是師傅的意思，凡是把式，他的勞動姿勢相對比較好看，也比較省力，不管是在割麥子、是在用鐵鍬翻土、是在植樹、是在裝車卸車，他的各種動作比較勻、他的重心也比較穩，人家一看這姿勢就說你是把式、會幹活。相反的那些下放幹部、那些年輕的又要表現自己非常積極、又要表現自己賣力氣，這些人幹活那都是瞪著眼、撅著腚、一腦門子的汗、伸著脖子、嘴都累歪了，都是那樣子。你一看那麼幹活的人，你就知道了：行，他態度挺好。給你寫鑑定的時候就說勞動努力、學習認真、擁護黨的政策，也行了，但是幹活的質量較差。治大國若烹小鮮也有這個意思在裡頭。馬克思說：世界要按照美的原則來構建。我們想一想，世界上一切好東西都是美的，在某種意義上說是這樣的，一條河如果它流得很好，它是美麗的，一座山是美麗的，各種學問都是美麗的，高級的數學公式、高級的數學的原理，如果你把它畫成圖、畫成幾何的圖形，它太美麗了！就連最簡單的一個道理都非常的美麗。所以「治大國若烹小鮮」，它本身就讓你把治國理政變成美的享受。

我就這麼想，譬如說如果一個政治家、一個掌權的政治家，用不著他研讀《老子》，用不著他去整天地討論「勿撓、勿去鱗、勿頻頻翻動」，用不著，他只要在他客廳裡頭掛一幅字，上邊寫著「治大國若烹小鮮」，如果你要是到他家裡頭去、被他接見的話，一看這幾個字的時候，你有一種輕鬆感、你有一種得道感、你有一種親切感。這個「治大國若烹小鮮」，我們要善於用審美的角度來看它。

剛才說到勞動是這樣，體育我覺得也特別明顯。我當然體育上什麼
都不行，但是有時候我也打乒乓球、也打羽毛球、也打保齡球，我就奇
怪為什麼人家那些乒乓球的運動員，打起球來就顯得那麼美，不管他是
打攻球還是打守球、不管他是橫拍還是直拍，起碼他的姿勢最合理，他
的肩、大臂、小臂、手掌、腕子，他的用力是最合理的，它的步伐是最
均勻的，為什麼他不難看呢？其中很大一條：他重心掌握得好，為搶一
個球——羽毛球裡最多，有時候都劈叉過去了，有時候人都撲到地上，
叫做魚躍，就在地上這麼撲著滑過去，把這個球接過去以後，立刻一躍
而起；掌握重心，成為一種美的享受。

連鬼神都不鬧騰了

所以我覺得「治大國若烹小鮮」和我們中華文明對於美的追求、對
於把式的追求、對於老練的追求、對於這樣一種風度的追求是結合起來
的。老子在第六十章裡講到「治大國若烹小鮮」的時候，底下還有幾句
話，這幾句話你覺得有點愣，也是讓你有點愣神，一下子你不太明白它
是什麼意思。他說什麼呢？講完了「治大國若烹小鮮」以後，他有一個
說法，說如果你做到這一步的話，「其鬼不神。非其鬼不神，其神不傷人。
非其神不傷人，聖人亦不傷人，夫兩不相傷，故德交歸焉」。是什麼意思
呢？就是如果你這個國家、你這個諸侯、你這個地區，治理得比較好，
你這兒亂七八糟的邪事就少，遇到這些地方，鬧鬼的事都沒有。在老子
那個時期，鬼神的事是很多很多的。你也不能說一定是有這麼回事，你
也不能說它沒有這麼回事，他說遇到這些地方，遇到你能做到「治大國
若烹小鮮」了、能做到「無為而治」了、能做到按照大道來治國了，你

這個地方既不鬧鬼也不鬧神，而且鬼神從來不害人，為什麼他不害人呢，聖人不害人。聖人不害人是什麼意思呢？就是協助君王來管理這個國家的管理層，他從來沒有任何傷害人民利益的事情，既然這個管理層沒有傷害人民利益的事情，這個地方也就不會說鬧出個神來、鬧出個鬼來、鬧出個女巫來、鬧出個神漢來、鬧出個跳大神的來、鬧出個鬼神附體的人來在這兒搗亂，在這兒破壞你的社會安寧、破壞人們正常的幸福。

反過來說，如果一個社會上頻頻發生鬧神鬧鬼、害人害己，甚至惑亂人心、搗亂人心的事件，那麼這些事情我們應該從管理層上考慮，管理層本身素素淨淨——北京人愛說你過得素素淨淨，貴州人喜歡說（因為我看過貴州人寫的小說）平平淡淡，我們寫文章的人把平淡當做是一個不好的話，說你文章寫得太平淡，本刊不擬用，退稿的時候這樣說。但貴州人把平平淡淡作為生活的一個最高的理想，如果你能做到素素淨淨、平平淡淡，那麼你管轄的這個範圍之內就較少出現鬧鬼鬧神，迷信、恐怖、壞人壞事就比較少。老子這個體會應該說也是有他的見識的，也就是說老子提倡在管理、治理一個諸侯國家的時候，能夠營造一種邪不壓正、戾不侵和——就是乖戾不會壓住侵犯和氣——假不亂真，這樣一種氣氛。這樣的話才能夠達到暢通和正常。

那麼老子是不是只有這一面說得好聽：你說得多好！「若烹小鮮」，小魚得熬好了，鬼神也不傷人，誰都礙不著誰的事，該下棋的下棋，該睡覺的睡覺，自個兒過著好日子。這種生活確實很理想，中國很早古詩就有這個說法，所謂「日出而作，日落而息。鑿井而飲，耕田而食，帝力於我何有哉」。據說唐堯的時候——當然現在我們無從查證了——就有這樣的民歌，說太陽出來了，一切遵循大自然的規律，我也就起來了，太陽落下了我就去休息了，渴了我就鑿個井，餓了我該去種田，收穫了

莊稼我好吃，唐堯不唐堯，跟我沒什麼多大關係，我自個兒過我自個兒的快樂生活。老子這樣一種想法，應該說都是非常美好的。

老子對不良政治的抨擊

但老子這人並不是光說這些玄妙的事，他也有另一面，他看到了各個諸侯國家許許多多反面的、失敗的，所謂逆天道而行的事，所以老子有些很激烈的話。在他的《道德經》裡邊最激烈的話，就是說「民不畏死，奈何以死懼之」，這是革命的話，包括我們中國共產黨在抗日的時候、在號召起義的時候，都提過這樣的話。這話很厲害，說老百姓不怕死，你不要老拿死來嚇唬我。這個話可是夠可以的，你不是最多把我殺頭嗎，但是你如果壓迫太深，殺頭都不在乎、我都不怕，就是咱們《革命烈士詩抄》裡都有這個話，夏明翰說是：「砍頭不要緊，只要主義真。殺了夏明翰，還有後來人。」這是《革命烈士詩抄》裡比較膾炙人口的四句詩。「砍頭不要緊」，老子說「民不畏死奈何以死懼之」，你不要以為你掌握了生殺予奪的權力，就可以讓人家永遠怕你。老子這話可是夠厲害的。

老子還有一段話那也非常厲害，在深度上比這個話還厲害。他說「天之道，其猶張弓歟」，「天之道」是什麼呢？就是好像拉弓射箭一樣，「高者抑之，低者舉之」，他的意思是說，拉弓最重要的就是力量要平衡，你要左手高了，左手就往下一點，右手低了，右手就往上一點，手指頭伸得高了，你就往下降一點，手指頭用的勁小了，你就增加一點，因此讓它圓圓滿滿、力量均勻，非常的平衡，老子認為張弓應該是這樣，這就叫「天道」。尤其他說要「損有餘而補不足」，你這邊的力量太大了，譬如說你右手往上拉的力太大了，就要減少，損就是減少，把你的這部分

力量，分到你的左手上，讓你左手往前拉的力量再大一點，然後讓它均勻一點，他是這意思。關鍵在「損有餘而補不足」底下有一句話相當的尖銳、相當的膈應、相當的造反，他說「人之道」則相反，「損不足以奉有餘」，他看到了在當時的人間，這個方式恰恰相反，「人間之道」是什麼呢？北京有句俗話叫：越窮越吃虧。「人間」就是這些為富不仁的人，老子那個時候為富不仁的人要從人身上壓榨，你越窮越要把你的勞動所得獻給富人。這是非常厲害的話，就是說「天道是損有餘而補不足」，而人間有這麼一種人「是損不足以奉有餘」，本來就窮，你還要從我這兒刮民脂民膏，他本來就闊，還得往他那兒奉獻。老子表達的是對當時社會狀態的一種不滿，我們自古以來有農民起義，老子並不贊成這種鬥爭，《老子》可不是鬥爭的哲學，但是老子的這段話常常被農民起義者所使用，他們的詞就叫「替天行道」。什麼叫替天行道呢？就是太不公了，我要實行的是：損有餘而補不足，是什麼呢？就是要打土豪分田地、殺富濟貧。他有這個意思。

而且老子認為，如果諸侯國——當時說的諸侯國，和我們現在說的中華人民共和國的中國不是一個概念——說那個諸侯國如果治理得不好，不是「若烹小鮮」，而是若亂打架、若屠宰場，你這個治國治成屠宰場了，那麼這種情況之下，他認為這個責任是應該由管理層負、應該由諸侯負、應該由他的臣子負。

他在第七十五章裡特別講這個，他說「民之饑，以其上食稅之多」，老百姓為什麼飢餓呢？因為管理層收稅收得太多了，吃得太多了，為什麼經濟搞得不好，因為稅太多，因為上邊從老百姓那兒搜刮的錢財太多了。這個老子，他替諸侯大臣——所謂聖人——替他們設想應該怎麼樣管理，但是他也替老百姓說話，說「民之饑，以其上食稅之多，是以饑」，

所以老百姓就飢餓了，他匱乏、他不足；「民之難治，以其上之有為」，為什麼老百姓很難治理、不聽你的話呢？因為上邊幹的事太多，他曾說你「為」得太多了，你的威信反倒下降了，說「多言數窮，不如守中」，如果管理層說的話太多，就會感到理屈詞窮，你還不如把有些話先留著點，含蓄著點，以後有機會再說，他說「民之難治，以其上之有為」，你上邊太有作為了，一會兒一個主意，今天要這樣明天要那樣，今天這麼號召明天那麼號召，今天這麼一個口號明天那麼一個口號，這樣的話，老百姓越弄越難治，「是以難治」。「民之輕死，以其上求生之厚」，「求生之厚」這話就更厲害了，老百姓為什麼連死都不放在眼裡了、不畏死了，因為你活得太厚了、你太奢侈了，這些諸侯、這些大臣，你在那兒揮霍享受、吃喝玩樂，老百姓一看，你是那麼活著，你那麼活著我這麼活著，我還不如死了呢。

你看這老子還有這一面呢，這一面還有點革命性，當然他得出的結論絕對不是讓你革命，他得的結論是讓你踏實下來。實際上他是希望諸侯國能夠汲取國家混亂、政權被推翻，或者被外敵打倒的經驗，對待老百姓應該好一點。如果對老百姓不好，結果適得其反，你作為越多，老百姓越難治，你吃得越好，老百姓就越沒飯吃。應該說還是很有警示的作用的。我開玩笑：老子對治國有一種諸侯君王問責制的思想萌芽，就是說如果國家治不好，不是老百姓的事，是管理層的事。

民本思想的萌芽

老子有的地方說得挺具體，在另外一章裡，他說「朝甚除」，這個朝廷一切弄得都挺好——「甚除」，除就是除法的除，有的解釋成朝廷弄得

乾乾淨淨，我也不明白它是不是當乾乾淨淨講，有的也認為「朝甚除」是指朝廷挺腐化、太過於講究，朝廷的事弄得挺講究，咱們就用一個稍微中性一點的詞——弄得挺講究叫「朝甚除」；「田甚蕪」，說田野裡一片荒蕪，為什麼一片荒蕪他沒講，應是因為徭役太多，老百姓整天出工，沒法給自己種地，也可能由於連年戰爭，也可能由於天災人禍，所以田地甚蕪；「倉甚虛」，倉庫裡頭都空了，後備的預備的糧食、財產都沒有了。可是他說：在這種情況之下，還有的君王「佩利劍」，還要佩上利劍、還要吃香的喝辣的、還要到處耀武揚威，擺自己的威風。他說，這樣的話就離大道太遠了，這個諸侯國是非亂不可。

　　還有好多這一類的話，他講「聖人常心」或者「常無心，以百姓之心為心」，就是說不管怎麼樣，治國是要以——現在的話就是以民為本、民本。老子的「治大國若烹小鮮」既有和「無為而治」思想相溝通相一致的地方，也有和儒家的要以德治國、以道治國，要實行仁政，而且要「以民為本」這方面的思想相貼近相一致的地方。所以我說「治大國若烹小鮮」是老子的一個亮點、一個精彩之處，雖然不可能完全這麼操作，但是從裡邊可以得出許多有益的借鑑和參考。

老子的三寶

　　對治大國若烹小鮮的理解，還可以從另外一個角度。我們以老子來解釋老子，老子在另外一章裡曾經提出了這麼一個觀念，他說我有三樣法寶：第一樣是慈，就是慈愛，我有愛心，第一要慈，慈祥的慈；第二樣叫做儉，儉省的儉；第三樣叫做「不為天下先」，就是我不走在天下人前頭。這話實際上就是對治大國若烹小鮮的一個解釋。其中的第三個法

實最容易引起爭論，尤其是以我們今天建設有中國特色的社會主義的觀點來看，會對這個話非常的反感，說怎麼「不為天下先」呢？不為天下先，還能有發明創造嗎？對我們寫小說的人來說，你不為天下先，你抄天下的小說，你變成抄襲了，那你還有什麼好的作品呢？舞臺藝術也一樣，不為天下先，怎麼會有藝術的發展？自古以來，尤其是在中國進入了社會主義以來，我們經常提的口號叫做「敢為天下先」，就是全世界哪裡都沒有呢，我有這麼一招，我敢於用這種方法，我敢於走在大家的前頭，我敢探這個路。用魯迅的話說，就是要讚美、要學習那第一個吃螃蟹的人。他認為誰敢吃螃蟹，這個太了不得了，因為你要沒吃過螃蟹的話，看到螃蟹——牠還不像別的，不像花生豆、不像麥粒，你拿過來嘴裡嚼一嚼還挺好，煮熟了更好吃——螃蟹那個樣子挺可怕的，那麼多腿，上面那殼子也不好看，所以魯迅說了，要佩服第一個吃螃蟹的人。解放以後很多的運動當中，經常各級黨委也提一個口號：「要做那個吃螃蟹的人。」就是你敢做試驗。我們對「不為天下先」這個話非常容易反感，正因為反感，我就先從這裡說起：老子那個時候說的不為天下先，他指的不是科學研究、指的不是文學創作、指的不是書籍出版、指的也不是藝術表演，他指的也不是一個學派的建立，老子講的不為天下先，仍然是講的治國理政，他講的是怎麼樣把一個諸侯國家治理好，進而能夠取得當時所說的「天下」——就是其他的國家、諸侯國家——能夠取得他們的信賴，叫做治國平天下。「不為天下先」的說法，我們很容易反感，很容易把它當做一個負面的命題：這老子太沒出息了，而且沒有創造性，韓國那個最有名的鋼鐵企業就寫：創新是一個企業的靈魂，我們國家也是非常提倡創新，我們甚至提出來過：創新是一個民族的靈魂。沒有創新，你還怎麼往前發展呢？

　　但是我給你翻譯一下，把他這個「不為天下先」我給翻譯一下，就跟剛才我把中式衣服翻成西服一樣。他所說的治國理政「不為天下先」的含義，就是別出「么蛾子」（歪主意），一切都正常地進行：春種夏耘秋收冬藏，他說的就是不要——這說得有一點現代了，加上我的解釋——不要破壞環境，不要幹力所不能及的事情，尤其是管理者，因為管理者和一個研究者、一個著書者確實還不一樣，研究者著書者可以超前一點，可以把沒有把握的東西先寫出來，都等著有了把握、人家都做成了再寫，你的書就沒人看了。你敢於提新見解、新設計、新思路，這個是對研究者著書者思想者們的要求，可是管理者呢，要求你慎重、要求你負責，你別老出么蛾子。這樣的經驗教訓非常之多，有些東西已經是幾千年幾百年形成的一種生活的方式、一種工作的方式，即使要改你慢慢地改。這個「不為天下先」如果從這一點來理解的話，就會非常好理解了，因為治國的事責任太大、影響太大、易放難收，而且很不容易讓它有條不紊地進行，所以他提出來「不為天下先」。

　　湖南唐浩明寫的歷史小說，有三部曲，一個是《曾國藩》、一個是《楊度》，還有一個是《張之洞》。張之洞是我的同鄉，他是河北省南皮人，叫南皮張氏。他趕考的時候，據說主考官給他出一個上聯：南皮縣男童九歲——九歲就來考試，然後張之洞作下聯說：北京城天子萬年。當然這是民間傳說，就說他一下子把這個主考官給鎮住了。唐浩明的《張之洞》裡頭就寫到張之洞在受到西太后的信任，擔任了兩湖總督，後來又擔任了兩廣總督，他的職位非常高了，這時候他請教他的一個親戚，好像就是他的大舅子、他夫人的哥哥，那個人很有學問，但是一生仕途困頓，沒當上大官，他就送給張之洞四句話，我不全說了，他後邊有兩句話讓你也是一愣，讓你覺得中華文化絕了：力行新政——因為張之洞也

是改革者啊，起碼他是洋務派，被稱為中國近代冶金工業的奠基人，我們拍過電視連續劇「張之洞」，就講他在建立漢冶萍鋼鐵廠的時候，對我們國家工業發展的貢獻——所以要「力行新政」，可是後邊的一句話，我說得誇張一點：你打死我我也想不出來，這四個字你猜是什麼：不悖舊章，說你又要力行新政，又要不悖舊章，他這個辯證的也可以，他這個大舅子道行也夠深的了。你要力行新政，你要推動你的新政，但是你改舊的東西，要很小心，因為你改舊的東西，它會出現振盪、會出現反抗、會出現阻力、會把好事讓你幹不成，所以既要力行新政，又不悖舊章。「不悖舊章」是什麼意思？「不為天下先」，我即使已經「為天下先」了，我都還要用舊的語言、舊的章程來加以包裝，來加以解釋，說我這麼幹是符合老祖宗的遺訓的、是符合周公孔聖人的指導的、是符合中華民族——有說四千年的，五千年的，六千年、八千年的——我都沒違背，你就這麼幹就好了。所以這確實是中國的一種為政的思想——不為天下先。

咱們倒著解釋，倒數第二就是儉，儉省的儉，這個儉指的是一個全面的儉，而不光是金錢上、財富上、資源上的儉，你話也要儉——我就很抱歉，因為我在這兒講話，時間不夠我還得往上補，我想儉也儉不了——你要儉，你說話要儉、你行政要儉、你條文要儉、你會議要儉，你能儉的你就不再往上再擺，往上再增加。簡單回過頭來說，還是精兵簡政那句話，要精簡，所以儉。老子在另外的地方說「道莫若嗇」，嗇就是吝嗇的嗇，也是簡單的意思，就是他要求的政治是含蓄的政治、是精簡的政治，是節省時間、節省民力的政治，不要搞勞民傷財的政治。

要這麼解釋，我想我們對這個「儉」字也會有一個好感，甚至於我們對「嗇」字也會有好感，還有慈，慈就很簡單了：你要愛民，仁者愛人，你要實行仁政，你對於你所有治下的、在你的權力之下的這些人，

要愛護他們，你要心疼他們、你要憐惜他們。你不能夠對他們的痛苦、民間疾苦不聞不問，你更不能在「朝甚除，田甚蕪，倉甚虛」的情況下養尊處優、耀武揚威、奢侈浪費，他說這是三個法寶，這三個法寶做到了，就能做到「治大國若烹小鮮」了。

第八講：
老子會怎樣用兵

老子其人

在講用兵之道之前，先說一點歷史上對老子的記載。真正可靠的記載非常的少，所以現在怎麼說的都有，說老子比孔子歲數大很多的也有，還有說他生下來頭髮鬍鬚都是白的，所以他叫「老子」。這個我就不是特別相信，因為從婦產科的醫學角度看不大可能，這就有一點文學化了，就像說賈寶玉一生下來嘴裡含著一塊玉一樣。胡適就老是批評說，嘴裡怎麼能含著玉呢，不可能。我也覺得老子不可能生下來就白頭髮。但是《史記》上面有一點記載，說是孔子去見老子，回來以後，就向他的弟子談對老子的印象，說老子這人太神了，說——這是書上的原話：如果是一個鳥吧，我知道牠在天上飛，如

果是一條魚吧,我知道牠在水裡游,如果牠是一隻鹿或者是一個走獸吧,我知道牠在陸地上跑,我抓得著牠:在天上飛的,我可以用箭來射——現在更可以了,有各種各樣的步槍、高射炮,當然用不著高射炮打鳥——如果是魚的話,我可以下釣竿釣,不管牠在水裡有多深,可以把牠釣上來,如果牠是走獸的話,我可以放獵狗或者騎上馬追。我想孔子的意思不是說想把老子吃了,像烹小鮮,然後烹老子,不是這個意思。他的意思是說,你能抓得著這些,抓得住、摸得著、看得見;可是老子呢,他覺得像一條龍又像一條蛇,他能伸能屈,他一會兒挺長,一會兒一縮,沒了,像龍一樣變化莫測。他說老子這個人太神奇了,他一會兒這樣,一會兒那樣,你根本抓不著他。你也不知道他是在天上、是在地下、是在水裡。有這麼一段,大意不是念原文,原文大家可以查書去。

老子的神奇兵法

老子對兵法的論述就充分顯現了他這種「神龍見首不見尾」,你永遠摸不著底,他到底是什麼意思,他不給你說全了,以少勝多,以無勝有,那麼幾句話他就論述出來了。我要講的主要一段話,就是《老子》第三十六章所說「將欲歙之」,「歙」就是關上、合上,「必固張之」,把它打開,我要想把它關上,得先把它打開;「將欲弱之,必固強之」,我要削弱它,就先把它加強、增強;「將欲廢之,必固興之」,我想滅了它,要先讓它發展起來、興旺發達起來;「將欲奪之,必固與之」,想從他那裡拿東西,我得先給他東西。他這幾句話,可以說是很神奇的,也是非常有爭議的。宋朝的大理學家朱熹就說:老子之心最毒。朱熹是站在維護正統儒家觀念上討伐異端,所以他就抓住了這幾句話,說老子的話太毒

了，用現在的話是：這個人太陰了，他要滅你，先誇你，把你誇得頭腦發脹；本來他要跟你借錢的，但他不——他先借給你錢，我借給你兩次，你不好意思了，我下一次來一把狠的，我先一次借給你五千，下一次我向你借，一張口二十萬。這人多陰啊，陰損陰損的。所以朱熹有這種說法。

老子不是軍事家，沒有人說他帶過兵。但是自古以來，就有人認為《老子》通篇主要是講兵法的，講謀略講兵法。還有講中國古代哲學史的人把黃、孫、老——《黃帝內經》、《孫子兵法》和老子《道德經》相提並論。我個人不是特別喜歡這種說法，因為老子講得深刻得多、全面得多。它裡頭有許許多多東西是講兵法的，還有許許多多不是專門講兵法的，但是可以用到兵法上來。

老子是不是陰謀家

我們現在一個一個來解釋。「將欲歙之，必固張之」，這到底是什麼意思？我想舉一個實際的例子，我想來想去，想了一個最沒勁的例子，因為我想不出大的例子來，我就說坐汽車，車門沒關好，就有一個燈亮了，提示司機師傅門沒關好，你想在已經是半關半開的情況下，你想把它關緊太難了，所以要先開開。為什麼呢？開開以後才有重新操作的餘地，開開以後它才有慣性，你就拉一下，這一下我們假設它用的是四分之一秒鐘，你拉的時候力氣不大，車的運行速度就要有一個加速的過程，可能是那個時候、你剛開始拉的那個時候的前第百分之一秒的時候，它的運動速度是一分鐘一釐米，第百分之二秒的時候，它已經是一分鐘二十釐米了，到你關那一下的時候，啪啦一下——尤其是過去蘇聯的「嘎

斯六九」（蘇聯製 Gaz 69 型吉普車），要關的時候，沒有大勁是關不上的，你得開得大大的，啪，一下才能關上，它有那個加速度才能關得上。

我講這個例子和軍事沒有什麼關係，但是它告訴你，做什麼事你得先預留出一個操作的空間，要有一個加速的可能，這就有一點意思。我們還可以從另一個例子上來講，毛澤東講自己的軍事思想舉過這樣的例子，就是說你要往前跑，得先往後蹬一下，田徑賽跑的項目都有的，起跑器就是要讓你的後腿能夠蹬得上，蹬的勁越大，往前衝的勁越大，你門開得越大關的勁也就越大。這個既是兵法也是自然規律。如果說老子太陰險的話，那這不是老子陰險，自然規律就是那樣。加速度要有一個過程，操作要有一個過程，而且作用力等於反作用力，這是牛頓的古典力學三大定律之一。所以如果說老子是陰謀，那咱們的物理學是陰謀嗎？大自然是陰謀嗎？大自然它就是辯證的啊！我就在想，老子太會觀察生活了，其實那時候沒有這些理論、沒有這些定律，他怎麼得出這樣的結論的？所以他一定是一個特別善於觀察的人，才能總結出這樣的經驗和規律，然後用在生活當中，或者是軍事和戰爭當中。

他特別能體會相反相成的理論，「將欲弱之，必固強之」，這樣的事例、這樣的故事就非常多。比如說春秋戰國的時候，越國被吳國給滅了，就是「會稽之恥」——現在的紹興一帶，說是整個被打得一塌糊塗。在這種情況之下，越王句踐運用陰謀，欺騙吳王夫差，整天給吳王夫差灌迷湯，整天恭維整天說好話，不但給他說好話，甚至於還把西施、把越國的美女送到吳王夫差那裡，讓他驕奢淫逸、使他喪失警惕，使吳國越來越變成了一個吃喝玩樂、驕奢淫逸、不思進取、沒有憂患意識的諸侯國，最後把它滅了。那就是「將欲弱之，必固強之」，這一類的例子特別多。我就不明白這個道理，以後可以請軍事專家來研究：許多戰爭，都

是強國並沒有取得勝利，而恰恰是戰爭開始時弱的那一方取得了勝利，最有名的楚漢相爭，項羽和劉邦相比，是項羽強，經常打得劉邦望風披靡、逃之夭夭，劉邦經常是這樣子。項羽自個兒得意得不得了、得意洋洋，但是最後是強的一方失敗了。

第二次世界大戰當中更是如此，比如說原來希特勒發動對蘇聯戰爭的時候，是先欺騙了蘇聯，可以說是「將欲廢之，必固興之」，為什麼呢？他先和蘇聯簽訂了互不侵犯條約，斯大林的錯誤之一，是他過分相信了希特勒的不侵犯蘇聯。因為當時西方有一些國家等著看笑話，讓希特勒先打蘇聯；蘇聯也想看笑話，讓希特勒打西方這些國家，所以就簽訂了這樣一個互不侵犯條約，結果希特勒背信棄義，突然發動一場對蘇戰爭。這個是「將欲廢之，必固興之」，希特勒訂那個條約的目的就是要把這個條約撕破，他就是騙一下蘇聯，然後把蘇聯一口吞下去，先迷惑它一下。希特勒進攻蘇聯，他認為是以強凌弱，因為當時蘇聯的軍事裝備、武器等等，都落在希特勒發動閃電戰的機械化部隊的後面，所以按照希特勒的理論，有那麼幾個月的時間就可以把蘇聯全部占領。當時他已經做了各種各樣的分割蘇聯、瓜分蘇聯的計畫。但是其結果也是強國敗在了相對比它弱一點的國家的手下。

弱也可能勝強

為什麼強了反倒會暴露弱點呢？軍事上的事，我就大膽說一句，因為強有強的好處，也有弱點；強的好處是力量大，打起仗來我的武器強、你的武器弱，我把你就滅了；但是強也有強的弱點，因為強的戰線長，蘇聯是防守，德國是進攻。另外強的這一邊往往缺少持久戰的準備，有

許多戰爭的失敗就是因為沒有持久戰的準備。當時德國發動這場戰爭甚至認為在入冬前就可以結束，偏偏蘇聯人跟他堅持周旋，不惜以重大的傷亡為代價拖住了他，使他進不得退不得，就光一個「冷」字，就讓希特勒的法西斯軍隊受到了大量的損失。這是重蹈了拿破崙的覆轍，拿破崙也幹過這事，他打莫斯科是庫圖佐夫在那裡守衛——所以後來蘇聯定過規矩，就是進攻的時候——有一個進攻的將軍蘇沃洛夫，就設了一個蘇沃洛夫勳章，獎勵進攻的軍人；守的時候了如果立了功，就發庫圖佐夫勳章——庫圖佐夫堅壁清野，莫斯科放了大火，燒了幾天幾夜，讓拿破崙占領了一座空城，要吃的沒吃的，要喝的沒喝的。天寒冷下來後，庫圖佐夫來一個大反攻。他也是「將欲弱之，必固強之」，讓你充分地呈現你的強勢。我不懂軍事，但是我看過好多這方面的電影，包括打敗拿破崙、講庫圖佐夫的，柴可夫斯基的〈1812 勝利進行曲〉，也是表現這一段戰爭的。

「斯大林格勒大血戰」，那是講第二次世界大戰的。它們有一個共同的特點，就是俄羅斯或者蘇聯這一方，絕不把自己的後備力量暴露出來，打堅守戰、阻擊戰，這些人太慘了，有時候真是赤手空拳地和德國鬼子搏鬥，有時候傷亡的比例非常之大。但是決策者當時有大量的軍隊在樹林裡面撿蘑菇，我就是不露，我就逗著你，讓對方把你的全部力量拿出來、把你最強的力量都拿出來，你拿出來在這兒拼，我這兒也跟你拼，拼拼拼，拼到你那兒快不行了，我這兒後備力量才上。

這個，中國自古以來的軍事思想都有過，曹劌論戰也是這樣，敲第一通鼓，我不往前進攻，敲第二通鼓，我還不往前進攻，我讓你把你那個熱勁兒都提起來，但是我不動，第三次鳴鼓進攻了，你的勁兒過了，我這兒才進攻。這是「將欲弱之，必固強之；將欲廢之，必固興之」，這

是有一點毒。

利用對手的弱點

這一類的故事——我們當故事講好了，據說民國時期，有一個很有名的軍閥，整人有一招，他討厭誰就把誰封成司務長，司務長就是管總務管錢財管行政這一攤的，財務都歸他管，一般的給你封上那麼兩年以後，開始查你的賬，抓住問題槍斃。這個是損招，我把你封成司務長，你對我沒有什麼警惕、沒有什麼防備，覺得你最信任我，錢財、各種好東西，都由我管，這種情況之下你會有不慎重的地方、你會有漏洞，抓住漏洞我狠狠地整你，這也是「將欲廢之，必固興之」。

這裡我要插一段話，什麼話呢？從老子的這些話裡可以看出，跟對手周旋的時候，或者是作戰的時候，你要充分利用人性的弱點。人性的弱點是什麼呢？就是勝則驕，敗則餒；人性的弱點是什麼呢？就是有貪欲：願意自己強、願意自己興、願意自己大出風頭，而不願意踏踏實實、穩穩重重的。我就把你這一點讓你做足了，你不是要出風頭嗎？你出！你不是要勝利嗎？你勝！最後真正到了時候——不到火候不揭鍋——到了時候的時候，我再滅你。應該說，老子兵法的思想裡如果說有狠招、有損招，那也可以這麼說。

王熙鳳是怎樣滅尤二姐的

「將欲廢之，必固興之」，還有一個例子，這個例子也是有一點陰損，但是我很喜歡這個例子，就是王熙鳳滅尤二姐：賈璉在外邊置了一處不

大的房子，在那裡他還不是包二奶，是包三奶包四奶，他包的是誰呢，是尤二姐。王熙鳳事先連知道都不知道，後來這個也好玩，趕得巧，她是從誰那兒知道的呢，是從給賈璉服務的興兒，就是這個「興」字，「將欲廢之，必固興之」這個興字。她審問興兒，知道了這些情況，然後她就直接去找尤二姐，表示多麼地歡迎，歡迎一二三四五六七八奶，全歡迎。我給你騰出正式的房子來、我給你高宅大院、我給你好好地伺候，一切按大奶待遇等等。這個王熙鳳她厲害了，她能忍住氣、她能忍住酸、她能變成一個真正的笑面虎。她把尤二姐接進去，接到賈府以後，對不起，你可就是在王熙鳳的權力系統、管理系統也是服務系統——整個在這個系統之中了。你是喝酒啦、吃飯啦，你是想吃麵啦、還是想吃米啦，你吃甜的啦、還是吃辣的啦，你是失眠還是蒙頭大睡，我一概瞭如指掌，而且全體服務人員都聽我王熙鳳的，不可能聽你尤二姐的。所以尤二姐就活活地被王熙鳳給折磨死了。可以說這也是「將欲廢之，必固興之」。

欲取先予

「將欲奪之，必固與之」。這個容易理解，不管大事小事，它不是單方面的，你老從人家那裡奪，人家不幹。毛澤東早在蘇區的時候，就寫過一篇文章，叫做〈關心群眾生活，注意工作方法〉，提出來一個什麼口號呢？說你要用百分之九十的力量，去給老百姓東西，然後用百分之十的力量，跟老百姓要東西，要東西——我要他交糧、讓他當兵、讓他幫著修工事，他說你有百分之九十的力量幫他打土豪、分田地，組織生產、組織醫療，識字課本、教唱歌，你天天都在為他服務，然後到時候你說咱們該交公糧了，一家交多少，他就容易接受。如果你只是在勒索、只

是搜刮，你就站在了人們的對立面了，所以「將欲奪之，必固與之」是比較容易理解的。

相反相成

從上述的這些話，我們可以看到兩點：第一點就是相反相成，尤其是在對敵鬥爭中，在戰爭中要充分利用對方的弱點，或者換一個說法，就是要引導對方犯錯誤，要等著對方露出破綻；再有一點就是，這並不是由於老子生性陰謀詭計多，而是由於老子懂得天道，天道就是如此，就是相反相成、物極必反，什麼事達到頂端的時候，就自然會走向自己的反面。所以我不贊成把老子當成一個陰謀家，因為老子他講的是天道，並不是僅僅講手法。有人會認為老子是陰謀家，非常不喜歡這幾句話，那就看你用在什麼地方，如果你把這個用在和敵國的交兵上，那你這樣做當然對，你不騙敵國行嗎？你不可能先開開大門，說咱們都是君子一言，咱們掰腕子，掰三下，誰贏了就算誰的，不許犯規——這個是在對敵作戰、是戰爭、是軍事，就沒有問題。

可是你要把這一套招數用在自己人身上，你如果把這一套招數，用在甚至於家庭內部，說我想從你這裡搜刮一點什麼，我先得向你示好，先把你騙過來，這當然就非常的差。所以問題在於，誰來使用這個東西和用這個來對付誰。我想起克雷洛夫的寓言裡有這麼一段話，而魯迅最喜歡引用這個話，說鷹可以和雞飛得一樣低，但是雞永遠不可能和鷹飛得一樣高。老子的理論裡邊有一部分表面上看，跟陰謀詭計有一點相像，但是陰謀詭計者他永遠掌握不了老子大道的境界，他永遠掌握不了天道，因為違法亂紀本身就是不符合天道的。用在大是大非上，就能體現大智

大勇，如果用在小事情上，就體現出小陰謀，就體現出的是陰險狠毒，像王熙鳳似的陰險狠毒狡詐，就變成了一個完全負面的東西。

老子的反戰思想

我不贊成說老子是陰謀家，還因為在《道德經》裡，老子多次地表達過他非戰的立場，他是反對戰爭的，現在海內外都有人特別捧墨子，就認為墨子是非戰的，其實老子也是非戰的。老子關於這方面的話也挺多。在《老子》第三十一章裡說「兵者不祥之器，物或惡之」，「惡」就是厭惡，他說的「兵」就是軍事手段：刀對刀——那時候當然還沒有現在的槍——刀對刀、矛對矛的殺人。這個很不祥的，它帶來的是血腥的死亡。這個世界，「物」就指外界世界，其實人們都是討厭戰爭的，沒有人特別好戰的，「故有道者不處」，真正有道的人，不會整天研究戰爭、那麼好戰——我不得已而打仗，但是我不好戰。這方面老子講得很多，現在聽起來挺遙遠的。

平常「君子居」，你在家裡的時候，「貴左」，左面是上座，可在軍中要坐在右面，為什麼呢？這不是什麼好事，不是請客吃飯，要坐在右面，才表示這是喪事，「以喪禮處之」，打勝的話，應該像辦喪事一樣，勝不可以喜；兵者「非君子之器，不得已而用之，恬淡為上」，就是把它看得淡一點，「勝而不美」，就是勝了，你別美滋滋的，因為你不願意打仗，不得已才打仗，打勝了也不能得意洋洋、美滋滋的。「而美之者，是樂殺人。夫樂殺人者，則不可以得志與天下矣」，如果你打一個勝仗就美得不行，說明你很喜歡殺人，喜歡殺人的人，希望你不要有志於天下；天下別歸你管，要歸你管，你動不動就老想打仗。

這雖然有理想主義的成分，解決不了實際的問題，也制止不了戰爭，但是起碼我們可以知道，老子對戰爭的無可奈何，同時他從心裡不喜歡戰爭。他在另外一個地方說──這也變成了名言，和我們前面說的寵辱無驚、知白守黑、治大國若烹小鮮一樣，變成了名言警句──叫做「大軍之後必有凶年」，他認為戰爭是很不吉祥的事情、是違反天意的事情，因此在一個大的軍事行動之後，必然會有天災，不是旱災就是水災，要不就是其他別的災──「大軍之後必有凶年」。從老子本身來說，他是不贊成動輒打仗的。

老子還在另外的地方說「天下有道，卻走馬以糞」，「走馬以糞」也有各種解釋：說天下有道，大家都按天道辦事，就沒有什麼戰爭，實現了和平，用不了這麼多的戰馬，就把馬趕到農村，農村裡就糞多。是不是這個意思？我不知道，反正那個意思要讓我解釋，我就解釋得很簡單，就是這些戰馬，隨牠自個兒拉屎去吧！就完了，沒有多大的用。「天下無道，戎馬生於郊」，天下無道的時候，到處打仗，天下大亂，這時候到處看見的都是戰馬，戰馬都出來了。這些地方都可以看出來，老子雖然討論兵法，也深通兵法裡面辯證的要領──不是說真會打仗，因為咱們也沒聽說過老子帶兵打仗的任何實踐，至少從理論上，他知道戰爭是辯證的。

毛澤東的軍事思想

在兵法上、兵法的辯證法上，老子的思想和毛澤東的軍事思想有特別相近的地方，毛澤東的《中國革命戰爭的戰略問題》講的許多道理就是這個。他講的是以戰爭來消滅戰爭，就是我們的目的不是為了不停地

打下去，而是為了消滅戰爭。毛澤東還講「後發制人」，有一句成語叫「先發制人」——爭取主動，但是毛澤東那個時候的農民起義或者工人起義，軍力是很弱小的。用弱小的軍力，去抵抗強大的對立面的軍隊——國民黨政權軍隊的時候，是處在弱勢，處在弱勢要後發制人。「後發制人」是什麼意思呢？就是我不暴露自己的力量，毛澤東提出來關於游擊戰爭的思想，常聽到的有「敵進我退，敵駐我擾，敵疲我打，敵退我追」——你不是氣勢洶洶嗎，武器也好、人也多，你來了以後我就退，那沒辦法，我打不過你。毛澤東在另外一個場合也講過，說什麼叫軍事，打得贏就打，打不贏就跑，這是大實話。「敵進我退，敵駐我擾」，你進來了、你想在這裡長期駐下來，對不起，我跟你搗蛋，我不能讓你舒服了，我讓你一天都睡不上一個踏實覺，今天這兒給你爆炸一下子，明天那兒給你點擊一個，就是「敵駐我擾」。等到你那兒煩了——因為毛澤東主張的是人民戰爭，他是靠老百姓，他的革命口號，全部都是針對下層的，所以老百姓想跟你搗亂，那你老沒有好日子過、你沒有好果子吃。然後「敵疲我打、敵退我追」，等你打不過我的時候，對不起，我就要追著你打了。所以他的這些軍事思想，非常受老子思想的影響。

哀兵必勝

這個也是中國特有的一種弱者的軍事思想，就是我們在軍事上不要當強者，我們是弱者，這樣能夠有一種道義的優勢。軍事上是這樣，非常強的軍力——當然我們也希望我們國家有很強的軍力，但是過強的軍力有時候會失去道義上的優勢：你橫啊，你壯啊——比如說咱們路上看見兩個人打架，一個是又高又大又壯，手裡頭還拿著棍子或者是拿著什

麼武器，另外一個瘦小枯乾或者是年老體弱，大家的同情心會非常自然地就同情弱者。所以老子又有一個思想，叫做「哀兵必勝」，就是：我是不得已的，是你要侵略我、是你要想壓迫我、是你要消滅我，你不讓我活著、你不讓我諸侯國家存在、你不讓我這個民族存在、你要實行民族滅絕，我現在到了最危險的時候，現在我已經快氣死了、我已經窩囊死了、我太悲哀了，這種情況之下，我只能夠跟你決一死戰——取得了道義上的優勢、取得了情感上的優勢，你充滿了悲情、你悲憤欲絕，在這種情況下，你打仗容易勝利，所以這也是老子特別有名的話。他的「哀兵必勝」的思想以後也完全被咱們中國人所接受了。

所以你看似策略的問題，比如說「將欲歙之，必固張之；將欲弱之，必固強之」，除了策略上的考慮以外，讓我們試著探討一下，這裡邊是不是也有道義上、士氣上、民心上、外界輿論上的考慮，就是說：我不是那個狠的，我不狠、我不比你強大，我所以奮起抗爭是因為你騎脖子拉屎，逼得我沒有辦法了。老子他很講究這個，這個是弱者的武器：我武器不如你，現在是你欺負我，不是我欺負你——這樣一種軍事的思想，為什麼起義者、革命者很容易接受？因為起義者革命者，在開始的時候都是處於弱勢的。

弱者的智慧

也有人把這種說法稱之為什麼呢？這個就不如「哀兵必勝」好聽了，稱之為是無奈的智慧，迫不得已而為之，因為你處於弱勢、你處於劣勢，所以有些東西你要忍耐，有些地方你要讓步，有些時候明明他已經騎脖子拉屎了，你還得往後退。所以我覺得這個就是老子的用兵策略：將欲

怎麼著，必固怎麼著。你心裡這麼想，你還做不到，這裡頭也有無奈的成分，也有在道德上為自己爭取支持、爭取民心的成分。毛澤東在解放戰爭中運用的也是這個方法，他特別提出來運動戰，叫大踏步地後退，就是我敢撤我敢退，我快撤是拉長你的補給線，讓你進入革命根據地，讓你進入四面都是敵情的包圍之中，進入一個你不熟悉的環境裡邊；另一方面他用這種撤退、後退來表明我奮起應戰是不得已，你是侵略者、你是內戰的發動者、你是罪有應得。所以在解放戰爭當中，甚至連延安都放棄了，延安是一個標誌、是一個符號，當時革命根據地的中心是延安，但是延安都放棄了，我繼續在陝北跟你周旋，毛澤東他也沒走，直到解放戰爭全勝的前夕，他才東渡黃河，進入山西再到了河北平山。

　　所以，我覺得他除了軍事的考慮以外，同樣也有政治的考慮、也有道義上的考慮。在講到必欲怎麼樣、必欲怎麼樣的時候，老子在底下還有一些話，他說「是謂微明」，「微明」這兩個字，要從現在的漢語來說就是有一點點光亮，按專家教授們的解釋，就說這是一種非常微妙的智慧。我願意把它解釋成兩面都有，第一就是說我的智慧是很微弱的，是不得已的智慧、是無奈的智慧，我不是強悍，我並不把自己打扮成一個強者，是很微小的、低微的、卑微的智慧，老子這麼說的同時，又是非常微妙的，非常妙，讓你抓不住、摸不著、學不會，這也絕了。毛澤東在〈目前形勢和我們的任務〉這篇文章裡也曾經說過：我們這些軍事戰略都不是秘密，國民黨都知道，他就是學不成。這個牽扯到中國的歷史，不仔細說了。「是謂微明」，就是你要有這麼一點光輝，又有一點亮，也有一點黑，也有一點知白守黑的意思，你要有這種智慧。

　　老子還說「柔弱勝剛強」，他又提出這麼一個命題，就是在戰爭當中，越是柔弱的越往往能戰勝剛強，因為柔弱者是正義的，因為柔弱者有較

多的彈性，因為柔弱者最講實惠，因為柔弱者我不會去挑釁、我不會自找倒霉，所以柔弱常常能夠勝剛強。老子也說過「以柔克剛」，他底下又說「魚不可脫於淵，國之利器不可以示人」，「示」就是給別人看的意思，展示。他說魚不可以從水裡頭拿出來，「國之利器」，一個諸侯國、一個國家，它的最厲害的利器，不展示給別人，如果我把利器展示給別人，就像把魚從水裡撈出來：你看我這條魚養得好不好？你從水裡撈出來給人家看，人家看完了以後，你的魚再放回去，牠不游了、牠死了，是這個意思。這個國之利器，說得挺有意思的，一般的解讀者認為國之利器，指的就是前邊說的這套最厲害的招兒，就是「將欲歙之，必固張之；將欲弱之，必固強之」，這個也是不能告訴人的。當然了，如果那個軍閥任命誰當司務長的時候，告訴他說：小張，你小心一點啊，老子要收拾你了，我先讓你當兩年司務長，估計兩年以後，我不槍斃你也得把你揍一頓，我也脫你一層皮。那誰敢幹？

要不要秘密武器

但是你也可以從更廣泛的角度上來考慮，就是你總要有些東西、總要有些秘密武器、總要有些制勝的法寶——過去體育比賽裡也講這個，有時候說誰誰誰是咱們的秘密武器，她一直不上場，女排比賽她一直不上場，她練了一手特別絕的發球，等僵持不下的時候，就剩最後那麼三五個球了，忽然把她換上場，她發幾個球，對方摸不著她的規律，她從來不上場、從來不參加國際比賽，三個球一發，完了，對方失敗，她勝利了。你這麼理解也行，這當然也對。

「國之利器不可以示人」，你的最秘密的武器、你的最厲害的武器，

並不想讓別人知道，這就像殺手鐧一樣，你都給人家看了，那它失去它的作用了。當然用現代的政治觀點來看，這也有片面的地方，因為現在講究透明度，又講究知情權，有一些東西還不能夠說什麼都掀著都藏著，可我相信不管怎麼透明，總還有一部分透不了明的，總還有一部分要深藏、要含而不露。這裡我又發揮出去——整個的中華文化，提倡的是謙虛是含蓄，是不要把什麼事做得太淋漓盡致，要不為己甚，不要把事情做得太過了。尤其在老子那裡，我們可以通過他的「國之利器不可以示人」，看出來他提倡的是從風度上相對比較含蓄，不必什麼事都要做到百分之百，更不要做到百分之一百二十、百分之一百五十。你適可而止，留有餘地、留下空間、留下發揮的可能，這個是老子的想法。

當然就是這些想法，也可以變成陰謀，中國社會上也有這種說法，說「逢人只說三分話，未可全剖一片心」，這個話同樣看你怎麼理解，如果你認為他是提倡陰謀詭計，認為他是作偽提倡虛假，這有可能，就是弄好了成佛道，弄壞了進魔道，走火入魔，學老子學得走火入魔了，這個也是完全可能的。老子所提倡的，就看你用在什麼事情上，你說你一個人保持適當的含蓄，這個還是完全正確的。

以正治國以奇用兵

老子在剛才說的這段話後還有一段話，可以做這一段的解釋和補充。他在五十七章裡說，按照大道應該「以正治國，以奇用兵，以無事取天下」，就是執政要非常正派，按照正道走，是什麼就是什麼，該說什麼就說什麼，一切都是按照正常正派正路正式的方式來走，要正；但是用兵要奇、要出人不意、要出怪招，要敢於出怪招；「奇」另外一個音就是「奇」

（讀ㄐㄧ），就是說它是獨一無二的東西，你能夠用這種和別人的方法、兵法完全不一樣的方法——人家那麼做我偏偏這麼做，「以奇用兵」。老子的這個思想、這個觀念，我們可以認為也完全是被毛澤東主席所接受的，他打的很多仗都是與眾不同的、和別人的想法完全不一樣的。但是老子最後又歸結到「以無事取天下」，我以不折騰人、不出么蛾子，以普普通通正正派派平平淡淡的方法，來治理這個國家，取得天下的信任。我覺得老子的說法，幫助我們理解：可以以奇用兵，但是不能以奇治國。以奇治國，是拿老百姓開涮（開玩笑）了。他是「以正治國，以奇用兵，以無事治天下」。

　　老子在另外的地方還有一些對軍事的說法，也奇奇怪怪讓你半懂半不懂，你是越不懂越想懂，越想懂，越不懂，最後你對它更產生興趣，所以我說它訓練智慧，不是咱們學完這個或者是聽完這個以後，咱們都會用兵了，回去以後都可以當團長營長了，這不可能，但是它對於智慧是一個操練。比如他說：「用兵有言：『吾不敢為主而為客，不敢進寸而退尺。』是謂行無行，攘無臂，扔無敵，執無兵。」什麼意思呢？是說，我要用兵的話，我不敢採取攻勢——就是為主、採取攻勢——我不敢採取攻勢，我不敢挑起這場戰爭，而我寧可採取守勢，因為採取守勢，我可以避免傷亡、我可以觀察情況、我可以尋找對我有利的戰機；「不敢進寸」，我不敢輕易地隨隨便便地往前進一寸，因為進一寸，就進入了敵方的陣營了，誰知道敵方的情況——天時不知道、地利也不知道、埋伏也不知道，你都不知道，很危險，「而退尺」，我可以退一尺我也不進這一寸。這也有一點剛才說的大踏步後退、大踏步前進的這種觀點。

　　他底下說的有一點意思，我想來想去有一點游擊戰的意思，「行無行」，就是行軍的時候，我不排成隊，我排成隊多傻啊、多容易被對方發

現啊，我不用排隊；「攘無臂」，我把武器弄出去，我讓你看不見我胳膊，「臂」就是胳膊，就是我發射武器的時候，或者我使出武器來的時候，我讓你找不著我的胳膊在哪兒，你沒看見我的胳膊在哪裡，那一射，子彈已經從嗓子眼穿過去了，你已經玩兒完了，神奇不露痕跡；「扔無敵」，「扔」就是指對抗，去對抗的時候找不著對手，所以我說，他有一點游擊戰的思想——可以用游擊戰的思想來解釋它，不是說他真有游擊戰的思想，他那個年代也沒有游擊戰這個詞，但是他所設想的神龍見首不見尾、不露痕跡的戰爭，「讓你找不著我」的用兵思想，在中國，從孫子兵法一直到毛澤東講軍事，都有類似的話，就是你打的時候讓你找不著我，你永遠找不著我的主力在哪裡，而我打的時候，我想怎麼打就怎麼打，我按我的方法，我找著你以後——因為你動作很大，你是強者、你是機械化部隊、你又是坦克又是戰車，運輸也都是大卡，我就這兩條腿——所以我就要做到：我看得見你，你看不見我，你在明處我在暗處，我也是知白守黑。

善戰者不怒

老子對於戰爭，是用這種神龍見首不見尾、不留痕跡、讓對方抓不著自己的這種方法來考慮戰爭。在第六十八章裡他還提到「善為士者不武」，「士」指的已經不是讀書人了，指的是武士，就是搞軍事的，軍官也好、軍人也好，我「不武」，我不那麼威風，我幹嘛那麼威風凜凜的，威風凜凜的不更暴露自己了？你走到哪裡都威風凜凜、都有一副要壓倒別人的氣概，你幹嘛？「善為士者不武」底下說的一句話，尤其被中國的傳統文明非常看中，叫做「善戰者不怒」，就是我不怒氣沖沖的，我保持

清醒保持冷靜。但是「善戰者不怒」和「哀兵必勝」有一點矛盾：哀兵已經是很哀了，悲哀悲憤，但哀兵是兵，他還要必勝、他還要打仗的，不是說我悲哀了，我就光在那兒抽泣，這不是林黛玉的悲哀，要是林黛玉的那個悲哀行了，林黛玉也是哀兵，但是她是必不勝，而老子講的不是林黛玉的悲哀，是整個的一個軍隊、一個諸侯國、一個民族的悲哀，那麼你悲哀了以後你會必勝。可是他又提出這麼一條「善戰者不怒」來——語言表達事情，表達精深的道理，常常無能為力，常常會有漏洞：你說了一，你忽略了二，你說了二，你忽略了三，你要一二三都說了，你等於什麼都沒說。

有時候我們經常在語言上會發現這一點，比如說別人問我：這個主持人怎麼樣，我說主持人聰明極了，然後底下我又趕緊補充，她聰明是聰明，可是她有時候也冒傻氣，後來我覺得說冒傻氣不對，我說她雖然又聰明又冒傻氣，有時候她也不冒傻氣，也不顯特別聰明，你如果這三句話都說了呢，你等於什麼都沒說，因為這話用到誰身上都可以，所以說話是非常困難的。

但是老子的「善戰者不怒」已經被中華文化所接受了，很多名人、很多大人物——我上次說過他們有座右銘叫做「寵辱無驚」，還有很多大人物，據說林則徐有一個座右銘是「制怒」，就是你別生氣。年輕的時候尤其重要，年輕的時候，很多自找倒霉的事、很多傻事都是因為一怒而生的：由於一怒，說出不應該說的話；由於一怒，做出不應該做的事；由於一怒，得罪了不應該得罪的人；由於一怒，沒有能做一個最穩當最妥帖最巧妙的決定。如果善戰者易怒的話，打仗是一個歷史的任務、一個軍事的任務，並不是個人的匹夫之勇、個人的突然一生氣，就打起來了，不是這個意思。

它提出「善戰者不怒；善勝敵者不與」，「不與」是什麼意思？「與」
就是不露空子，我不留空子給你，不把破綻露給別人看，不把自己最虛
弱的地方、所謂軟肋暴露出去。老子有這樣的觀點，他說「善用人者為
之下。是謂不爭之德，是謂用人之力，是謂配天，古之極」，他指的就是：
你是管理者，他是被管理者，我「為之下」，我要做的是自己要比那個被
使用的人更謙卑；他說這是用人之道，他說這是不爭之德、用人之力，
是配天之極。他把它看得非常重，說你能夠用別人的話，你要跟天一樣
有道行，你和天的高度一樣，你越要支配他、越要使用他、越要領導他、
越要管理他，你越要把自己放在下面。他這裡本來是講軍事的，最後講
起用人來了，這個也挺有意思的。一個是不怒——制怒，一個是用人的
時候能夠「為之下」。

從軍事說到用人

中國這個社會，在老子那個時期已經有很多人討論用人的問題，孟
子就說過：「君之視臣如手足，則臣視君如腹心，君之視臣如犬馬，則臣
視君如國人，君之視臣如土芥，則臣視君如寇讎。」什麼意思呢？侯王拿
我當手足、當兄弟一樣看待，那我看你就是我的主心骨，你就是我的心
腹——「心腹」在當時認為是人最重要的——當時還不知道大腦的支配
作用，他說你如果拿我當手足來看待，情同手足，咱們感情這麼好，而
且你跟我平等，我就拿你當腹心來看待，如果你要是待我如犬馬，跟你
養的一匹馬一隻狗一樣，我視你如國人，就跟一般人一樣，咱們就是：
你有用得著我的時候，我也有用得著你的時候，就完了；你把我看成土
芥，就像土裡邊的小草、野生植物，或者是什麼亂七八糟小菜一樣，如

果你拿我不當人看，我就拿你當寇讎（仇人）看。中國文化也挺有意思，中華文化是長期封建專制的，都是自上而下，什麼事都得聽皇帝的、聽國王的、聽諸侯的，但是它又從「道」上來補充、來限制，甚至於來監督你，臣應該忠君，所有的中國古代文化都是這樣講的，但是它又提出「如果你視我為糞土草芥，我就視你為仇人」，給出了這樣一個警告。

驕兵必敗

　　老子在其他的方面又講過「禍莫大於輕敵」，這很實在，你又會覺得老子不那麼玄妙了，他有非常玄妙、非常神奇、非常的——就是說他進入化境，有那種「談笑靜胡沙」，有那種對什麼事都看作小菜一碟的一面，但是他又有非常謹慎、非常實際的一面。「禍莫大於輕敵」，這也是已經被中華文明所接受的一個理念，就是驕兵必敗——誰驕傲、誰粗枝大葉、誰麻痹輕敵，就必然失敗。從這個意義上我們又可以理解，老子前邊說的那些被認為是陰謀的東西，中心的中心、重點的重點就是引導敵人驕傲：我什麼事都讓著你、我什麼事都往後退，好好好，我把這個路給你敞開，這樣你會越來越驕傲，你越驕傲離失敗越近，我越謙虛離勝利就越近。這些東西以後就變成了中國的謀略，比如說我們講「欲擒故縱」，多少有一點放長線、釣大魚的意思，就是我為了抓住你、為了控制你，我故意把崗哨先撤了，我麻痹你，這樣我放長線才能釣到大魚。有許多東西都是和老子的這些思想相一致的，謀略是不可能沒有的，謀略裡邊也有許許多多的詭計，許許多多的這種所謂「誘敵深入」，這也是毛澤東愛講的軍事術語。有很多這樣的東西，包括在政治上，一九四九年以後的歷次政治運動當中——這些政治運動本身，我這裡就不評價了——總

說牛鬼蛇神都要一個一個地跳出來，這些都是欲擒故縱。我們的目的是打敗你、我們的目的是消滅你、我們的目的是把你管制起來──當然政治上的是非，我這裡不談，就從策略上來說，我先讓你有一個暴露的過程，先讓你有一個放肆的過程，先讓你有留下你的空子、你的辮子的一個過程。中國講謀略的這個方面，在全世界鮮有其匹。但是老子不光是謀略，如果光把老子看成是一個謀略家，那就是你看到鷹飛到雞窩上，就認為牠是雞了，老子還講世界觀，他還講大道、他還講非戰、他還講和平，所以如果我們把這些東西全面地理解了，我相信：說由於讀了《老子》，變成了陰謀家了，這樣的可能性微乎其微；由於讀了《老子》而變得更聰明了、更有智慧了、更沉穩了、更含蓄了，這種可能性我想是有的。

第九講:
老子的養生理論

中華文化中的養生問題

　　今天討論一個和每個人都最有關係的問題,就是老子的攝生。攝生,在莊子那裡就是養生,現在「養生」這個詞,已經被普遍地接受了,但是攝生是老子最早提出來的,要是查《詞源》,它解釋「攝生」就是「養生」,但是我覺得從詞義上,略略有一點不同。攝生的「攝」有汲取的意思:攝取、提取,還有聚攏、凝聚、聚集的意思,還有珍重、保護的意思:善自珍攝。所以在重點上有點不太一樣。

　　我們現在很講究養生,書店裡也出好多這類書,但有一段時期,我們把養生當一個反面的詞嘲笑它。現在年輕人不知道了,在文化大革命當中,有一個電影叫「春苗」,是寫一個赤腳醫生的故事,它寫醫

院裡有一個修正主義分子，他怎麼修正主義呢？就是整天弄一幫人在那裡研究「養身療法」，他倒沒說是「養生」，他說是「養身」，把身體養起來。從某種極端意義上來說，養身就是養尊處優，就是不去奉獻、不思進取、整天養著，你說這不是剝削階級、不是壞蛋、不是周扒皮？要不就是南霸天——從那個角度來說。可是老子與莊子非常注重攝生、養生。我還要說，道家、道教講究攝生養生，這正是這一派一教的一個亮點，是它們的魅力所在之一。

有趣的是攝生也好，養生也好，愛護自己的生命、延長自己的生命、維持健康也好，在西方絕對是一個生理衛生學的問題，是一個醫學的問題，是一個和營養、醫藥、居住、環境、空氣、睡眠、心肝脾胃腎、細胞——是跟這些東西聯繫起來的，屬於科學的範疇。

但是在中國呢——也不是沒有道理——把它看成一個修養的東西、一個修身的問題、一個精神境界的問題、一個道行的問題，或者說得俗一點，如果你很有道行，你的境界很高、學問很深，那麼你這套方法就幹什麼都行：你可以治國平天下，你也可以用來調理你個人的生命現象、生命體徵。這個是非常有趣的非常中國式的思想方法，也是典型的老子式的思維方式。

中國人、中國的傳統文化老追求最根本的最整體的東西，我稱之為整體主義。最好是一通百通、一順百順，掌握這個以後幹什麼都行，放之四海而皆準。中國還有一個說法，說「不為良相便為良醫」，因為這都是救人。你不當總理、當不了好總理、沒有機會去當總理，你就好好地當一個好醫生，你好好地去救那些病人。你要當總理，你救一國的人，你要當醫生呢，你救上你這裡來門診的病人。

這種思路外國人無法理解，因為良相和良醫是兩碼事。良相，你得

學政治、公共管理、法律，你要是當良醫呢，醫學那且得啃，六年七年八年的都有，把人啃老了的都有，要啃生理、病理、解剖、細菌、病毒、遺傳、藥理、藥物、有機無機化學還有各種檢驗儀器……是非常專門的學問。它與中國人的修身養生是兩種思路。但是中國要求統一性，所以底下講的老子對攝生的理論，我們會覺得很有意思，他也不給你講維生素，也不給你講睡眠幾小時，也不講你愛護心臟、注意血壓，這些東西他都不講，相反的，他講的是一個大概念、講的是一個整體的人的境界。

生命與大道合一

按照老子的理論，生的要義就在於：使個體的生命與大道能夠連接起來、能夠合二為一，叫做「與天地同在、與日月齊輝」，這樣的話就沒有死地了。具體的、個人的、我們平常日常說的：誰出生了，或者誰去世了，這只是一個具體的表現，老子認為：如果和大道放在一塊，那麼你的出生也只是大道的一個表象。大道——我說是一個下載，就是大道是總的數據庫，而且是總的驅動程序，你出生了只是一個下載，你死亡了，也只不過是對這個具體文件的一個關閉，大道本身並沒有變化。

所以從根本上來說，人是沒有死地的。這個說得是相當的玄了。老子在另外的一個地方講到「死而不亡者壽」，就是這人雖然死了，但是他的一切並沒有從此消失，所以是真正的長壽。這些話說得稍微空了一點。我們再往下說，生和死的問題，可以說是人的精神上的一個死結，因為討論這個你不好辦，起碼你找不著一個死過幾次的人來給你談談死後他有什麼體會、有什麼感覺；人最多是假死，這有可能，或者說是心臟停了幾秒鐘又救回來了，這個是有的，但死後到底怎麼樣，你無從論證，

除了宗教可以給你一個說法，那就是你信就信，你不信，那個說法對你也沒有約束的力量。所以可以說，這是人的精神、生活、學問、哲學、藝術當中的一個死結。越是死結人越追求，越想給它一個說法，越想能使自己心安一點，所以自古以來就有各種各樣對於生和死的說法，比如說希臘的哲學家伊壁鳩魯就說死的問題不存在，死了的人不可能再關心這個問題，而活著的人也無須關心死不死，活著的人應該關心的是如何活，這說得也很合乎邏輯，與孔子講的「未知生焉知死」道理相通。但是人類仍然惦記這個事：一個人去世了，是不是他就什麼都不知道了，是不是就沒有任何痕跡了？這在今天仍然有各種不同的理解。

達・芬奇論生與死

達・芬奇我們都知道，是意大利文藝復興時候的代表人物，還有一個電影叫「達・芬奇密碼」，〈蒙娜麗莎〉是他畫的，達・芬奇說：就像勞累的一天帶來愉快的睡眠一樣，勤勞的生命帶來愉快的死亡。說得非常感人，你只要勤勞——用勤勞來解釋一切——只要你的一生都是非常勤勞的，那麼你該休息了、你該長眠了，所以仍然是愉快的。當然這愉快——真做到愉快的死亡也非常難，你讓他的家屬、讓他的朋友那麼愉快地接受他的死亡也不是很容易的事。有些人無法從學理上解釋生和死的問題，但是他可以從藝術上、從文學上、從語言上——譬如說一篇很好的悼詞——從政治上或者從文學上解釋，可以起一個什麼作用呢？就是把死亡看得更大而化之，能夠從整體上看你的一生對社會對人群所做的貢獻。我就常常想，比如說柴可夫斯基的第六交響樂，就是〈悲愴〉，它的主題就是死亡，而且在〈悲愴〉演出以後不久，柴可夫斯基就去世

了，對他的去世，有各種八卦的說法，我在這兒就不談了——當人們不能夠用邏輯、用知識、用學問來解釋死亡的時候，還可以用感情，可以用藝術、用精神的向上昇華和逼近的情感，來體驗一下死亡對人生的意義。用藝術用交響樂來解釋死亡、來探討死亡，應該說這也是人們給自己的精神找一個出路。

蘇東坡話生死與壽命

文學裡當然就更有，譬如說我們耳熟能詳的蘇東坡的〈赤壁賦〉，實際上也談到這個問題，他在〈前赤壁賦〉裡講到「駕一葉之扁舟，舉匏樽以相屬；寄蜉蝣於天地，渺滄海之一粟」，我不仔細念了，就說他想到了，天地是怎麼樣的宏大永久，而自己像蜉蝣一樣、像一個小蟲一樣、像水上能飛的小飛蟲一樣，小飛蟲大概就是兩三天四五天的壽命，牠當幼蟲的時候，壽命還有好幾年，變成了成蟲，像咱們養蠶似的，變成了蛾子，幾天就死了——這裡他表示的是對人生的悲哀。

但是蘇東坡又說：「客亦知夫水與月乎？逝者如斯，而未嘗往也；盈虛者如彼，而卒莫消長也。」就是說：你像水整天在那裡流，水流了半天還有水，這水仍然存在，水並沒有走，水永遠在我們的面前；月亮有時候是圓的，有時候是虧的、是缺的、是剩的，有時候就剩一牙兒，可月亮也並沒有增長、也並沒有消失。水雖然流，但是水永在；月亮雖然一會兒虧了，一會兒圓了，但是月亮永在。他用這個來比喻自然是無窮的、大道是無窮的。

所以蘇東坡說「自其變者而觀之，則天地曾不能以一瞬」，就是一切都在變化，天地也不過是瞬間的事——現在的銀河系也有自己的壽命，

雖然我們說不清，它到底有多少這樣的壽命。可是「自其不變者而觀之」，就是從大道來看，我們每一個人的人生，「物與我皆無盡也」，就是說這個世界永遠是無盡的，因為任何東西，都不可能絕對地消失，作為總的存在，它的能量、它的元素都不可能消失，同時它也不可能增長。恩格斯也說過類似的話：世界以鐵的必然性會毀滅，同時又以鐵的必然性會產生。所以這都是從最根本上來討論人生、討論生死。為什麼要先講一些很抽象的大道理呢？有這樣一些大道理做參考，你的心情會豁達得多，你不會老摳那一點，說誰誰誰死了怎麼辦、我爹死了怎麼辦、我死了怎麼辦？他不會摳字眼，而是看到了這是一個總的、由大道來主宰的宇宙生生滅滅的過程。

三個十有三

我們再稍微具體點：老子談到生和死，最主要的是他的第五十章，他說「出生入死。生之徒十有三，死之徒十有三，人之生，動之於死地亦十有三」，就是十分之三、百分之三十。很多老師學者解釋說「生之徒十有三」，就是長壽的人有百分之三十；「死之徒十有三」，就是短命的人有百分之三十。我這方面的學問並不行，但是我不太能接受這種觀點，這比例有點高了，尤其是在老子當年那種醫療條件，那種衛生、營養的條件，年年的戰亂，長壽的不可能有百分之三十，長壽的不會有那麼高的比例，夭折的倒可能比例高，因為越是到古代，婦產科的醫療條件就越特別的差，看過去的小說，把女性生育是看做鬼門關的，弄不好的話連孩子帶母親全都能夠出事。

所以我願意把它解釋——我無法尋找一個確切的證據，只是我個人

的願望，我個人的解釋——就是在宇宙當中，有利於生的元素、有利於生的因子有百分之三十，會促使你提前死亡的這種因子、這種元素也有百分之三十；老子最有趣的說法，說由於「人之生，動之於死地亦十有三」，你特別希望自己活得長，你特別給自己效勞，想讓自己活得好，其結果是你沒有變成生的因素，而變成了死的因素了，這還有百分之三十，就是適得其反的也有百分之三十。這可就了不得了，死的因素有百分之三十，想生，最後把自己搞死了的因素又有百分之三十，那成百分之六十了，要是按百分比，三十三十三十，這三三制，是百分之九十了。還有百分之十老子沒說，也可能就是這百分之十是看你怎麼辦了，如果要是把它辦壞了、要是演變成死的因素了，就是百分之六十再加百分之十，百分七十要玩兒完。這情況就更嚴重了。相反的，如果把這百分之十的個人的人生的安排、人生的處理，包括你的社會生活、你的家庭生活能夠做得合理，使這百分之十變成生的因素，那就是有前邊那個生的因素三十，這邊又加一個十，就變成百分之四十了。你如果有百分之四十的生的因素，那再處理得好一點，應該說還是有點希望的。

日月之精華

但是你要很警惕，其中最警惕的應該就是：生，反倒進入了死地。下邊我們再說說這三成生的因素。按照我的理解，咱們既然三就三它一下，咱們試著這麼說說，姑妄言之——這個符合老子通篇的精神，但是老子並沒有這麼具體說過——三成生的因素，我覺得第一個因素就是自然，因為生命本身就是從自然產生的，而且「道法自然」，自然世界本身就提供著生的因素，它給你提供了植物，經過種植可以變成糧食、蔬菜、

水果，提供了食品。外國有感恩節，感恩節就是當年新的移民到了美洲，沒吃沒喝了，結果看到了野生的火雞，他們認為這是上天給他們的食品，所以永遠要感恩，要在這一天吃火雞。大自然的日月——日給你能量，月亮在夜間可以給你照明，而且日月的循環才造成了植物生長、動物成長等等。大自然又給你各種的東西，使你有棲息的地點等等。所以第一個生的因素，應該是自然。

凡是中國的、甚至於外國的注意養生的人都注意把自己放在大自然裡面。我們中國很好玩，我小時候特別有興趣看練功，練各種的功，武功、功夫什麼的，其中甚至說狐狸也練功、蛇也練功，練什麼功呢？叫吸日月之精華。我當年上小學的時候，受這影響，月亮圓的時候我就要上院裡頭去，看著月亮練蹲襠騎馬步，就半蹲在那裡，當然沒有堅持下來，要堅持下來，我現在也不知道是什麼情景。我最感興趣的就是「吸日月之精華」，太陽你不敢看它，你可以曬太陽、日光浴，我們現在也都懂這個，但是照得太厲害了也不好，還能造成皮膚癌，這是新的觀念；那麼月亮呢，如果你對著月亮練功，你能夠吸收日月之精華，其實這也是一種比喻的說法，但是這是一個很美的說法，認為生命能夠從日月吸收到精華，你說這個有多牛，說我身上有日月之精華，就這個話一說出去，自個兒連活的信心都增加了，哪怕查出來你有這病那病，你都增加信心。我們看《白蛇傳》，說白蛇也是吸收日月之精華，牠變成美女了；《聊齋》裡那些狐狸為什麼那麼可愛？牠吸收日月之精華了，狐狸變成情人，情人節咱們都去給狐狸獻花，這也是非常可愛的一種想法。所以生的第一個因素是自然。

循大道而養生

第二個因素就比自然更昇華一步、更抽象一步，就是大道，你相信道、你理解道、你感受到道——說不太清楚沒關係，但是你感受「道」；比世界更永久、比世界更抽象、比世界更概括的是什麼呢？是「道」。有了道以後，就有了無窮的廣大，也有了無限的永恆，人應該為自己的智力、為自己的悟性而感到驕傲，雖然你摸不著，你也看不見，你也不能裝在口袋、你也不能打包，但是你感覺到這個世界上，除了這些零零碎碎的小的利益、小的道理、小的規律以外，還有一個無所不包無所不能無所不有的大道；你雖然很渺小，就跟蘇東坡說的一樣，你雖然往小了看只不過是一個蜉蝣，只是一個小蟲，只有三五天的壽命，但是往大了看呢，不管以什麼方式，你都是大道裡的一個因子、你都是大道的一個下載、你都是大道的一個表現、你都是大道的一個證明。老子的《道德經》本身，就說明人的智力能夠達到那麼一個超乎一般的階段，所以一個人和大道能夠結合在一塊兒，他就可以做到我們前邊所說的寵辱無驚、他就可以做到無為而無不為、他就可以做到永遠的存在和永遠的勝利。

生命的自我調整

第三個生的因素我認為仍然是自然的觀點，就是生命。自然具有的維護生命的能力，生命自己就能調整自己的問題、就能解決自己的問題。這和中醫的觀點也特別接近，中醫認為主要就是要扶正祛邪。「正」是什麼呢？就是生命本身有一種來治療疾病、來克服困難的能力，能夠自我

調整、自癒——這說起來其實也很簡單，比如你有兩三天睡得不好，在正常情況之下，幾天睡得不好以後一定會有一兩天睡得特別香，因為你已經很疲倦了，你那個抑制作用已經起來了；譬如說你感冒了，你好好睡兩覺、喝點水，衣服穿合適了，你就會好——要相信生命本身有這樣一種自我調整的力量。

我老說老子的很多說法帶有理想主義，因為他鼓吹「道」，所以他就認為道可以解決一切問題，但是實際上道歸道，各種具體的技術、具體的規律、具體的科學——它還要解決各種具體問題，比如你頭髮有問題，用「道」來解決就隔得實在是太遠，你用假髮也好、還是染髮也好、還是吃什麼藥也好，你只能夠用具體的方法去解決。但是老子所設想的這裡頭有信仰的成分，也可以說有空想的成分，他希望通過「道」把什麼問題都解決了。老子的魅力也在這裡，老子有時候的缺乏可操作性也在這裡，譬如說你現在鬧寄生蟲，你可以吃點藥，把寄生蟲打下去就好了，你不給他吃藥，讓他學習《道德經》，讓他好好聽咱們 BTV 的講座，這對他解決寄生蟲的問題很難發揮具體的作用，但是對他也沒有壞處，他多知道一些事、他的精神境界高一點，起碼他心情好一點。

西方有這種心理療法，把維護好自己的心態當做養生、當做長壽、當做治病的頭一條。我最近還看到一些這樣的材料，在美國在歐洲都有這種理論。中國的這些理論實際上源遠流長，中國人相對來講，重視人和自然的協調，譬如說我們到一個什麼地方去，回來以後鬧點小病，就說這是水土不服。「自然」無非天地和四時、四季，水土不服是從地理上來說，從天時來說呢，有時候說時令雜症，就是說到了春天了容易有春瘟，到了秋天了會有秋燥，秋天會感覺到比較乾燥等等。這樣的思路都是非常東方化的。

日本人注意人事與季節的配合

日本比這個還厲害，日本吃飯都特別注意和季節配合。春天的時候、草發芽的時候他就要吃「新綠」、「淺草」一類的食品，這個漢字是非常美的一個詞，叫新綠呀、淺草呀什麼的，花開了，小點心就做成桃紅色的。有時候你要吃它，最後那小點心叫小不點、小點，它是淺綠色；等到各種花開的時候吃的那點心，是粉紅色的等等。他非常注意，人的一切，他的起、居、作、息、飲、食、行、止，都要和地點和季節和自然的條件有一種呼應、有一種配合，這作為一種思路，我覺得非常的可愛。川端康成還專門著文講述日本人對於季節的敏感與重視，也許可以說是對於四季的崇拜與醉迷。雖然我們無法證明早春的時候吃綠色食品——這個綠色不是指自然了，是指那顏色發綠的——是不是對人有很大的好處，或者是開花季節，桃花、櫻花，花都開的時候，吃那小點心染成粉紅色，是不是對你有多大的好處，我不知道，但是他這種思路非常可愛的，至少是很和諧的，反正你不討厭它，它不會讓你煩。

貪欲、有為與寵辱催人滅亡

再說死的因素，這三成死的因素，我們也從三方面來分析，一個就是貪欲，老子有許多地方講這個，他說你越貪欲你就越容易走向死地，最近我看到咱們一位醫師洪昭光先生有一個很好玩的說法，他說貪官都短命，不是說抓起來槍斃——那當然更短命了——他說的就是由於這種貪欲之心，他時時刻刻處在一種焦慮之中、處在一種恐懼之中，而且又

永遠處在不滿足之中，不滿足加焦慮再加恐懼，你還想好好地活著？太難了。這是老子的觀點，他說「禍莫大於不知足」，他認為貪欲就是把生往死上推。

老子還有一個觀點，就是「有為」，過分的有為——你想做的事情太多，也是一個死亡的因素，你太累了，你做許許多多平庸的、無效的、窮折騰的、自己跟自己過不去的、既不利於別人也不利於自己的事情。當然這個觀點，我們今天不可能完全接受，他說的「有為」也不是我們所說的「青年有為」有作為的意思——我們當然要提倡有為、有作為——老子說的這個「有為」是那種刻意的過分的甚至於可以說是胡作非為、不自量力、達不到目的的，或者是蠅營狗苟的、追名逐利的、低級下流的、假冒偽劣的這樣一些「為」，這樣的「為」只能給自己帶來最消極最負面的後果。

《老子》裡反復講的死的因素，實際上就是「寵辱」——是人對寵辱的計較。一個人把自己看得很低下，因而把寵辱看得非常重要，一點小事：被撫摸了一下或者被青睞了一下，就忘乎所以；一點小事：自以為是被冷淡了一下，或者是一個什麼浮名浮利沒有得到，有些只是鼠目寸光、眼皮子底下的那點蠅頭小利沒有得到，就感到受辱、就感覺受不了了——我不願意說了，因為我有很好的朋友，最後、不能說完全是這個原因，但是和這個有關係，譬如說他希望評一個什麼職稱，沒有評上，結果因為這個心情越來越壞，以至於得了不治之症，去世了。去世後他的家屬就來說：我的先生因為沒有得到職稱，憂鬱成疾去世了，有關領導或者有關的機構能不能追認我先生這個職稱？哎呀，我聽了以後真是非常地難過，我覺得這人跟自個兒太過不去了——咱活著的時候，想得一個什麼頭銜沒得到、想當博士沒當上、有個博士論文沒通過、後來因

為這個得病死了，那麼他的弟弟妹妹來了，說你們這麼殘酷啊，人都死了，你們還不承認他是博士，你說這個事怎麼辦呢？

所以老子非常地強調人對寵辱應該置之度外，人對寵辱應該用一種更高的眼光來看它。那麼，三成因為生而促進了死亡的這個因素——我覺得這個講得太好了，因為所有的人都是珍惜自己的生命的，沒有說是盼著自個兒早點死的，所以人往往會採取許多措施，希望自個兒能活得好活得長，但是有很多措施也會變成了一種過猶不及，過分了以後，生的因素變成了死的因素。

過度的營養、醫療與鍛煉修為

什麼叫過分、或者過度呢？我指的就是過度的營養、過度的醫療保健、過度的鍛煉修為。這樣的事情我見到的也太多了，我們是一個偉大的、歷史古老的民族，但我們又是一個飢餓的民族。我們長期、有很多年代處於飢餓或者半飢餓狀態，現在情況好一些了，溫飽問題絕大多數地方都解決了，甚至於進入全面小康的程度了，可是這種情況之下，營養過剩、營養過度非常嚴重。我有一個同學做內科大夫，他也歎息說，從前他看病經常看的是貧血、肝炎、缺鈣、佝僂病，都跟營養不足有關，當然更嚴重的還有浮腫，營養不夠會產生浮腫、免疫力減退等等；他說現在最多的問題是血壓高、血脂高、脂肪肝、肥胖，就是吃太多、吃太好。

我有一個玩笑的話，不知道能不能夠拿到臺面上來說，我說人生有時候面臨兩個大問題，一個問題是由於吃不飽產生的，還有一個問題，是因為吃得過飽產生的。吃不飽的時候、飢餓的狀態下，容易產生愚昧、

犯罪、絕望、極端的行為；而在吃得過飽的情況下，容易產生頹廢、奢侈、吸毒、麻醉等等這一類的問題。所以說，由於保養自己而把自己往死路上推這樣的傻事，我們人類實在是做了很多。

過分的醫療也是這樣，任何病——對於有些人來說，看病的條件比較方便、比較不錯，有時候我就覺得，真是不知道這是一個什麼標準：也有我很好的朋友拿了藥就跟我說，今天我這藥可是好藥，這是中央領導用的藥。我說吃藥應該在乎藥本身，而不是在乎它的成本價錢，或者它的級別。藥本身沒有級別，對症就好。如果兩毛錢的藥就能治好病，你別買兩塊錢的藥。這種過度的醫療和自我保護，有時候違反醫學的規則。現在講醫療改革，我有些從事醫藥工作的朋友也說，強調服務意識、服務精神，他們非常地贊成，但是他們又害怕有時候一些患者沒有醫學方面的知識，他就會去求你給開好藥、開貴藥，有這樣對自己不利的行為。

再比如說由於企圖養生而練各種邪門歪道的功，有人練功練得進了精神病院，叫做走火入魔。我的好朋友裡有不止一個人鍛煉過度，每天早晨跑長跑，至少我有兩個朋友，都是在跑了十五圈以後，突然心臟病犯了，結果就這麼不幸去世了。這樣的事情也有，由於太重自己的養生，反倒走向反面。

養生的訣竅在於不養生

我想起八十年代，那時候我有機會見到全國人大的副委員長、也是一個學者、復旦大學的教授、好像還做過毛澤東主席的老師，就是周谷城，周谷城那時候已經九十多歲了，我說您給我介紹一下您的養生之道，

他說：王蒙，我要給你講這養生之道，好多人不相信，他說我就仨字——
「不養生」。他說，我從來不專門考慮：吃這頓飯我能多活兩年，吃那頓
飯就能少活兩年，我自自然然的，餓了自然要吃，飽了我自然就要放下，
有病就看，小病能忍的我就忍了，有大病我看，看了醫生，吃了藥有效
我繼續吃，無效我請他再給我換一樣藥，累了我休息。我覺得他的說法
很高級，有點沾老子的意思了。

無死地最重要

今天我們說的老子關於生與死的論述，是不是也可以總結為三三論，
因為剛才說三成這樣三成那樣，其實他說的也不僅僅是具體如何生活、
如何養生，他還是說的一種精神境界，只不過是用這樣的一種闡述方式，
幫助我們來理解關於大道的境界。他說「無死地」，我覺得最重要的是兩
個方面，一個方面就是你把自己跟大道放在一塊兒，你不必那麼去焦慮
和懼怕死亡，因為那是大自然的規律、是一個過程，這個過程也不歸你
管、也不歸任何一個人間的機構來管，這是大道在那裡做主的，大道該
怎麼樣，自有道理。既然你已經出生了、你已經存在了、你已經做了一
些自己認為應該做的事情了、你已經來過北京電視臺了、你已經說過話
了，說明你活得很好，因此在你來說「無死地」，用不著考慮死地不死地
的問題，那些東西大道自有道理。

更重要的是，「死地」指的就是你的弱點，一個沒有弱點的人怎麼會
有死地呢？為什麼我說它是指弱點呢？因為《老子》的第五十章裡有這
麼一段話，這段話也特別好玩，說「蓋聞善攝生者」，聽說真正能夠善於
自己聚攏和愛護自己的生命的人，「陸行不遇兕虎」，走到路上不會碰到

犀牛——這說明中國當年還有很多犀牛呢,那時候氣候跟現在也不一樣,現在是非洲有犀牛,我去喀麥隆的時候看到犀牛、看到河馬在水裡邊,野生的——他說「陸行不遇兕虎,入軍不被甲兵」,參加戰鬥,那些武器跟你沒關係,刀槍不入,刀也砍不到你身上,槍也刺不到你身上,說「兕無所投其角」,就是犀牛見了你,牠沒有地兒下牴角,犀牛是獨角,那個獨角估計誰也受不了,要是挨一牴角,那是可以刺穿你的心臟,但是牠無所投其角,牠不知道把牴角往哪頂;「虎無所用其爪」,老虎是靠爪子搏鬥的,但是由於你是一個無死地的人、你是一個通了大道的人,老虎見了你牠沒地兒動爪子、爪子不知往哪兒拍;「兵無所容其刃」,「利刃」,一把尖刀,尖刀沒地兒可扎;他說「夫何故」,什麼原因,犀牛見了你牴角無處頂、老虎見了你爪子無處拍、士兵見了你拿著小刀沒地兒捅,這什麼原因呢?因為你無死地(以其無死地),你沒有弱點,你沒有軟肋,你沒有可以下牴角下爪子下刀的地方。他說得多好,就跟我小時候看武俠小說的金鐘罩、鐵布衫,一槍扎過去扎不動,當年義和團也想練這個,就是有點像硬氣功,但是它是在很多條件下的,你到處亂扎那受不了,真正實戰也不行。

　　咱不討論氣功了,回過頭來說,老子說的這個是什麼意思呢?他是不是要提倡你去練某種功,或者身上帶某種盔甲,購買某種作戰的服裝、戰袍呢?我想不是這個意思,老子所說的「無死地」,就是你沒有那種致命的弱點——小弱點你有,有時候也吹吹牛,有時候喝點酒,有時候也發發牢騷,但是你沒有致命的弱點;致命的弱點是什麼?像貪官就有致命的弱點。再譬如說驕傲有時候就變成致命的弱點,可以回過頭來看歷史上的一些例子,有很多人的下場非常悲慘。譬如說商鞅曾幫助秦孝公變法,把秦國搞得很強盛,但是他就有死地,他為什麼有死地呢?因為

他太嚴厲了，而且他仗著秦孝公對他的寵愛，要處罰秦孝公的太子，認為太子違背了他的變法，非給他治罪不可，這樣就是叫做結怨甚多，也是死地。譬如韓信那麼大的功勞，但是最後的下場非常的慘，因為韓信的才智非常的高，曾經跟劉邦討論，說你能指揮多少人：劉邦你不過是指揮那麼數量有限的幾百個人幾千個人，我是多多益善——「多多益善」這詞就從這兒來的——就是說打起仗來，他的指揮能力是無限的。但是劉邦也會問，說既然你指揮比我指揮得好，為什麼現在你接受我的指揮？韓信也很會回答，說得劉邦也很舒服的，就是說：因為我能指揮的是兵，您能指揮的是將，所以將得聽您的、兵聽我的。這是智者的對話。但是韓信有另一面，他喜歡出風頭、他喜歡得益，而且他猶豫不決，他既跟隨著劉邦，有時候又對劉邦有所不滿、又有不忠的想法，甚至有造反叛亂的想法，他又不敢真造反真叛亂，就這麼猶豫不決、左右搖擺，又不斷地小有成就以後得意得不得了，又整天在那兒吹乎（吹噓）；就是好出風頭，出到了極點，這也是死地。

貪官就更甭說了，那種貪欲，不管是從科學的角度、道德的角度、法律的角度、紀律的角度、管理學的角度，這種貪污瀆職的人，渾身都是死地，你抓住他一條辮子，他就沒有活路。老子提出了一個非常有趣的標準，尤其是給那些大官、那些所謂有大智的人，甚至是給君王給侯王、諸侯們講的：你們都願意活得好、都願意攝生、都願意養生、都願意長命百歲，那麼你們想一想，你們自己有哪些弱點、有哪些致命弱點，如果每個人能夠認真地想一想自己有些什麼致命的弱點，然後對自己這個致命弱點有所控制、有所克服、有所減弱，哪怕說好出風頭人人都有——這不可能沒有，這我不可能完全做到，但是至少你能夠掌控一下，你不要讓它惡性爆發了，你不要做到天怒人怨、結怨甚多、死地到處都

是，你別到這個程度應該是可以的、是做得到的。老子的這個說法說起來好像很嚴重，但是實際上啟發還非常的大，應該說是不難多少做到一些的。

以恬淡養生

老子底下又有一個說法，用恬淡來求攝生。他提出「要味無味」，就是要吃那些──這也是一個比喻──吃那些味道並不太過於吸引人的東西、要吃那些比較平淡的東西、要過那種比較平淡的生活。他還說「多藏必厚亡。知足不辱，知止不殆」，說你收集的東西、得到的東西越多，你離死或離丟失那些東西就越快；他說你知足就不會受侮辱，因為你沒有那些貪欲。

與攝生有關的是老子講「功遂身退」，《老子》第九章說得好：「持而盈之，不如其已；揣而銳之，不可長保；金玉滿堂，莫之能守；富貴而驕，自遺其咎。功遂身退，天之道也。」這就叫做急流勇退的道理。保持一個滿滿堂堂，且趕不上早早罷手。揣在懷裡，鋒芒畢露，氣焰囂張，這樣的事情是長久不了的。金玉滿堂，誰也守護不住，早晚歸了旁人。因為富貴榮華就猖狂萬狀，你那是自找倒霉！事情辦成了，趕緊退下來，這才是符合大道的最高明的選擇啊！

《史記》上講了不少功遂身退（現在一般講「功成身退」）、急流勇退的道理。為什麼又叫急流勇退呢？因為社會生活、政治生活就像急流猛浪，它推著你捲著你滾滾向前，你常常會感到身不由己，想脫身退下談何容易！《史記》中蔡澤動員范雎下臺那一段話，講得極漂亮。講這個講出了很多故事，一看就是司馬遷的文風，講得洋洋灑灑，就是講這些

例子：到時候該退他不退，造成了一個個不好的乾脆說是慘烈已極的後果。

當然也有好的例子，最好的功成身退的模範的就是范蠡。范蠡當年輔佐越王句踐，把西施送給吳王夫差的美人計都是范蠡的主意。但越王句踐戰勝了吳王夫差以後，范蠡馬上就把西施帶上經商去了，最後他的名字叫陶朱公。舊社會、我小時候每到春節前夕，就有送財神爺的，財神爺就是范蠡的標準像。范蠡功成以後不戀棧不掌權，進入民間系統，當了財神爺、當了陶朱公，經商有極好的效益，還把西施接收了，他的生活多麼聰明、多麼愉快！當然這只是傳說而已。還有張良，沒有他這麼浪漫，又是美女又是到湖上遨遊，遠洋大概沒有去過，但是起碼是水鄉，經常在船上生活，挺有趣的——張良也是比較能夠保護自己，他雖然出了那麼多的主意、立了那麼大的功，成功以後他就不問政事、他不攬權、他不到處伸手。

我覺得中國人的這種思想也是非常有趣的，也有很慘烈的教訓在裡邊，當然現在解決這個問題，不是說用你學老子的方法，現在有任期制，你到時候戀棧也不讓你戀棧了，你該退就退，現在有制度保障，這是非常合理的。功成身退作為一種精神境界來說，說得俗一點，就是四個字：見好就收——在你最好的情況之下，你最好申請退役，留下一個永遠美好的印象；別等到你已經都很吃力了，甚至於走到反面了，不要到那個時候再狼狼地下來。老子的這些想法雖然不完全是講養生的，但是和前邊講的養生的道理也是相通的。當然老子講的是一面的理，我多次說過：不是世界上只有這麼一個道理，也有另外的許多說法，譬如說「鞠躬盡瘁，死而後已」、譬如說「發揮餘熱」、譬如說「小車不倒只管推」等等的這一類說法，表達一種「知其不可為而為之」，表達一種完全忘我的奉

獻精神，我們也應該給予很高的評價。但是老子說的功成身退，並不是指從這種精神上「身退」，而主要的是從名、利、權上退下來，我們要那麼理解就更全面了。

第十講:
老子為什麼求愚非智

為什麼老子喜歡愚

今天我們要講解的是老子的求愚思想和知識論。在老子的《道德經》中有很多涉及求愚思想的論述,也就是大智若愚或者是反智主義。這是今天的人們比較難接受的一個觀點,但在老子的書裡反復出現。

他把「愚」——就是我們現在說的愚蠢、愚傻——當做一個非常正面的詞來解釋,最突出的是在第六十五章裡,他說「古之善為道者」,古代的這些能夠掌握了大道的人,「非以明民」,並不是教導老百姓越來越聰明,而是「將以愚之」,是要讓老百姓愚傻一點才好。「民之難治,以其智多」,老百姓智謀太多就不好管了、管不好了、不聽你的話了,故

「以知治國，國之賊」，如果要是用智謀來治理國家，你就是自己要把自己的國家搞垮，你等於是這個國家的一個蟊賊，你破壞了這個國家。「不以智治國，國之福」，你不以智謀來治國，才是國之福。像這樣的話讓人非常反感，尤其是在我們現在提倡開啟民智、提倡人民當家做主的情況下，說把老百姓弄得都傻傻的、呆呆的，這個簡直太反動了、太不能夠解釋了。所以自古以來就有對老子這個方面非常激烈的批判，因為他提倡愚民。

但還有一些學者解釋說，老子那個時候講的「愚」跟今天說的愚蠢和傻、愚傻，並不完全一樣。那時候的「愚」實際上主要是「樸素」的意思，就是提倡人要淳樸。因為我也沒有在幾千年前生活過，所以我也判斷不出來這樣說對不對，可是我覺得因為老子另外還在大量的地方講「樸」，所以「樸」和「愚」並不完全一樣，要是完全一樣，他講「樸實」就完了，但他講的是「愚」，所以這個愚的問題還是值得我們來考慮的。但有一條我覺得容易判斷：你讓老百姓愚，我認為這是不可原諒的、不可接受的，但是對老百姓你別耍心眼、你別耍花招，對老百姓你不要弄很多的智謀，讓老百姓摸不著你的底、讓老百姓永遠處於一個被動的地位，我覺得這個道理是對的。

因為各國都是上行下效，如果你上邊空談，這一國都喜歡空談。這我可是見過。如果你上邊喜歡鍛煉身體，這一國就都喜歡鍛煉身體，比如拉美國家喜歡踢足球，有的拉美國家甚至規定競選總統的候選人必須踢過足球、當過足球運動員，證明你的品質、你的身體健康、你的氣概夠得上總統。就像吳王好細腰，喜歡減肥，宮女都要餓死，為了減肥都一個個餓死了一樣。上邊喜歡空談，底下全都空談，這樣的例子太多了。當年蘇聯的時候，我到烏茲別克斯坦、到塔什干參觀一個博物館，那兒有看車的，有兩個看車的小夥子，因為沒有幾輛車在那兒，所以他們很

寂寞，我因為在新疆學會維語——維語和烏茲別克語就像天津話和北京話一樣接近，我就跟他們聊了兩句，我一聊他可來精神了，不讓走了，他跟我聊、跟我談起世界形勢了：我們熱愛和平、我們不喜歡戰爭，但是美國要把戰爭加在我們身上。我心想他看車的，跟我聊這個幹嘛？這是一個風氣。所以上邊不要好智謀，什麼事本來能夠兩句話實話實說，就可以辦完的事，你弄很多的花招，這樣的話，你的老百姓也會變成這樣。從這個意義上說，老子講的我們今天的人容易接受。

還有一個問題就比較複雜，他說「民之難治，以其智多」，就是說老百姓的智謀越多，你越難以管住。有這種想法的人還不僅僅是老子，全世界古今中外都有這樣的想法，愚民的思想也是源遠流長的。民國時期有一個軍閥，他治軍的主要經驗就是不能夠讓兵閒著，沒事你就給我跑步，沒事你就給我正步走。為什麼？一閒著就容易出思想問題了。

我去過南非，我見過黑人領袖納爾遜・曼德拉，他坐過監獄，他在監獄裡頭一件很重要的事，就是來回地搬石頭，今天要你把石頭搬到那兒去，搬了仨月搬過去了，然後從第四個月開始，讓你把石頭再從那兒搬回來。你說是為了鍛煉身體嗎？客觀上起鍛煉身體的作用——放風、鍛煉身體，但是其中有一條就是不讓你閒著，讓你頭腦越簡單越好，所以說這種愚民思想確實是有它的道理。但是愚民思想也給很多社會、很多民族帶來許多不幸的教訓，因為愚民的結果是各個方面，尤其是科學技術上、國防技術上、生產管理上、企業管理上，都跟不上人家，你老處在一個落後的地步。

我們本來是不能夠接受這種愚民的說法的，但是我們可以討論一個問題，這個問題在老子那裡更麻煩，因為古代中國這個「智」字，就是矢、口、日，和「知」字，矢、口，不帶日的，是同一個字，所以有的

時候它是講「智」，有的時候它是講「知」，老子主張你不要把過多的力量放在求知上，更不要用過多的力量去玩弄手段，而回過頭來就是還是讓老百姓自自然然地生活，該打魚的打魚、該捉蝦的捉蝦、該種瓜的種瓜、該養牛的養牛，他認為這個是最理想的生活。相反，如果你在國內耍很多的智謀，然後整天把大家教得都在那兒動心眼，這個不是好事。你不能說這話完全沒有道理，看你怎麼掌握這個分寸了。

可是現在又有這麼一種說法：中國的哲學——中華的文明，它的特點是比較早熟，就在歐洲和美國當時的文明還沒有怎麼形成的時候，中國的文明已經形成了自己的一套，所以非智或者反智，從後現代的觀點來看，多少沾點邊兒叫「文化批判主義」，這是種「後現代」思潮，就是質疑文化給人帶來的是不是都是幸福?文明給人帶來的是不是都是幸福?

現在有一批學者從負面的觀點上來看文化帶來的東西，這種說法已經很普遍，在座的一些朋友也許都聽到過，說現在的人身體健康已經不如古人了，因為現在生活條件太好了，尤其家裡有空調冬天不冷、夏天不熱，適應自然環境的能力大大不如古人。在無菌少菌的環境下生活習慣了，人的免疫力會大大降低，我們有時候碰到這種情況，在某一個衛生條件特別好的地方生活了三年五年，等到回到故鄉那個衛生條件稍微差一點的地方，很快就得病了，確實免疫力不如過去了。另外，城市的生活、高科技含量高的生活也帶來了各種各樣的污染，這種精打細算的生活也造成了人的思想品質中某種負面的東西。甚至於還有這種數字：我看一個材料說，英國由於電腦的流行，很多兒童缺少戶外活動、缺少陽光照射，因為陽光照射可以幫助人把膽固醇分解成維生素 D，缺少維生素 D，身體、四肢的鍛煉也不夠，許多的病就此產生，這個數字觸目驚心。還有研究人員說由於城市生活的各種條件和由於競爭激烈緊張，

現在許多男性的精液裡邊精子的含量已經越來越低了，要這樣下去再過個三五十年，人類就快絕種了。

這可能是比較誇張的說法，但說明我們看到了生產力的發展、科技的發展、文明的發展、文化的發展，給我們帶來了無限的可能性，同時我們也看到發展、技術、科學會不會也帶來一些麻煩、帶來污染？再譬如說像「克隆」（複製）這樣的知識，有一些人文學者對「克隆」就深惡痛絕。當然這個問題我們今天無法在這裡講清楚，這也不是我的知識所能達到的。有一些人認為克隆的結果就是知識發展的結果——「國之賊」也！這種克隆的技術將來會帶來不知道多少問題，會帶來倫理上的問題、會帶來生命上的問題。所以有時候大家又覺得老子的說法有道理，看從什麼角度上講，如果說你已經非常現代化了，你的科技知識普及得不得了，你什麼事都用電腦，那麼你要回過頭來反思一下這些科學、這些技術、這些工具、這些電腦，對人類造成了哪些損傷、哪些傷害？我們應該怎麼樣留其利而防其害？也許這樣的反思是必要的，是對人類有益處的。

至於說批評電腦，到現在對電腦的爭論仍然非常多。當然這是一個教訓：當年美國開始研究電腦的時候，蘇聯說這是偽科學、是反動，說是因為用機械來模仿人腦的思維活動，從理論上說就是資產階級反動派的主張。這個說法顯然是站不住的，是把科學技術意識形態化了，是自己封閉了自己。所以蘇聯當時不允許研究電腦，這是當年蘇聯辦的傻事，我們不能夠贊成這個。但是至今電腦對人是有好處還是有壞處，仍然有爭執。在美國有一些左翼人士就告訴我，一見著電腦就說「我最恨它們，我最討厭的就是電腦」。他認為電腦把人的生活弄得非常的無趣。中國的電腦科學技術發展是比較晚的，但是中國的寫作人用電腦的比例非常大，相反，日本的電腦非常發達，有一次有一批日本的作家——日中文化交

流協會的，像什麼井上靖、水上勉一大批人，我們一塊兒聚會說起電腦來，他們就說日本是電腦很發達的一個國家，但是他們這批作家誰都不用電腦，這是對電腦爭論的一個例子。

對汽車的爭論也是，西方世界至今都有人反對汽車。我還認識一位很有名的學者，他因為前兩年批評中國的文學都是垃圾而著名，就是德國漢學家顧彬，他不開車，他到哪兒都盡量步行。有一次他邀請我們到他家裡去吃飯，在波恩，他步行我還湊合小跑能跟上，我老伴簡直已經快不行了。那次走的距離我想起碼有八站到十幾站這麼一個距離。如果要按老子的思路，跟這些思想就暗合，就是發展那麼多技術幹什麼？掌握那麼多知識幹什麼？人本來在天地之下是生活得非常愉快的，你搞那麼多新鮮花招幹嘛？

有些人嘲笑科學和技術，認為這些科學和技術的發達從另一面來說減少了人的身體功能。毛澤東主席年輕的時候信奉一個口號，就是「文明其頭腦，野蠻其體魄」──頭腦應該文明，但是體魄──你的胳膊腿應該向野蠻人看齊：你敢於跳到冰水裡頭，你也不怕冷，大太陽底下你也不怕熱，找著好吃的了你足吃，餓三天也不害怕。毛主席年輕的時候信這個。所以老子對愚和智的問題雖然有許多論斷不可接受，但是我們還是感覺到他有他的那一部分道理。這一部分道理如果我們能掌握，對於我們今天正確地對待現代化、正確地對待科學和技術，重視我們自身體能和體質的鍛煉，重視那些最原生、最樸素的文化成果，是有好處的。

不出戶，知天下

《老子》裡有一段話，引起的爭議會更大。《老子》第四十七章裡說

得非常玄乎：「不出戶，知天下。」就是你連門都不用出，就在屋裡頭，天下事就都知道了。「不窺牖」——牖就是窗戶——「見天道」，我連窗戶都不打開，我不從窗戶裡頭看天，但是我就知道天、知道天道，我就知道「天道」是什麼，用不著我打開窗戶去看，我有直覺的視覺的反應。「其出彌遠」，出門你走得越遠，「其知」或者是「其智彌少」，你走得越遠，你見的東西越多，你就越傻。「是以聖人不行而知，不見而明，不為而成」，又是一種極端理想主義的玄妙，聖人不親自去看，我們說耳聞不如目見，他說用不著，不用親自去看，你就知道了或者你就有智慧了。「不見而明」，我眼睛並沒有看見，但是我就明白你是怎麼回事。「不為而成」，我也沒說我一定要幹什麼，但是這事辦成了。

這個說法是不是有點神乎其神？有點難以接受？和常人、常識、常理是相違背的，所以更看到了這種反智主義或者非智主義的源遠流長。要表面上看，這些話我們就可以很快把它否定掉，因為不符合唯物主義，唯物主義認為人的認識是對客觀世界的反映，你越瞭解這個客觀世界，越介入這個客觀世界，你對這個客觀世界知道的也就越多，你也就更聰明更明白，你也更有見識。我們說見多識廣，讀萬卷書行萬里路，而你把自己綁在一個房間裡頭，連窗戶都不開，這樣的人他能有什麼知識呢？

但是我們要細細地想老子那個時代，他立論的那個時候，諸子百家、治國平天下，講的都是舌燦蓮花、天花亂墜。這個時候老子要立論也要講點兒絕門，要講點兒與眾不同，要講點兒刺激的，所以他這話說得非常的極端。但是從這個最極端的說法裡他涉及一個問題，就是智慧和知識並不完全是一回事，智慧是一個綜合的能力，知識是可以量化的。比如說：我知道這個、我知道那個——這只是知識，智慧是一個綜合的處理。知識越多智慧準就越高嗎？你知識多，你走了萬里路，你知道很多

遠處的知識，你拿來能被本土所消化、所使用嗎？究竟是從萬里之外蒐來的知識有用，還是你當地的土法上馬（以土法煉鋼的方式進行）更有用呢？這個問題可就深了。

人常常會在常識上犯錯誤

有些大人物之所以犯錯誤，恰恰不是由於哪個稀奇古怪的知識他沒有，或者哪個最高深的知識、離他最遠的那個知識他沒有，恰恰是那個最簡單、最常識、最大實話的知識他沒有。我們知道當年毛澤東主席對王明有許多的批評，對所謂左傾機會主義──現在我們不大談這個人了，因為這個人物早期的──這些黨的活動家到底怎麼評價是另外的問題，但是毛澤東當時批評王明講得很有趣，我找不出原文來念，大概的意思是說王明其實也沒有什麼，就是有三件事他不知道：第一，他不知道打仗會死人；第二，他不知道人要吃飯；第三，他不知道要是轉移陣地的話要行軍、要走路。因為相對毛澤東來說，王明接受了更多的蘇式教育，王明看列寧的著作都是從俄文、從原文來看的，所以他是非常蘇式的，他是按蘇聯、共產國際的那一套來要求中國共產黨。而毛澤東主席跟他相比，是更多地根據中國的實際情況。跟毛澤東相比，王明是非常洋的，是非常的蘇式，而毛澤東更多的是按照中國的實際情況來弄，所以王明鬧了半天和中國的實際情況並不一致。

毛澤東主席在五十年代的時候還曾經和一部分年輕人講話，他問年輕人什麼叫經濟、什麼叫政治、什麼叫軍事？年輕人當然不敢在毛澤東面前妄言了，就說我們說不好，請主席給講一講。毛主席怎麼講經濟我忘了，但他說：什麼叫政治，政治就是你團結的人越多越好，讓反對你

的人越少越好。什麼叫軍事，他回答的更是大實話，他說軍事很簡單，簡單說起來就是打得贏就打、打不贏就跑。都是大實話。當然了，你別說軍事，就是街上打架也是一樣，一個壞人你明明打不過，讓你去打你要犧牲，所以他說打得贏我就打，打不贏我就跑，吃虧的事我不幹，這才是軍事。

要本土化而不能過分遠洋化

他就是用這種土的道理、用這種人民群眾的經驗、用本地的這些經驗來取代那些大的來自遠方的進口原則。毛澤東在延安許許多多次講這個，他諷刺那些言必稱希臘的教條主義者。

這裡是有這個問題，比如說我們中國確實有許許多多名人不但出了戶——那些人當然也有他們的可愛之處，到了國外有的變成了蘇聯派、有的變成了美國派，認為把蘇聯的那一套或者把美國的那一套拿到中國來一實行，中國就會強盛起來，人民就會幸福起來，中國就能做到現代化。但是事實證明真理恰恰要在本地做起，關鍵是要把你的學問實際化、本土化。所以老子的話表面上看非常的荒謬：「不出戶，知天下。不窺牖，見天道。其出彌遠，其知彌少。」「不行而知，不見而明，不為而成。」這個道理就是說：我們一切的知識、一切的智慧，要從你腳下的土地做起，要從常識做起，要從最實際的長短利害得失考慮起，所以毛澤東把軍事解釋成打得贏就打，打不贏就走。

我覺得老子話裡的意思要從這方面理解，他是有他的可貴之處的。老子的這些話就是讓我們不要被洋教條唬住，你不要被萬里之外的十萬里之外的一個什麼新鮮的說法嚇倒，你要把它消化，要講本土化、民族化。

不應該是無知的本土化而是學貫中西又立足本土

如果從這個角度上來考慮問題，老子一點也不過時，但是他說得太誇張了，我們今天希望的是一個人能夠對世界高端的知識有所瞭解，不但要知道幾大洋幾大洲而且要知道外層空間，還要知道上古、知道白堊紀、奧陶紀，你還要知道海水的深處，知識越多越好。同時操作任何事，要實事求是，要從腳底下的土地做起，要三貼近：貼近生活、貼近實際、貼近群眾。要是我們這樣來理解，就不會簡單地把老子這篇話當做一段胡說，或者把這段話當做是純然的反動。

我們平常的一些常識和老子非智、反智的某些說法是有共鳴的，起碼不是完全相違背的，當然我可以再次強調我們不全面接受老子的非智思想，相反我們還要說科技興國，還要重視教育，要啟迪民智。我們中國人絕不是嫌自己太聰明了，而是嫌自己的知識還不夠，還不符合現代化的要求。

牛頓挖兩個貓洞

我們平常說「大智若愚」，在老子的書裡沒有這四個字，但是它有另外的一些詞非常像「大智若愚」。他講「大成若缺」，就是大的完成、大的成果，好像總缺點什麼。「其用不弊」，雖然它若缺，但是你用起來它是沒有完的，它永遠能夠對你有意義、永遠能發揮它的生命力。「大盈若沖，其用不窮」，大的充實反倒顯得虛空，反倒這也空了、那兒也空了。「大直若屈」，你最大的直爽、直率、道德——直字在古文裡頭和「德」

字是相通的——反而顯得有點曲裡拐彎，顯得還有點不夠耿直。「大巧若拙」，大的巧好像是笨。「大辯若訥」，特別善於辯論的人，別人聽起來他的口才並不好。

然後就有了我們今天所說的「大智若愚」，要想找大智若愚的例子特別的多，這也怪了！連牛頓都有流傳說他養了兩隻貓，一個大貓一個小貓，他就在窗戶上給貓挖貓洞，咱們養貓的人都幹過這個，他挖了一個大洞挖了一個小洞，他的朋友來了說：你這幹嘛呢？他說，我這兒挖貓洞呢，朋友問：你幹嘛挖倆洞？他說大貓走大洞小貓走小洞，朋友說一個洞不就行了嘛，他說大貓走小洞牠過不去。他就忘了這小貓可以走大洞，他只是想到大貓不能走小洞了。這我聽著都有點不信，好像就連我三五歲的孫子都不會犯這個錯誤，這牛頓真大智若愚了。

還有一個牛頓大智若愚的例子，那個時候可能還沒有這種什麼瑞士錶、日本精工錶，沒有這些東西，那時候是用懷錶，據說牛頓煮雞蛋，把懷錶當雞蛋放在鍋裡頭，當然這錶也就壞了。這個例子容易理解，他太專心了，在研究什麼問題，恰恰雞蛋旁邊有一個懷錶，懷錶捏起來也是圓形的，他以為這是雞蛋，就給煮到鍋裡去了。前一個例子，我覺得從這個意義上來理解，正好「大智若愚」就是「大成若缺」，牛頓的智慧是「大成」，他研究的是宇宙的幾個定律、關於運動的定律、關於慣性的定律、關於作用與反作用的定律，他的腦子在這兒呢，至於挖倆貓洞，是不是還有什麼審美的因素？或者他習慣於秩序，認為這是車行車的道、人行人的道，各行其道，按照交通警的那個規則：大貓你走這洞，小貓你走那洞，省得牠們倆擠在那兒怎麼辦呢？牛頓一定有特別可愛的思想，他認為就應該給貓挖兩個洞。

反過來我要是跟牛頓套套瓷（拉關係），我說他老人家好奇我這裡挖

倆洞，我這個窗戶大，我挖八個洞都沒關係，我再弄兩個更小的洞給黃鼠狼留著，這就沒有大的關係。其實很多大學者、大學問家、大科學家，他們在日常生活瑣事當中都不是太靈光的，有很多這類的故事，說愛因斯坦吃完飯打的（坐計程車），人家問他：您上哪兒啊？他不知道他家的住址是什麼，他說這我得問問，他趕緊借一個電話，那時候還沒手機，他借一個電話找著了自己的秘書，說你告訴我愛因斯坦的家在哪兒？那個秘書說：對不起先生，愛因斯坦家保密。他說我就是愛因斯坦，你不知道嗎，你跟我還要保密。這種事並不新鮮，我看過很多這樣的人，一個人說不準自己的樓號和層號還有地址，甚至於說不準自己的電話號碼，而且表示因為我很少給我自己打電話，我都是給別人打電話。

智者的放棄

所以這種大智若愚和大成若缺的人，一定要有所放棄，不能大事小事一律精明、一律門兒清（清楚），不要認為人什麼都能明白。從這個意義上，老子講的非智、反智又有它的好處，就是在知識和智力的問題上永遠要謙虛，哪怕是愛因斯坦、哪怕是牛頓也有犯迷糊、犯糊塗的時候，也有無知的時候。

「大成若缺」還有另一面的道理就是小的成果，越小的成果越容易完美無缺。比如說作一個日本人最喜歡的俳句，它是五、七、五，十七個字，噔噔噔噔噔，噔噔噔噔噔噔噔，噔噔噔噔噔，它就十七個字，你可以做得完美無缺，有許多著名的俳句詩人。現在日本有些地方還專門有一個郵箱，這個郵箱就是讓你把你寫的俳句放進去，然後每個月評獎，評獎以後弄好了你還能得個幾萬日元獎品或者獎金。這個你可以做到完

美無缺。但是一個幾百萬字的長篇小說，就不可能完美無缺了，就是《紅樓夢》也有許多所謂硬傷（無法自圓其說的知識性錯誤），有人統計過，譬如說書裡邊的年齡不對，生日不對，這樣的例子也非常多。所以老子講知識永遠不是完全的，也不是萬能的，智慧也永遠不是完全的，你必然會有顧此失彼所謂抓了東邊就誤了西邊的這種現象。這也是我們理解老子關於非智思想的一個途徑。

學然後知不足

老子在第四十一章裡頭還說「明道若昧，進道若退，夷道若纇，上德若谷」，我就不一一地念，因為它太多了，這一類同樣的造句的方式，他說的是什麼意思呢？就是你越明白，越顯得有點昏暗，學問特別大的人，就不會顯出你學問特別大，你知道的事越多，就越知道你所不知道的東西很多，那麼當你認為自己有許許多多的東西不知道的時候，你就牛不起來了，你就不會到處顯擺你自己了。這樣的論點對人的意義也非常大，而且古今中外都有過這一類的論點，這也有一種辯證的思想在裡邊。

在《禮記》上就已經有這話，「是故學然後知不足」，現在在我們這裡也變成一句成語了，我們說「學而後知不足」，《禮記》上的原文是說「學然後知不足」，因為你越學就越知道知識的大海有多麼廣大，而你知道的那點東西實際上微乎其微。

孔子也有類似的論述，我們都是耳熟能詳的，孔子說「知之為知之，不知為不知，是知也」。這個話說起來也很簡單，就是你不知道的事千萬別假充內行，你千萬別冒充知道，你冒充知道你就開始丟人，你的公信力就會降低，你辦的事就可能辦砸，你如果是在封建社會給皇上當差的

話，你不知道卻說知道，這就叫「欺君之罪」，耽誤事，弄不好能掉腦袋。

所以最知道的人、真正有知識的人，就是我知道什麼就是知道什麼，我不知道什麼就是不知道什麼，尤其是承認自己有所不知。

同樣的話，到了老子這兒又有另外的一些說法，他說「知不知上，不知知病」，什麼叫「知不知」，就是知道許多東西自己並不行，自己並沒有那個知識，千萬不要以為自己什麼都懂，這是不可能的。這樣的是最上等的選擇，這是一個人的精神境界比較靠上、比較高尚的一種表現，就是知道自己有許多東西不知道。而「不知知病」，是你沒有知道多少，我們所說的一瓶子不滿半瓶子晃蕩，這種情況之下你還要表示你什麼都知道，這是一種病、是性格上的弱點，甚至於是你身上的一個病灶，弄不好變成一個致命的弱點、變成一個死地，這都有可能。

老子始終反對一個人什麼事都往前衝，他是主張該退的時候退、該收縮的時候收縮、該低調的時候低調，所以也可以說老子的哲學在很多地方是一個低調的哲學。在「知」的問題上他也是特別提倡低調，他認為過於高調的人很可能要自取其辱、很可能要自找倒霉。

以嗇治天下

老子在第五十六章裡還說「知者」或者是「智者不言」，就是我知道的事我就不多說了，我越是知道就越不多說了。「言者不智」，說得過多的人不夠聰明、不夠智慧，或者是說得過多的人對所說的事其實不懂，他並不知道。這個說法也很有意思，這裡不但對人的「知」或「智」希望有所控制，低調一些，希望適當潑一點冷水：你千萬別以為你什麼都知道，他對「言」也控制，就是你說話、你講話、你發表見解應該保持

慎重的態度，越是有知識有智慧的人越不會過於隨便地胡說八道，你應該把你的話語減少到最少的程度。

老子在另外一個地方講「治天下莫若嗇」，「嗇」就是吝嗇，所以在說話這個問題上也應該比較吝嗇。在英語語言文化裡邊也有類似的說法，比如說「沉默是金」，這個也是指在許多情況之下多言是不智的。

所以在第五十二章裡老子又講一個道理說：「塞其兌，閉其門，終身不勤。開其兌，濟其事，終身不救。」「兌」就是指人的五官，他說得又非常誇張，讓我們不見得那麼容易接受，他說你把你的五官帶口的地方都堵上，然後把你的門戶閉上，這個門戶你可以解釋為心靈的門戶，就是說我不隨便接受外界的有害信息，我自我進行封閉式管理，這樣的話「終身不勤」，這個「勤」不是勤奮而是不盡的意思，你的精力你的學問就永遠用不完，因為你不濫用、你自我進行封閉式管理、你把眼睛閉上了、你把耳朵堵上了，即使不堵也不那麼有心去收聽外界的信號。這個在特定的情況下也是有意義的，比如說「非典」流行那時候，我們戴口罩這也是「塞其兌」，把嘴和鼻子起碼先堵上點兒，讓它隔離一點兒，所以「塞其兌，閉其門，終身不勤」，這個在特定的情況下也有它的道理。「開其兌，濟其事，終身不救」，你什麼信息都接收、什麼刺激都吸取，然後你辦什麼事還要往上加碼，這種情況之下「終身不救」，反而不可救藥了。

抵禦有害信息

我想在老子那個時代，雖然既沒有上網也沒有電腦也沒有很多現在這些信息的來源，但是那個時候天下大亂，諸子百家談什麼的、提倡什麼的都有，每個人都在那兒吹，就跟一個小市一樣，就跟一個自由市場

一樣，都在那兒兜售自己的貨色，如果你什麼都聽、什麼都信，你變成了大傻子了。

所以自古以來，我們有一種像老子這樣雖然偏向於消極、雖然不能夠全部地接受下來，但是有這麼一種類型讓你保護自己、讓你少接受有害信息、讓你不要隨隨便便地跟著別人的屁股走、讓你能夠把什麼事從常識從實際從腳下做起、讓你低調地處理一些問題、讓你說話也少說一點，我覺得這畢竟是老子的一種智慧，也是老子大智若愚的地方。

當我們談到老子有的時候對智力對知識有一些貶低的時候，這個問題和我們國人及中國的古人對待問題的思路是有關係的，我們的文化傳統比較重視的是整體、是根本、是本質、是品質——有的叫素質，重視的是品格，相對來說，我們不太重視具體的、分科的東西，這點和西方的文化非常不一樣。西方文化喜歡的就是把什麼事弄得非常具體非常明確，譬如說醫學，西醫分得非常清楚，不但有內科、外科，然後內科裡頭現在還又分了屬於泌尿系統的、屬於循環系統的，就是心臟也還專門有看血液科的大夫……分得非常的複雜非常的具體。而中醫更喜歡說陰陽二氣，陰陽五行的相生相剋，所謂從根本上解決問題，強調全身調理，不是說你頭疼了就給你吃點去痛片。

傳統文化中的非智基因

對知識的問題也是這樣，我們民間也有這種東西，一個就是把知識看得比較具體，所謂什麼演算、農桑都是非常具體的東西，認為知識多一點少一點不影響這個大局，而人的精神境界、人的品質、人的和大道融通的程度，這個是解決根本問題的，如果你掌握了大道，這點事自然

迎刃而解。所以這種求學的思路確實也非常有趣，我們今天只能說各有長處，各有各的優點。

我們有一種把智力和人的德行、人的品格對立起來的情形，我們在民間故事裡頭也常常聽到這種故事，比如說一家有兩個兒子，老大傻、老二壞。傻人都是好人，傻人都是不會說瞎話、不算計別人、不會動心眼的，老吃虧，又肯吃虧又誠實，這樣的人當然就是好人。而那個老二心眼特別多，什麼好處他都想攬到自己的手裡，這樣的老二結果聰明反被聰明誤。這也是非常有中國特色的一種故事，雖然在國外也不見得沒有，就是把智力和智慧、品質在某些時候對立起來。

但是反過來說這個話，又說不通了，因為老子兩千多年前寫的《道德經》就是大智的產物，當我們說大智若愚的時候，可是沒有說只有、必須愚，方為大智。大智若愚表面上看，有大智慧的不會事事顯出自己的精明，甚至於有些時候他寧可放棄、寧可不過問、寧可退讓，這個是可能的，大智若愚不是愚了才能大智，不是這個意思，那麼解釋不行。

這種只抓根本的思路有很大的好處，起碼在思維上能給你一種滿足感，就是說我通過研究大道、研究大德、研究什麼「修齊治平」，我找到了、我抓到了牛鼻子，我能夠解決世界上的一切問題。它給你一種非常大的滿足感，但是也耽誤事，因為有些事情是很具體的事情，用抽象的籠統的道理解決不了。

你把智用到了什麼地方

老子那個時候所以提倡「愚」，老是譏笑嘲笑甚至於貶低「智」，還有一個原因就是由於當時春秋戰國互相爭霸的局面，使老百姓沒法過上

正常的日子，也就是說離和諧越來越遠，離紛爭越來越近，所以他看到人的智力都用在什麼地方上了呢？都是用到了紛爭上，我要害你、你要害我、我要騙你、你要騙我、我要讓你上我的當、你要讓我上你的當，老子看到的太實際了，他覺得人還不如傻一點呢，你說一就是一、說二就是二、說吃咱就吃、說喝就是喝。如果是一個和諧的正常的社會，大家安居樂業，而且大家為了求更好的生活而去想一些好的技巧，想多得到一點知識，把知識和技巧放到發展生產上、放到改善生活上、放到提高人民的生活質量上，那個時候這個「智」就是非常可貴的。

在中國的古代歷史上，「智」往往會和陰謀混淆起來，這其實不是一般的「智」，他所說的這個智那個智就是陰謀，相反他沒有別的智。我們在歷史上看到的是：我們缺少那種真正為老百姓謀福利的「智」、怎麼樣發展生產的「智」、怎樣改良人們的醫療狀況為人治病的那個「智」，這種「智」不被提倡，而提倡的是一種陰謀的「智」。老子對這種帶有陰謀家色彩的「智」深惡痛絕，他簡直是憤怒極了，所以他為了和這種陰謀家的「智」作對，就提出一個相反的概念「愚」，但是實際上有許多地方又不是用愚能夠解釋的，譬如他說的「大成」，他說的「大直」，還說了一個「大巧」。「大巧」跟「愚」是完全矛盾的，說「大巧」反倒顯得像拙笨──平常我們說詞有「小巧玲瓏」，小的東西我們容易說它巧，我們說一個人長得個兒不太高也說是小巧玲瓏，這個是可以的，相反的我們沒有「大巧」這個詞，好像大了就應該笨一點才顯得有大氣。大了又非常巧，顯然你就並不大。

中國是一個喜歡「大」的民族，我們是泱泱大國，我們講究大方、大氣、大度，所以我們對這種「巧」的東西有時候抱懷疑的態度，但是老子承認「大巧若拙」，說明他並不一味地提倡「愚」。

第十一講：
小國寡民的烏托邦

老子的非大國主義

今天我們討論的問題在老子的書裡也特別有名，「小國寡民」這四個字今天看來，有點出乎意外，因為今天我們不知不覺地趨向於追求大國、強國，追求進步、現代化、國際地位等等。小國寡民，豈不是國微言輕，自我貶損？尤其他後邊說的「雞犬相聞，老死不相往來」，就是我能聽見你們家狗叫，你能聽見我們家雞打鳴，但是我們直到老死，互相沒有什麼來往。他這個說法挺有趣，也挺怪。怎麼可能過互不往來的寂寞清冷的生活呢？

老子在第八十章裡說「小國寡民。使有什伯之器而不用」，就是說我有各式各樣的、成十成百的各種器具各種機器，我不用。這一聽又有點怪，這什

麼意思呀，不用工具、不用機器？這個在《老子》裡寫得不夠充分，但是莊子編了一段故事：說子貢看見一個老頭澆菜地，澆地的時候挖一條路，往下挖，他抱著一個大甕，就是一個大罐子，口小肚子大的罐子，下去打上一甕水，然後抱上來澆在地裡。子貢就說，你幹嘛不用桔槔？桔槔就是一個簡單的槓桿，一頭粗一頭細，粗的這頭很重，細的這頭弄一個水桶，把它往下一拉，把水舀上來，然後一倒，最簡單的一個機器；因為那邊比較重，你一放手，它就輕輕地上來了，就這麼個東西。這個老農就說，這個我知道，「吾聞之吾師」，我老師告訴我，這很容易做。但是你用了機械，就有個「機事」，比較動腦筋的一些事，有這機事，就必有機心，這樣的話你心眼就複雜了，心眼要複雜了，「純白不備」，你不純潔了，你這人就不天真、不純潔了。他說，我寧願慢慢地就這麼一甕一甕的、一罐子一罐子地澆水，我也不用機械。

　　這個說法在今天人看來是相當怪異的，也有的學者、有的朋友們說：中國為什麼古代有很好的文明，但是咱們科學技術不發達，到了近代我們就顯得非常落後，就因為我們有這個思想——說各種稀奇古怪的機器用多了，人的心眼越弄越多，社會就不淳樸了、就不天真可愛了。

效率與標準化的悖論

　　這個說法你今天會覺得它非常的荒謬，但是就是荒謬的東西當中，也有可以探討的東西。今天仍然有，尤其是在西方發達國家，有新的左派、左翼，他們對現代化、對大規模的機械機器的採用所產生的負面影響，仍然有考慮。

　　什麼都用了機械以後，人就喪失了個性，譬如過去沒電視，一臺一

臺的節目都是活人在那兒演。現在有電視，一下子幾十萬人、幾百萬人、幾千萬人——我今兒早上還看新聞說，美國奧斯卡獎收視率統計，今年增加了百分之六，三千四百萬人收看了奧斯卡頒獎典禮，加上外國那就更多，幾千萬人幾億人同時看一個節目、同時議論一個節目。一方面它是極其強有力的傳播手段，另一方面它就好像喪失了好多的多樣性。

類似的事情還非常多。我碰到過一個問題，就是在西方發達國家的超市裡邊，它那麵包分得特別細，而且都是用電腦控制批量生產出來的，都是按最佳值：裡邊加水多少，加雞蛋或者不加雞蛋，麵粉裡頭麩子含多少、麵筋含多少、澱粉含多少，都是最佳值，各種配料極其精確，火候也是由電腦掌握烤多長時間，出來以後全是這一個味兒，如果說有四十五種麵包，那就一共是四十五種味，再不會增加了。但是你要是個人自己烤麵包呢，這次烤的多點，那次烤的火稍微大了點，四千五百種味都可能，有不確定性，火大了點有火大了點的滋味，你別太焦太糊，火淺一點有火淺一點的滋味。所以對機械、機器的大規模使用、對最佳值，有些學者對它們抱質疑的態度。

但是你擋不住這個，我也明確地說，你質疑歸你的質疑，他這麼幹照舊這麼幹。因為對於經濟來說，它又有效率又能夠標準化，又能夠生產出好產品來，又能節約大量的人力，所以任何人想阻擋也擋不住。但是提出這個問題來，說我有機器我不用，老子夠超前的，他幾千年以前就提出這麼一個奇怪的論點，這個論點值得咱們琢磨。

老子的非發展觀

你照搬不行，你別說老子不能照搬，搞什麼都不能教條，革命導師

教導你都不能教條，更不用說老子了。所以咱們就是琢磨他講的這個道
理。

老子下面接著說：「使民重死而不遠徙；雖有舟輿，無所乘之；雖有
甲兵，無所陳之。」他說老百姓「重死」，重死的意思就是對自己的生命
特別能保護，所以他不願意上遠處去，你有船、有轎或者是有車，轎車
——這「輿」我還沒弄清楚一定是指轎還是指轎車——但是我不用，我
坐車幹嘛，挺遠的地方，挺累得慌的，水土又不服；「雖有甲兵」，雖然
有武器，我不把它拿出來，不把它陳列出來，那甲兵就是收在倉庫裡、
百年不用的東西。

這又是他的一個幻想，這個幻想裡，咱們從缺點上來說，它顯得咱
們老祖宗也夠保守的，他沒有開拓精神了，他也不能發展生產了，他和
咱們現在講發展是硬道理（最重要的事情）就對不上茬（不相符）了。但是
咱們如果硬要從這裡頭找點好的地方，起碼有一條，咱們中國自古沒有
殖民主義傾向，咱們「安土重遷」。哪兒好？就是我家鄉好！咱們中國人
真是，現在你到任何地方，所有人都向我宣傳「我這兒最好」，說是：老
王你買個房，住在我那兒，不行我們給你買去都行。所以他不開拓，他
不殖民，同時他也不打仗。這是理想的，其實在西方傳統思想當中，也
有類似的諺語，比如說金窩銀窩不如自家的草窩。

老子又說「使人復結繩而用之」，我們知道古代沒有文字的時候，是
結繩記事，現在咱們回過頭來提倡結繩，就走不通了。但是我們也想一
想，現在西方尤其是發達國家，也在討論一個問題：信息爆炸、知識爆
炸，爆炸了以後你什麼都知道了，最後就等於你什麼都不知道。任何一
件事都有一百六十七種，或者一千六百種看法、一千六百種說法，你知
道得越多，你就越什麼都不知道。

複雜能不能變成簡單

所以讓我們研究「結繩而用之」，現在要從社會管理上來說，這是荒謬絕倫的，說我們國家教育部發一通知，從今以後也不用電腦了，也不用毛筆了，也不用鉛筆了，咱們大家上學就學繫扣，一天多少事，咱們繫幾個大扣。這荒謬絕倫，但是你要從它的哲學意味上來說，你不能說它毫無可思考之處。什麼意思呢？就是世界上最重要的東西是簡單的、是樸素的，真正的學問在於把複雜的問題能夠適當地簡單化。也有一種學問，就是把簡單的問題複雜化。我也常常想要把簡單的問題複雜化，這可也真是學問，我們經常蒸饅頭，饅頭熟了，大家都知道什麼叫「熟了」，沒有一個人對這個有疑義，但是如果要一個學者定義什麼叫熟了，他說饅頭得吸收熱度，吸收熱量多少多少才算熟，咬的時候不粘牙，或者是一點牙不粘也不可能，如果你唾液多了，在千分之一毫克唾液的情況下，它的黏合度低於多少多少度才算熟。你要那麼一研究，最後你自個兒姓什麼你都解釋不了了。你怎麼解釋？我姓王，為什麼我姓王，我爸爸姓王，爸爸為什麼姓王，我也不知道了，我爺爺姓王，那麼爺爺為什麼姓王呢，他萬一要是當時改一個別的姓呢？

老子提倡的不是把生活複雜化，不是把知識複雜化，而是提倡用最少的信息，來解決最多的問題，用最簡單的思維方法，來解決你面對的那些複雜的挑戰。這個想法至少有可愛之處，不見得都行得通，本來這事就挺複雜的，但有可借鑑的地方。

緊縮人際關係

老子底下又接著說:「甘其食,美其服,安其居,樂其俗,鄰國相望,雞犬之聲相聞,民至老死,不相往來。」每個人安貧樂道,都對自個兒的生活挺滿意,吃東西吃得挺香,穿衣服穿得挺美,住的那個地方住得挺踏實,從這些風俗裡頭都能得到快樂,這樣的話,我們互相往來什麼呢?

說人和人之間不相往來,這又是一個荒謬的思想,怎麼不相往來呢?不相往來社會怎麼發展呢?不相往來的話,社會一切活動都沒有了,教育也沒有了、經濟也沒有了、公安也沒有了,嘛都沒了。

但是人和人的關係怎麼樣能夠保持一個最佳的狀態?至少我們可以從另一個角度說:君子之交淡如水、親戚遠來香,國與國也是這樣。國與國之間,譬如說中蘇關係,像五十年代那樣,簡直就是——稱蘇聯我們都不稱蘇聯,稱老大哥,這準是好事嗎?這國與國之間,該保持距離還得保持距離,人和人之間,該保持距離還得保持距離。老子他發現了這點,他提出了這麼一些想法,雖然他說的方法比較極端,但是對我們仍然有啟發。

當代的反全球化思潮

這裡我稍微拉扯一點,因為老子的這些想法是兩千多年以前的,他是針對當時的情況,就是原來的西周到了東周,一個統一的國家,相對來說過著比較簡樸的生活,後來諸侯坐大、天下紛爭、莫衷一是,各種怪招迭起,諸子百家學問也越來越多。在這種情況之下,老子覺得還不

如回去、還不如生活過得簡單一點更好。老子是這麼想，可是他這個思想，和我們現今二十一世紀和二十世紀末的那個反全球化、反現代或者批判現代性的思潮，又有可以互相比襯的地方。我不能說老子反現代化，老子那時候哪有現代化這詞呀！他沒有這詞，但是他這種思想說明，不管怎麼發展、怎麼變化，人老是碰到一些不變的問題：發展好還是不發展好？是增加智力好還是適當地適可而止好？是不斷地滿足欲望好，還是你把自個兒的欲望壓著點，別太放肆了好？這種問題，古往今來永遠存在著。所以現今也有這種思潮，就是：人是不是要不斷地發展？但中國現在還沒有權利談這個問題，中國的發展程度還遠遠不夠，我們還是發展中國家，但是西方已經有這樣的思想家、有這樣的學者提這個問題。

我們也知道每年像開什麼八國首腦會議、開一些大的會的時候，甚至於是 WTO 的會議的時候，都會遭到那些反全球化人士的反對，鬥得兇著呢，意大利還死了一個人，有一年在意大利開八國、七國首腦會議，他們鬧得特別屬害，還死了人。誇張一點說，如果世界上的大人物，多學一點《老子》，會不會總的形勢會好一些呢？

什麼樣的發展才算得上科學

另外，我們從一些小的問題上——「發展」，我們現在說 GDP，它是不是就能解決一切的問題？現在有很多稀奇古怪的說法，我也沒有能力來判斷它。譬如說你要是單純從人均的收入來說，那麼最好的國家是海灣國家，石油太多了，阿聯酋、卡塔爾、沙烏地阿拉伯，它們是最好的，那麼這些國家是不是發展的極致呢？

如果說不發達國家，在中國西藏的南部，從喜馬拉雅山翻過去，有

一個很小的國家，過去是印度的保護國，現在基本獨立了，還沒有完全獨立，就是不丹。不丹的外交事務仍然由印度負責掌握。不丹的國民收入比中國低得多，可能是一半或者還低，但是它的幸福指數，有說是全世界第一的，也有的統計說它是全世界第二的。那個地方的老百姓生活得真是非常的自在，也沒有什麼其他的要求，那個地方連狗都絕對不咬人的，因為狗是公有化的狗，街上都是狗，從來不叫。狗怎麼公有？就是沒有任何人養狗，狗是全民都養，都喜歡狗，見了狗就給吃的，所以對狗沒有私有觀念。你走到大街上——我都碰到這種情況——滿街都是狗，我是非常小心，因為我小時候被狗咬過兩次，我怕狗，但是我也沒辦法，大家都在那兒走，我一腳踩到狗尾巴尖了，牠「嗷」這麼一聲，我趕緊把腳抬起來，牠連睜眼都不睜，牠對人沒有任何的惡意。原來連狗叫、狗齜牙這個現象，它都會跟著社會環境的變化而變化。所以有人說它那兒是全世界最幸福的。

或者還有人說：也不是特別大的國家——瑞士是全世界最幸福的國家。當然了，什麼叫幸福，什麼叫幸福指數，幸福指數可靠不可靠，不能說是大家都是同一個看法。

我們再拉扯一下——這個「小國寡民」的說法，幫助我們從一個側面理解科學發展觀，就是說發展不是單純地看數字，你要單純看數字，中國從人均收入上說，想趕上發達國家，在可以預見的未來看不見，但是我們不能因為這個就灰心喪氣，因為畢竟我們還有我們自己的文化，我們有我們自己生活的方式。所以這「小國寡民」雖沒有太足夠的可操作性，但是有思辨的價值、有補充的價值。

人類能不能返璞歸真

　　類似的這種對小國寡民的幻想，還不僅僅是在老子那個時代有，從來在中國，乃至於在外國都有這麼一種想法，就叫做返璞歸真，就是希望回到人類文明早期的那個狀態，而不要弄得社會管理、科學技術、從住房到穿衣都這麼複雜。其中比較有名的在中國就是對「桃花源」的幻想，晉朝的時候，大詩人、也是歸隱田園的陶潛——陶淵明，他寫了一個〈桃花源記〉膾炙人口，至今人們仍然為之神往。他說一個武陵人捕魚為業，順著小溪走，忘了路之遠近，看到了桃花林，看到的地方這麼漂亮、這麼好，走進了桃花林以後，看到一個山，山有良田、美池、桑竹之屬，阡陌交通、雞犬相聞——這個很有意思，「雞犬相聞」，陶淵明也用了雞犬相聞這四個字，和老子說的一樣，可能是受了老子的影響吧；男女衣著悉如古人，他們穿得還都是最古老的那種服裝，見漁人大驚，說你是從哪兒來的？然後招待這個漁人，又殺雞作食，設酒——酒宴，他們都是自己釀的酒，絕對不可能是 XO，也不可能是茅臺了。然後告訴漁人，說他們當時是在戰爭中避秦時亂，就是為了躲避秦朝時候的亂局——他指的是秦始皇的暴政，還是秦朝統一中國所付出的那個代價，這我就說不清楚了——所以他們就跑到這兒來了。「不知有漢」，他們說不知道秦已經結束了，已經有了漢朝了，「何況魏晉」，更不知道還有什麼魏晉南北朝這些了。漁人覺得這地方特別可愛，漁人離開了以後又有很多人去找，再也找不著了，所以有世外桃源之說。世外桃源令人嚮往。

　　譬如說我們現在都知道一個詞「香格里拉」，現在北京阜成門再往西邊走，海淀區有香格里拉飯店，世界各地都有香格里拉飯店。這香格里

拉據考證說最早是藏語，它的含義好像是美麗的月亮，現在雲南還有一個縣正式申請而且得到國務院的批准——它也有它的根據——把它那兒命名為香格里拉縣。這地方比較遠，那兒的一些風俗習慣、衣食住行都保持著一個前現代的狀況。現代人特別喜歡這種地方，而香格里拉這個詞之所以能出來，是一九三六年一個英國人在小說中用了這個詞。我們還知道有一首歌〈那美麗的香格里拉〉，就好像是世界上有一個和這世界沒有關係、和現代化沒有關係、和全球化沒有關係、和戰爭沒有關係、和外交沒有關係、和邪教沒有關係、和金融海嘯也沒有關係的那麼一個遠遠的山裡邊，那裡的人就知道唱歌跳舞，樹上結了果就吃，地裡糧食收了就吃，男的女的一見面相愛就結合。多棒啊！有點像伊甸園。

我想起美國有一個作家叫梭羅，他寫了《瓦爾登湖》，這《瓦爾登湖》迷住了許多許多的人，梭羅住到瓦爾登湖邊上跨過了兩個年頭，他是夏、秋、冬、春整整四個季節，自己一個人在那兒生活。他提出來人的欲望——我下邊還要講成為人的重負——他提出來對城市的批判，很有點跟老子也能對接得住，有點「大道廢，有仁義；六親不和，有孝慈」的那個勁兒。他說城市到處都散發著一種惡劣的空氣，他說人最可憐的就是自己活了一輩子都不知道什麼叫活，他說他到了瓦爾登湖邊上才開始明白什麼叫活。中國有一個年輕的詩人海子還專門為《瓦爾登湖》的作者寫過一首詩，這本書在中國也非常的暢銷。所以說，這種對於小國寡民的幻想，它是不是也和對於世外桃源、對於古樸的生活的幻想是相通的？

不幸的是，也有人說梭羅是由於自己的行為找上了清教徒道德上的麻煩，才躲到瓦爾登湖那邊去的。

欲望的滿足與控制

　　美國這個作家提出了一個問題，這個問題實際上是中國的學者、中國的古人提的，就是「欲望」的問題，這個問題全世界的學者都研究：人是有欲望的，沒有欲望，這人就死了。可是這些欲望到底帶給人的是快樂多還是痛苦多？我們中國的傳統文化傾向於對欲望多加批評、多加責備，希望每個人都控制自己的欲望，甚至於到宋朝還提出了「存天理，滅人欲」的主張。當然對「滅人欲」也有不同的解釋，但是不管怎麼解釋，「滅人欲」這仁字讓你一看也有點肝兒顫，因為你想吃好的，這也是人欲，你見到了異性多看兩眼，這也是人欲。所以人有欲望，好像天性。但是宋儒就把天性和人欲對立起來，他說天理就是聖人講的那些道理，那才是天性，而你的欲望是破壞天理的。

　　老子也講了很多這方面的道理，他說「我無為而民自化，我好靜而民自正，我無事而民自富，我無欲而民自樸」，就是我什麼事都不幹才好。這樣的話，老百姓就自然而然走上被教化的、很自然而然的、淳樸可愛的道路。「我好靜」，我不折騰，我不出事，老百姓就各歸各位，該幹什麼幹什麼，我不去干預，老百姓自富，因為每個老百姓都願意自己富足。這和前邊說的又有點矛盾了，但是那意思是你管得越少就越富足。

　　「我無欲」，從聖人來說，從上邊來說，你不要有很多的貪欲，這樣民風會變得越來越淳樸。這也是老子的一個想法，他說「夫亦將無欲。不欲以靜，天下將自定」，他在另一章裡說如果你無欲，天下自然而然就比較安定，如果你又想幹這個又想幹那個，想很多你幹不了的事，你這不是就亂起來了？這是他比較有名的一句話。

他在第十二章裡說「五色令人目盲」,說人的眼睛是怎麼瞎了的——目盲不一定指生理瞎了,就是你的視覺能力是怎麼下降的?因為五色繽紛顏色太多了,晃來晃去,越晃越傻、越晃越糊塗、越晃越暈,你暈菜(暈),挑花眼了,看東西太多了不知道選哪個。

甭說看東西挑花眼了,咱們在這兒做電視節目,我有時候會想,比如說我在新疆的時候,一九七五年我買的第一臺電視機,那時全自治區就一套節目,那時候看什麼看得可有意思了,「春苗」我起碼看過六遍,「決裂」我看過八遍,「寂靜的群山」要不就是「動盪的群山」,我已經忘了,我看了也有個六七遍,而且我們那兒看著看著就停電了,過一會兒來電了,上邊寫上「停電」倆字,有時候看著看著忽然沒了,又過上十分鐘又出來了,寫「故障」倆字。那時候我閨女還沒上小學呢,她最早學會的四個字:一個是「停電」、一個是「故障」。有時候想起來那麼看電視,好像也有一種樂趣。現在電視好像六七十個頻道,噼裡啪啦在那兒找,最後這一晚上光剩下找電視了,沒看電視。

遙控器是不是災難

我們對這個還不算認真,美國有專門研究這個的,研究這控制板、遙控器、"remote"。美國人把這個上綱,他上得邪,他說這 remote 使得一些青年人見異思遷,沒有耐性,沒有責任感,說這種 remote 習慣甚至於影響到他不重視婚姻、不重視家庭、不重視父母,他什麼都來回換,他一分鐘可以換三次,回頭找對象,也是一分鐘——換不了三次,他三天換一次,這你也受不了。不僅如此,一個調查說:常看電視真的會影響小孩的注意力,因為即使你不來回換頻道,就看一個頻道,電視節目

畫面也是變化得太快。你到了課堂上，看來看去就是老師一個人，對老師講的東西就容易走神，影響注意力的集中。美國有的學者甚至認為控制板會毀壞一代人。

饒了吧，音樂

所以老子說「五色令人目盲，五音令人耳聾」，這種事現在更多，現在那什麼 MP3、MP4 的，都有 MP5 了，你是騎著自行車也好、上了電車也好，甚至於開著車也好，「隨身聽」音量弄得非常之大，對耳朵確實有損傷。在最新的《讀者》上，我看到臺灣詩人余光中有一篇文章叫〈饒了吧，音樂〉，他也說臺灣現在到處都是音樂，你上出租車，車上聲音弄得非常大，他說臺灣有一個著名的音樂家上去以後，就請出租車上「的爺」、「的哥」（司機）把音樂音量給捻小一點兒，的哥就不屑地說：原來你不喜歡音樂。他是音樂家，是真正的音樂家，是作曲家，但是音樂變成了噪音。

「五味令人口爽」這個「爽」字好像不是按現在的意思，現在這個爽是褒義，是好，是舒服的意思，他說的「五味令人口爽」是不是讓你長口瘡？至少是讓你味覺麻木，反正不是好事。

簡樸永遠是美德

老子講了很多很多這一類的事，對於今天的人也是有意義的，因為你不要一味地追求起來沒完沒了，真正有文化、有身分、有地位的人，他們生活的另一方面是相當的簡樸。現在相反，要吃也得往邪了吃、往

怪了吃，要聽也要把聲音、要把高音喇叭、要把那大貝斯（低音）都擰到最高處，要讓人知道我們家就跟搖滾樂、就跟迪廳一樣，我們天天蹦迪（到舞廳跳迪斯可舞），那絕對不是真正——那是暴發戶，那是要學問沒學問、要資歷沒資歷、要修養沒修養的人——其實也像老子所說：這個也不可能長久。

所以老子就說「禍莫大於不知足，咎莫大於欲得」，最大的禍害就是你不知足，你最大的錯處、最大的毛病就是你老想得到什麼東西，你本來是挺好的一個人，你要一想得到什麼東西，你就得降低了你自己，你就要低三下四，你就要曲意地去逢迎別人，你就保持不住自己的純真。

老子所以說「咎莫大於欲得，故知足之足，常足矣」。這些說法，我覺得在今天是有意義的，特別對於咱們進行反貪倡廉的教育，是有好處的。我們想想那些被槍決了的貪官，他們很多人本來是貧苦出身，在他們的少年時代、年輕時代受過清苦，經過苦學也有相當好的表現，但是一旦升到一定的位置以後，他們可真是「五色令人目盲」，五色讓他們眼睛都瞎了；「五音令人耳聾」，各種視聽的享受使他們耳朵都聾了；「五味令人口爽」，各種的味道，讓他們吃什麼都吃不出味兒來，都走了味兒了。這樣的例子真是太多了。

學會掂量，學會捨棄

所以老子又說「名與身孰親，身與貨孰多，得與亡孰病」，他說你應該考慮考慮這個「名」和你自己的本身，究竟哪個更重要，哪個對你更親，你不要太求名了，你太求名了，你又丟人你又出事。你要想一想身與貨，你自己的身體、你自己的人，跟那個物質財富，哪個對你來說更

重要、更值錢、更有價值。「得與亡孰病」，你得到這一點，可是你為了得到這一點丟掉了自己的人格，你丟掉了自己的尊嚴，你丟掉了自己的自由、樂趣、快樂，這樣的得失相較，你自己為什麼不考慮考慮呢？所以老子說的這些話，尤其這一段的話，給人一種歷久彌新的感覺。

類似的話梭羅的書裡邊也有。另外，印度在這方面也會給我們很多啟發。印度甘地的墳上有一個石碑，石碑上寫著他的兩句名言："High thinking, simple living."——高深的思想，簡樸的生活。甘地還有一個名言說得更好，他說：大自然能夠滿足人類的需要，但是不能滿足人類的想要。你想要的東西多了，但你需要的很簡單，一個人能有多麼了不起的需要？你一天吃的東西大約三千大卡，是不是？反正你吃太多太多，你就得糖尿病了，總之就是三頓飯，一天也不能吃八頓。所以甘地本人是做到了這一點，當然印度有印度的條件，他身上真是就披個片兒，中國人叫片兒，連說是衣服都很難說，因為它沒領子沒袖子，把這上身稍微擋了一下，下身該遮掩的地方遮住，印度它暖和，其他什麼都可以不要。

一個有名的故事

這樣的哲人，當然我不能完全做得到，說我今天穿著甘地的服裝來講這一課，那也算一絕了，成新聞了，弄不好送安定醫院去了。但是他這意思、這想法也是值得考慮的。當然東方的這種思想要發展得過梭（過頭）了也要命、也麻煩。有一個故事，是當時還叫「西德」的大作家、諾貝爾文學獎得主 Heinrich Böll 海因里希·伯爾寫的，這個小說挺奇怪，題目叫「一個關於勞動生產率下降的故事」，讓你以為是經濟學論文呢。

裡頭寫的什麼呢？就是說一個老頭在那裡辛辛苦苦地打魚，旁邊樹底下一個小夥子枕著一個土疙瘩在那兒呼呼大睡，打呼嚕。魚那天特別多，老頭忙不過來，就叫：「小夥子醒醒，別睡懶覺，幫我打魚，我給你錢。」小夥子說：「我給你打魚幹什麼？」「我給你錢。」「你給錢幹什麼？」「你有了錢，就可以過幸福的生活。」小夥子說：「我告訴你大哥，我在這兒河邊上，清風底下樹蔭裡頭睡覺就是我最大的幸福，何必幫你打了魚掙了錢再去找幸福，用錢買不來幸福，我這才是幸福呢。」我看了這個故事不覺得特別的奇怪，後來過了十五六年，我去印度，印度人就跟我說，我們這兒有這麼一個故事，一模一樣，說我們印度人不著急。還有一個，也是德國的一個漢學家跟我說的，他說中國人搞現代化有緊迫感，可是他覺得在印度那兒沒有這麼緊迫：現代化就現代化，不現代化就不現代化，你掙得多，你就掙你的，我掙得少，我就掙我的完了。這和印度的種姓制度有關係，他們認命，他們出生就分三六九等，他說我就甘於是最下層的——也可能有這個關係。

　　後來我又去非洲、去喀麥隆，這是法屬的一個殖民地。喀麥隆人給我講故事，這仨故事一樣，所以我覺得這絕了。我估計海因里希‧伯爾可能也從什麼地方借鑑來的這故事，聽起來真的很熟。我們中國肯定也有類似的故事。

　　但是這個故事我聽了以後，覺得很慶幸，我覺得我們中國並不都是這種思想，我們中國畢竟還有儒家的思想，還有所謂「天行健，君子以自強不息」，我們還提「苟日新，日日新，又日新」，我們是讓人奮進的、讓人努力的，多虧還有這樣的思想傳統。那個天天睡覺，回去拿繩繫扣、甭寫字的思想成不了主流，咱們國家現代化了。但是我們也不能不認真地來面對：幸福並不完全是從生產力、從 GDP——不僅僅從這一方面得

到，我們還要考慮到人民本身對幸福的感覺。

發展與幸福

　　還有一個說法，說近幾十年來、第二次世界大戰以後，科技的發達簡直是突飛猛進，可是人的幸福指數並沒有提高，或者說至少不以那樣的突飛猛進的速度提升。像類似的這些問題，解決不了也沒關係，我們也想一想。想一想有什麼好處？我們自己來一個互補：我們該努力的時候、該奮進的時候，我們多想想「天行健，君子以自強不息」，我們要與時俱進，我們不能安於現狀，我們也不能懈怠、不能懶惰。但是我們奮進了半天，譬如說還不行，我們也得從另一方面看到：我盡了力了，我也很快樂，我很正直，我過著一種相對比較簡單、比較純潔的生活，我覺得我很滿意於我的生活——我們從這個角度看也還不錯。

　　至於其他談論欲望的多了，佛教也講：貪欲生嗔怨，嗔怨生煩惱。叔本華也講：人的痛苦是由欲望而產生的，所以王國維解釋《紅樓夢》就是用叔本華的思想。他認為《紅樓夢》寫的就是欲望所帶來的痛苦和煩惱。我們也不妨從另一面來考慮，因為我們中國也有這方面的問題，對於人的正當欲望，設立太多的一道一道的防線，非把它死死地給卡在那兒，這並不是一個最可取的辦法。譬如說中國過去——尤其是對女子——講三從四德，寡婦都要守節，餓死事小、失節事大。這就是對人類正當欲望的一種挑戰，是一種自戕行為，是自毀自己生機的一種行為。所以我們在批評欲望、克制欲望的同時，當然不是要自己把自個兒往死裡整，不是那樣一個態度。

向後看

老子還有一個有意思的想法，我說是歷史上的「向後看」。人們模模糊糊地會有一個想法，認為古代比現代好，越古越好，孔子也是一樣。那個時候的人、春秋戰國時候的人，認為周公的時代、西周的時代、武王伐紂剛剛成功以後的那個時代，是天下的黃金時代，所以他要進行道德的教訓，就是希望國家能夠回到周公的時代，甚至於做夢都夢見周公。這就是向後看，他老覺得太平盛世是什麼時候？是過去、是從前。

我今年七十五歲了，我從小學就聽見一個詞，老師教給我們的，寫在黑板上的，叫「世風日下，人心不古」，世風就是社會風氣，是越來越壞；人心不古，現在哪像古人那麼真誠，我們中國有個詞叫「古道熱腸」，古人、自然經濟裡的人是非常淳樸、心腸是非常熱的，而隨著生產的發展、社會的發展，古道熱腸就沒有了，老是這麼說。我覺得對於文學家來說，這特別容易理解，為什麼呢？文學家講人的感情，講主觀心靈的反應。我有時候把一個問題說得可能過於簡單了，我說人為什麼喜歡懷舊，一個很簡單的原因就是你舊時比現在更年輕，我們往往會認為童年時代是多麼快樂啊！其實你童年時代準快樂嗎？但是你想，童年你很天真，羅大佑的歌曲〈童年〉歌詞我不會背，但是他說得很好玩啊，什麼「知了一聲一聲叫，盼望一個夏天」，多好啊！我們都知道在中國、在全世界都是很普遍知道的舒曼的〈夢幻曲〉，它原名不是〈夢幻曲〉，是"childhood"，是〈童年〉，它是用這種夢幻一樣的心情回憶童年。

相信在上古時期，有一個最幸福的生活、最美麗的生活、最單純的生活，某種意義上我認為是一種文學性的想法。這種想法有沒有一點點

學理的或者科學的意義呢？我想有，還不止一點點，為什麼呢？我們不能簡單地用進化論的觀點來看待社會、看待生活，比如現在科學技術發達了，生產效率也高了，但你能說現在人的手準比古時候巧嗎？我們在馬王堆發現的那些絲綢，我們在漢墓發現的那些壁畫，我們還有什麼金縷玉衣，還有在西安發現的銅車馬，現在的人準能做得出來嗎？尤其是有些紡織品，我請教過紡織專家，他們說做不出來，它是手工的，就是做不出來，機械是不能完成的。所以你不能簡單地說，人就只能是往前走。第二個就是：你在發展、進步、向前走的過程中，要付出一些代價，你不要認為是沒有代價的。你從童年變成少年，從少年變成青年，從青年變成壯年，從壯年變成老年——我也不提死亡，你以為就沒有代價嗎？你成了少年了，但是你童年、學齡前的那種快樂，那種除了玩兒以外什麼別的事都沒有、什麼都不知道的那種快樂，是絕對沒有了。我已經發現，比如說隨著生活的提高，我的一些孩子，他們也在改善自己的居住條件，有的是分了、有的是購買了新的房子，但是我那些孫子們，他們對新房一點興趣都沒有，他們願意在院子裡瘋跑，他覺得很好，他說我們在這兒很好，多少平方米跟我有什麼關係。可是你要是一個青年，你要是一個成年，你就知道了，不但住房、我還要住得舒服，我還要跟人家比：他們家住一百五十平方米、我們家只六十平方米，我抬不起頭來。他就有這種思想，所以什麼東西都有代價。還有環境上的代價、還有趣味上的代價、還有手工上的代價、還有體力上的代價，如果人什麼都靠機械了，原來最精密的很多工作，現在都在電腦上完成了，你的手藝不等於在往後退嗎？

對於樸素的嚮往與懷念

　　我去訪問伊朗的時候——伊朗是一個特別重視手工藝的國家，它做一些小銅器，它有些自己的很稀奇古怪的鑲嵌的一些東西。據說當伊朗人將這樣的工藝品贈送給一個西方大國的客人的時候，接收禮物的人說：我們國家不會有人幹這種傻事的，我們要講效率，我們要爭分奪秒，我們要用最短的時間創造最高的價值。我確實覺得——我不是說西方發達國家就是這個 stupid——這是一種野蠻，如果說您不知道什麼叫現代化，這叫野蠻。你自以為你現代化了，你不知道什麼叫奉獻，不知道什麼叫手藝，不知道什麼叫嚮往和追求，你說這人是不是也有點野了？缺點兒文化、缺點兒教育，讓他多聽兩次咱們「中華文明大講堂」，可能也對他有參考作用。

　　講到這個問題，我就提到老子的一個概念，就是「樸」，樸素的樸，樸的原意是指木頭，它是木字旁，就是原生的木頭，可能也沒去皮、也沒加工的木頭，就叫做「樸」。老子給「道」不輕易下定義的，他說過「強為之名曰大」，同時也可以管「道」叫「樸」。他還說過「天得一以清」、「道生一」，有的地方又說「道」就是樸，道就是樸素，道就是原生狀態，道就是你該什麼樣就什麼樣，道就是你別加工、你別包裝，保持最早的那個原始狀態。這個「樸」他講的也是挺好的。在很多地方他都沒完沒了地講「樸」，說人能夠做到。這也是一種向後看。老子提出了最理想的狀態是嬰兒的狀態，人要像嬰兒一樣沒有壞心眼，餓了就哭，難受了發燒了就鬧，沒事你就好好睡覺，奶頭來了你趕緊叼上。你要跟嬰兒一樣，沒有粉飾沒有虛偽沒有惡意，也並不刻意對自己進行保護。我想這樣一

種對「樸」的理想也決定了老子嚮往「小國寡民」，小國寡民就「樸」。

我們為什麼在這幾年特別喜歡聽所謂原生態唱法，這原生態唱法既不必練成那種美聲，也不必加上很多扭扭捏捏、嗲聲嗲氣；你就這樣喊，你該哭就哭、該叫就叫，它比較貼近自然的狀態。平時你去某個地方，也許走在路上就能聽見當地人的這種演唱。樸的觀念其實也是被國人所深深接受的。

老子對人生的這些體悟裡頭，包含著對樸的提倡。但是我要加一句，你也別太迷信「樸」了，「樸」的結果如果是太沒有知識了、太沒有文化了、太沒有應有的現代科學和各種概念的武裝，也會犯很多錯誤。我有長期在農村勞動的經驗，我就知道，農民對事情的判斷──一開頭那個最樸的判斷──不一定是最正確的判斷。現在啤酒、葡萄酒在農村裡也非常流行，可是一九五八年大躍進的時候，我在咱們北京門頭溝區齋堂軍餉鄉桑榆村勞動的時候，好幾個農民就跟我說，你們怎麼喝啤酒，那不就是馬尿嗎，說顏色、味道都一樣啊；說你怎麼還喝葡萄酒，那是酸泔水。現在他們已經不那麼說了。

阿 Q 的經驗與教訓

《阿 Q 正傳》也特別有意思，阿 Q 去了幾趟城裡，回來就嘲笑說城裡人太可笑了，未莊管長凳子叫長凳，城裡人叫條凳。這說的是當時紹興，但是條凳在北方、河北省我們家也說條凳，稍微長一點兒的是凳子。阿 Q 笑話說城裡人什麼事都不懂，管那玩意兒叫條凳，那不是長凳嗎！另外說煎魚，煎魚在未莊是加大蔥葉，說城裡人──他說的「城裡」是不是紹興我也不知道──是加切細的蔥絲，又被阿 Q 笑話了。但是魯迅

很損了：阿 Q 一邊笑話城裡人，一方面又笑話未莊人，說你們連城裡人管這個叫什麼你們都不知道，城裡人怎麼吃魚你們哪兒知道，我見過，你沒見過，我沒吃著，可是我見過，你們連見都沒見過。所以阿 Q 就有點兒優越感了。

我們還可以找許多許多不雅的例子，我這兒就不舉了。由於無知，僅僅有一個「樸」字，你會對世界、對你的經驗以外的東西，做出錯誤的、愚傻的甚至是搞笑的判斷。所以一方面我們尊敬「樸」，喜歡原生態，一方面我們該學還得學，該求知還得求知，該增加自己的見識還要增加自己的見識。

答現場提問

觀眾女：王老師您好。老子在理想中描述了小國寡民的社會圖像，請您給解釋一下什麼叫所謂的「小國」、什麼叫所謂的「寡民」？謝謝您。

王蒙：我所理解的他說的「小國」，指的就是在當時的「國」，跟我們現在理解的中華人民共和國不是一個概念。那時候齊國、魏國、秦國都是國，小國指的恰恰是規模比較小、不想爭霸權、不想當龍頭、不想把別的國都滅了的這樣一個國。「寡民」就是指老百姓，人也不是特別多，「寡」在這地方是少的意思，人也不算太多，國家規模也不大，更沒有任何的野心。在這樣的一個國家，過日子比較舒服，我想他大概是這個意思。

觀眾女：王老您好。通過今天「中華文明大講堂」節目，我們對老子有了更加深刻的認識。我想請教您一個問題：我們將如何在當今這個

時代把握人際交往這個度？謝謝您。

王蒙：老子側重於說人際交往之間會帶來一些危險，還有人和人之間有時候會有機心，會用智謀，他是不贊成的。但是老子沒有說另一面：人和人是應該有交往的，是應該有溝通的，而且知識應該是流動的，見解、思想、技術都是流動的，因為技術要不教要不學，永遠學不到的。所以如果說是能夠把握住人和人之間——像孔子所說的「三人行必有吾師」——注意人和人之間互相的學習、互相的幫助，同時能夠克制人和人之間的惡性的、或者是利用拉攏、或者是動心眼損害別人的利益這些東西，我想那就會有一個比較健康的人際關係。

觀眾男：王老您好。我想老子在他長大的過程中，應該是看到了一種新的器具什麼的出現，它比較方便，人們都會爭相用之，而不是有器而不用，但是他還提出小國寡民、清靜無為這些思想，跟這現實是有點背道而馳的。我想問的就是：他還提出這種思想，是因為要表達自己理想中的社會，還是想通過自己對這個社會的描述，來對人們有個提醒，提醒人們在發展的過程中，應該保持住那種自然樸實的本性呢？

王蒙：我想老子那個時候也還考慮不到發展，而且那個時代很難說是一個謀發展的時代，那個時候是一個爭奪的時代、是一個戰爭的時代、是一個爭霸的時代。老子的特點就是：他從來都不是社會的主流思想，他帶有一種逆向思維的特點，他對這個社會實際上是有所批評，他甚至於想拉住這個社會發展的腳步，拉住它的腿，他有這麼一個用意。他認為他的見解特別的高明，這個後邊我們還講，但是他的這種高明又不可能被實際的操作者、被他所說的君王或者是聖人所接受，所以這是老子

和現實之間的一個很大的張力，而且這種張力不僅僅是在過去。不管什麼時候，老子的這一套都非常美好，也都非常有價值，但是他又很難成為一種意識形態，或者是一個國家的主流、占有主流的位置。所以這個正是我們待會兒休息以後所要講的話題。

觀眾男：王老師您好。我是一個非常喜歡文學的青年，能夠見到您非常的榮幸。今天的確是有一種展開了廣闊思維的那種感覺。我想問的就是：小國寡民這個思想，對我們中國來說，現在從國家的高度來說，我們在強調復興，小國寡民——大國怎麼樣呢？謝謝。

主持人：你的意思是：大國是不是就得多民？

王蒙：我想這個大國和小國是不能夠人為地來製造的，說由於我們學了小國寡民的思想，把中國給搞小了，這個是不可能的，而且要這樣做，國家也不允許你，老百姓也不允許你。我們只能夠體會老子那個精神。他的精神就是：在我們急速走向現代化的時候，我們對自己的思想有一個補充，譬如說克制貪欲，譬如說保護自然，譬如說挖掘各種淳樸的東西、挖掘各種非物質文化遺產，保護歷史、保護我們的文物，同時我們本身也不應該有任何輕視小國寡民的這種思想，因為現在世界上還有這種很小的國家、很小的地方或者相對不發達的地區。我們都要從他們身上學到一些我們能學到的東西。我想這個都是有可能的。一切都值得我們借鑑，老子也是我們的借鑑，不丹也是我們的借鑑，摩納哥也是我們的借鑑，當然美國、俄羅斯也是我們的借鑑。

第十二講：
老子智慧的快樂與煩惱

老子的智慧無可爭議

讓我們談談老子智慧的快樂與煩惱。對於老子的學說雖然是自古以來就有贊成的、也有批評的，甚至於有痛斥的，像朱熹說「老子之心最毒」等等給扣帽子的都有。但是把老子當做一個非常有智慧的人來看待，這幾乎是沒有什麼爭議的，而且他的智慧深不可測，就像《史記》上記述孔子對老子的印象——雖然這可能是傳說——說老子像龍一樣，可以乘風雲上天，神秘莫測、變幻多端。老子的這種智慧不僅使他影響了中國幾千年，至今我們還有人在讀《老子》，還有像我這樣的業餘愛好者來探討老子，就是在國外，老子可以說是中國的哲學家裡影響最大的一個，可以說是我們中華文明的一個驕

傲。他獨樹一幟、與眾不同、言簡意賅，他的理論真是高深莫測，你在別處找不著這樣的理論，但是人們——尤其是華人——的思想觀念中與老子相通的地方又很多。

像老子敘述的這麼全面這麼成為一套，而且它又簡短得不得了，只有五千多字，這樣的哲學作品，簡直不可思議。按現在我們做文學的人、吃文學飯的人來說，這五千多字只能算短篇小說，連中篇小說都不能算，要是遇到比較損的編輯或者出版單位的話，按一千字二十塊錢來算的話，它這五千字只能得稿費一百元，如果要是現在稿費高的、有能到百元左右的，也不過是五百元。五百元是不是屬於低保的範圍？但是他的智慧又是那麼高聳、那麼概括、那麼無所不包，你不能不佩服他。甚至於他的學說還影響了一個宗教——就是只有中國才有的道教的興起，所以他絕了。

通向終極的悟性

老子的智慧有一種什麼樣的快樂？關鍵就在於他的智慧是一種終極智慧，他所關心的問題是終極問題。所謂終極問題是什麼呢？就是它不限制在你的生活經驗的範圍之內，而是到了你的經驗之外。譬如說世界是怎麼來的，世界會變成什麼，一切的主宰是什麼，一切的總的決定性的因素是什麼，一切的基本規律是什麼，基本的觀念、基本的關鍵是什麼？

中國人常常有一種想法，毛澤東主席也常常講的，就是要抓住關鍵，要抓住牛鼻子，說你要是抓住牛鼻子，你把這牛一拉，牛就可以拉過來了，你要抓住牛尾巴是拉不過來的，弄不好還能讓牛給踢了。所以終極

的觀念是什麼呢？它往往是人類的那些最根本的問題，是無法用邏輯、經驗、計算和實驗室的實驗來證明或者證偽──就是證明有錯──你無法證明的這些問題。世界各國都有所謂終極關懷、終極的討論或者終極的學問這樣的說法，西方把這種終極學很明確地定名為神學。

為什麼呢？因為這個就是我剛才說的，既不是靠推理能推出來的，也不是靠實驗能證明或者證偽的，還不能靠計算，它也不是計算出來的公式，所以說它是神學。怎麼解決這個終極問題呢？靠的是信仰，譬如說我信主、我信佛、我信上帝，信了以後我心裡踏實多了，我得到了許多的安慰，尤其是遇到了困難、遇到了生老病死，我一想到這是主在召喚我呢，我踏實了。這裡的真偽對我來說是沒有意義的，也是無法證明的，因為我也不可能死了以後回來，跟你們講我這次死後見到上帝了，我沒法說，沒有人給你講這個。

通過思辨與感悟走近終極

老子的獨特之處是什麼呢？他不是去創造這樣一個像主人一樣的神，也不是過分地強調信仰與崇拜，強調匍匐在地的激情，而是通過思辨創造一個比主人還主人的概念。他創造、或者是他致力去發現一個比主人還主人、比終極還終極、比天還高、比海還深、比宇宙還大的一個存在。既是存在又是本質、既是概念又是規律、既具有神性又具有理論性，他創造與發現的這個存在加本質的概念就是「道」。

所以我想，我們可以設想當老子論述這個「道」的時候，他心裡多麼有底氣，他有主心骨，他有一種至上感、澄明感與優越感。就是：我明白了，我夠得著了，我一通百通了。我講的是最高的「道」，小道理很

多，不一定什麼都說，請注意，《老子》一書中根本不談具體的人、地域、事件、業務。但是他說的是至上的「道」，抓住至上的道理了，小問題說不清楚沒有關係。

這也是非常中國式的思維方式，外國人是你有一點錯都不行，A 就是 A，B 就是 B，你的 A 錯了，B 再偉大，無補於 A。你是拳王，但你有了刑事麻煩，照蹲班房。你是足球先生，但是拖欠了給前妻的贍養費用，照舊拘留。反過來說，你因為具體問題有過服刑或被拘留的紀錄，很少影響你今後的形象與前程。這方面的看法，在中國就會有很大不同。中國人認為我抓的是最根本、我抓的是最高級、我抓的是最上層，至上，小問題沒關係。

你能理解九方皋嗎

所以中國有的這種故事，外國人是無法理解甚至於是無法原諒的，比如「九方皋相馬」：伯樂老了，君王說你給我推薦一個能相馬的人，會看馬會判斷千里馬的人。伯樂說，最好的、比我還強的是九方皋。於是秦穆公就讓九方皋去找一匹千里馬。九方皋回來後說：千里馬我找著了。君王就問：什麼顏色的？他說褐黃色。是母馬是公馬？他說是母馬。等到馬牽來以後，跟他說的相反，不是黃的是黑的，不是母馬而是公馬。秦穆公就很煩，說伯樂你弄這麼一個粗枝大葉的馬夫給我相馬，他連最基本的情況都給我報告錯了。伯樂說，真想不到他已經這樣精深高明了，這正是他的偉大呀——這說得有點矯情——正是他的偉大，他注意的是牠是不是千里馬，毛色什麼樣，他管那個呢，他又不收購馬毛，也不用馬毛做紡織，管顏色幹什麼？公母也不管，因為並不是來搞配種，要的

是千里馬，你君王需要的是千里馬，這個是千里馬！他能忽略表層，專門判斷是不是千里馬。

大道的至上感與優越感

所以老子就有這點：大的道理我給你講通了，我有一種至上感，有一種優越感，有一種萬物皆備於我、一通百通、一順百順、無所不知、無所不能的感覺，這種感覺研究別的學問是不會有的。所以我們可以設想老子，他的「道」的提出，超越了宗教又包含著宗教，超越了哲學又包含著哲學。

如果用老子那一套理論的話，對許多問題會有所超越、有所新意。譬如說保羅・薩特在法國講「存在先於本質」，對於老子來說，最根本的存在就等於本質，無須分辨孰先孰後。老子認為，「樸」就是本質、「樸」就是原生態，原生態的存在就等於本質，而這個本質就是道。這是有些個道理的，比如研究好一個原生動物、一個單細胞生物，你就能夠掌握生命生物的基本法則。研究好一個受精卵，你也就掌握了此後的變化與發展。研究一粒種子，你就能掌握大樹、森林或者農田。按照老子的想法，世界的起源就是道，世界的恍兮惚兮狀態，就是道。

而我們說的「得道」，就是找到了根本，找到了本源，我給你們全解決了，不用爭。「道」就是悟、「道」就是心、「道」就是存在、「道」就是本質。所以你說它是哲學，它有的地方又超越了哲學，有些地方甚至是文學。

文學語言的道性

有很多話，如「上善若水」，這是文學的語言，這不是宗教的語言，甚至於不完全是哲學的語言。什麼叫「上善若水」，什麼意思？中國人也有另外的說法：水性楊花，是壞話；他說的「上善若水」指水的清澈，它的謙虛，它的所謂「處下」，它的低姿態、它的無私、它的坦蕩，所以就「上善若水」。你願意怎麼解釋就怎麼解釋，我不給你仔細地說——說「上善若水」，水有五個特點，第一能喝，第二能洗臉，第三能洗腳，……那有什麼意思？我不給你解釋！

所以他說得越少、越抽象，就越發有一種什麼東西都掌握了的感覺。他也掌握了文學，他也掌握了倫理道德。他批判倫理道德，說是「大道廢，有仁義」，他說仁義出來得越多，作偽就越多等等。「世人皆知美之為美，斯惡矣」，你都去追求美了，把人分成美醜兩種類型了，裡頭再分成十八等，這個東西本身就不是好事。

但是從老子的另一方面，我們可以看到他這些基本的道德的底線，譬如說他對生命的尊重，他對戰爭的厭棄，他對包括為政者——如果你不能夠善待自己的百姓、自己的人民，那麼老子有些地方說得還很尖銳，說得還挺刺激、挺厲害。所以他既超越了道德又包括了道德。

老子有多牛

「道」這個詞不是老子一個人用，孔子也講「朝聞道，夕死可矣」，《禮記》上就有「大道之行也，天下為公。選賢與能，講信修睦」，講很

多東西。但是老子把「道」提高到了一個概念之神、哲學之神，概念之巔、哲學之巔這樣一種程度，所以老子在談到道的時候，他的智慧就有了一種高峰體驗，有了一種至上體驗，有一種擴張性彌漫性體驗，就和老子見到了世界的本源本質一樣。我相信這樣的人是太快樂、太滿足了。

老子在第四章裡有一句話，就這麼幾個字，但是你們可以聽聽老子有多牛。他說什麼呢？「道沖，而用之或不盈」，我取之不盡、用之不竭。我懂得「道」之後，我對各種的事物都有自己的看法，不慌不忙、不急不躁、不窘不迫、從容有定、有主心骨。老子是這樣的，所以老子一生並不忙碌，他做圖書館管理員，魯迅還帶點諷刺，說他騎著一頭青牛要出關等等。但是他說我「用之或不盈」，我是世界上最有財富的人，因為我有「道」，我的「道」永遠用不完、永遠沒有赤字、永遠不會發生危機，金融可以發生危機，「大道」不可能發生危機，因為「大道」它是本源的存在，它是本質也是規律，金融發生危機就是因為金融有些事情違反了「大道」，「大道」必然就會使你產生這種窘迫。反過來說，產生這種窘迫以後，你就會有調整，這個調整又符合了「大道」。所以老子說他的「大道」是用也用不完的，它是永遠最充實最富有的。

他又說「淵兮，似萬物之宗」，「淵」是什麼？它太深刻了，它是萬物之宗、是萬物的本源、是萬物的道理。人也是按照「大道」來生活的，是「大道」決定了你的生命、決定了你的死亡、決定了你的興衰。一個鳥也有一個鳥的「道」，一粒沙子、一個小蟲、一棵樹、一根草、一塊石頭、一座山、一個大海，它都是按照一定的規律、按照一定的自然本性在那兒發展和運作，因此它「淵兮」——是多麼深遠啊，它是萬物之宗。所以我就說，要能寫出這兩句話來，我們可以設想老子牛得可以了，他很自信了、他很有把握了，他已經覺得他比許多人都高明了，這是肯定的。

　　老子在第十五章裡又提出一個命題來，他說「古之善為士者」，古代的——他老認為古代是現代的模範，說古代的一個善於做「士」——我們可以把他解釋成讀書人，可以解釋成知識分子、那個時候的知識分子，也可以解釋成一個準備參與國家運作的人。「古之善為士者，微妙玄通，深不可識」，「微」，很精微，對什麼事情的看法他都非常的精微，包括細小的地方他都懂；「妙」，他掌握了大道以後，他的做法、他的說法跟別人不一樣，讓你不能不服，他非常的妙，他不按照常規，但是他做出來以後，別人幹不成的事他就幹成了，別人有危險的事，到他那裡沒危險，他能轉危為安、能夠逢凶化吉，它「妙」；「玄」的意思就是抽象，它非常的抽象，和「妙」也是分不開的，龐樸教授、哲學家，他考證中國這個「玄」字在古代的來源是水渦，水的那個渦流，水的旋轉、旋渦。你看這個字本身像一個螺旋形在那兒轉，他的認識也是像水一樣地在那兒流轉著，什麼他都包括進去了，什麼他都吸收進去了；「通」，又微妙又妙又玄了，你什麼都能弄通，叫一通百通。他說「微妙玄通，深不可識」，他說「夫唯不可識，故強為之容」，這樣的問題有時你都無法理解他，你沒法判斷他，他不像很簡單的人，兩下就可以判斷出來：說這是一個暴發戶，我們家鄉叫「錢狠子」，見了錢就下狠心，說這傢伙是一個錢狠子；這是一個吃貨，就在乎吃；說這是一官兒迷。這都很容易判斷出來，但是像老子這樣的人，你判斷不出來他到底追求的是什麼，因為他追求的是「大道」，追求的是真理。他說「強為之容」，我很勉強地來形容一下。老子在這裡說了一大套，具體內容後面幾講裡還要專門講，我這裡要說的是，從老子對於善為士者的論述當中，也可以看出老子的自信、自負、自樂來。

　　你們表面上看，他說的是「善為士者」，我就覺得老子要自己沒有點

對自己的理解，他是不會說這樣的話的。他說這樣的話實際是什麼意思？就是我老子——當然他自己稱自己是老子、是李耳，還是老聃還是老什麼，這個我不知道了——我什麼都有了，「萬物皆備於我」，嚴肅的我有這一套，我像過冰河一樣地小心翼翼，我像對待鄰國一樣地充滿了警惕，我像待客一樣地注意禮貌，我絕不敢輕忽。但是另一方面呢，另一方面我又是鬆鬆散散的，我不是那麼緊緊張張，他說的是「善為士者」，從這話裡我們都能夠看出老子的驕傲、老子的牛。

為什麼我說他「牛」呢？因為到現在為止，我們讀老子、我們談老子，仍然是快樂的，這是一種智慧的快樂，這是一種思想的享受。享受有各式各樣的，吃好東西當然是享受，住好房子這也是享受，同時我們人人都還需要智力的享受，那是更加高級更加豐富深厚的享受。

智慧令人快樂

為什麼呢？你為什麼喜歡下棋？下棋時你不斷地想贏對方，如果你真贏他一盤、贏了兩盤，或者本來你是經常敗給他的，但是你忽然贏了他一盤，你很快樂，你享受的是你自己的智力：我也不是笨得那麼一塌糊塗，不是那麼不可救藥，我也能贏你；甚至我輸了，我畢竟還有幾步好棋，我畢竟得到了經驗教訓，我畢竟有幾手，對於對手的精彩也確實佩服，這仍然是享受。我們也可以打撲克、可以打橋牌，這都是很好的智力的遊戲、智力的享受。

而智力的享受到了讀《老子》這一步了，可以說你達到一個相當的層次了，你把這個概念和概念加以組合，把概念和概念與你的人生經驗結合起來，你從《老子》當中來發現世界、來發現人生。你又從你的人

生當中、從你的世界當中去發現《老子》、去解讀《老子》。這樣的快樂
比下象棋的時候給對方將死——來一個馬後炮或者來一個雙炮將，怎麼
一掛腳，比那個快樂還要高級。

老子不可摧毀

我們說，像老子這樣的思想的人，他是快樂的，像老子這樣的思想
者，你無法摧毀他。為什麼呢？你的智力不如他。對不起，你可以比他
有錢、你可以比他地位高，但是實際上你處於劣勢，你即使去侮辱老子、
你即使去貶低老子，你唾到老子身上的唾沫，最後會落到自己的頭上。
老子無法貶低，他的智慧就是這麼高，他就是表面上看著「道沖」，表面
上看空洞空虛，「而用之不盈」，他就是非常的深、深厚，他「淵兮，似
萬物之宗」。我想如果我們在談《老子》、讀《老子》當中，能夠體會到
老子這樣一種智慧和智慧的享受，我覺得這真是人的一種幸福。

好箭也可保存欣賞

我這裡順便說一下，因為過去我們長期的——當然也是有道理的
——我們強調的學習是為了實用，學以致用，這個是非常正確的，尤其
在革命的時期，毛主席反復地講，他說馬列主義就好比一支箭，說是要
用這個箭來射中國革命之的，這也叫有的放矢，說如果你拿了一支箭以
後，說好箭好箭，然後把它束之高閣，這樣的理論再好也是沒有用的。
那麼我們可以設想，在革命時期對待革命的理論，如果我們不採取和實
踐相結合的態度，而是採取一個：好箭好箭，欣賞以後束之高閣的態度，

這革命還有戲嗎，革命還能成功嗎？當然不能成功。但是今天的情況又有一些不一樣，今天在全面小康與市場經濟下，好箭好箭也可能是文物、是藝術品，它就是要束之高閣或展覽室或拍賣室，供自己與旁人欣賞。

我們讀《老子》學《老子》討論《老子》，不是說用老子的學說解決就業問題、解決低保問題、解決金融問題、解決農民工的問題、解決春節期間春運問題，那你解決不了。我們在今天的情況下，在新的情況下，我們拿《老子》來看，看完了以後說好箭好箭，然後束之高閣，這也是一種享受。何況他不可能完全束之高閣，因為你多懂得一些道理、多懂得一些名詞，你看什麼問題看得更廣泛更高大更深刻，你自個兒的精神境界就不一樣了，耳濡目染，你道行更深了一點、你知識更廣了一點。所以我說老子這個智慧是一種快樂智慧、是一種享受。

智慧也是一種美

我還要說智慧是一種美，為什麼呢？我們可以設想一下，我們接觸到一種智慧的時候，你對它有沒有一種嚮往的感覺、親和的感覺，一種舒服的感覺？相反的，如果我們看到一個人蠻不講理，嘛事不懂、糊裡糊塗還又強硬得要死，你說你拿他有什麼辦法，你就躲著點他就完了，也沒有別的轍。所以智慧還是一種美，它使人沉醉、使人歎服、使人愉悅昇華。我還認為真正的智慧，和善和美都是相通的，因為真正的智慧，它和道德——他必然就能夠知道自己在人間的地位，知道自己在人間應有的義務、應有的自律，知道自己有哪些壞事是不可以做的——真正的智者又非常的沒有道德，這幾乎是很難辦到的一件事——所以我說它和德行和審美都是相通的。

老子的苦惱與牢騷

但是老子也有苦惱、也有牢騷，這是什麼意思？我們看到老子在許多章節裡說的話，這些話表面上看是客觀地講一些道理，但是實際上老子也是一個人，他有一種情緒、有一種傾向、有一種心情流露出來了。

譬如說在第二十章，他說「絕學無憂」，就是說你不學習，你也就用不著憂愁了。這是一種解釋，也可以解釋為：你學到最高處，學到了絕頂、絕妙、絕高，就不用憂愁了。說「唯之與阿，相去幾何」，世人說是或者說不是，說 yes 還是說 no，認可還是不認可，這中間又相差多少呢？世人俗人認為對的，真的是對的嗎？世人俗人認為是錯的，果真是錯的嗎？沒有那回事的，沒有什麼意義。「善之與惡，相去若何」，這個人說這人是好人，那個人說這人是壞人，他們究竟相差多少呢？他們的判斷值幾個錢？他們把好人看成壞人，把壞人看成好人，把智者看成無用，把騙子看成大師的，多著呢。

又說，「人之所畏，不可不畏」，大夥兒都害怕的事，我也害怕，怎麼辦呢，大家都這麼說，就是我老子也怵它三分；「眾人熙熙，如享太牢，如春登臺。我獨泊兮，其未兆，如嬰兒之未孩」，說是大夥兒一個個都還挺高興，就跟在那兒吃大餐似的，就跟上了高臺來享受春天一樣。大家都是高高興興，可是我經常要思考一些終極的問題，我有時候臉上連笑容都不夠多；「嬰兒之未孩」，有人考證說「孩」指的是笑容——這個當然不是我所擅長的，我姑且引用別的老師們的解釋——這些地方一看很怪，老子到了這個地方，他忽然顯出來、他流露出來了跟大眾不一樣：你們都高興，我不高興，我沒有那麼高興；「傫傫兮，若無所歸」，「傫傫」，

現在寫就是一個單立人一個累字，也有的是寫一個單立人三個田字，「儽儽兮」就是很沮喪的意思，「儽儽兮，若無所歸」，無處可歸。當時的人們嘲笑孔子，就用過這個「儽儽兮」，說孔子「儽儽兮若喪家之狗」，找不著家門了，可他要上丹就好了，找不著家門沒有關係，哪兒都是家。但是中國不行，中國你得找得著家門，否則你是喪家之犬。

說是「眾人皆有餘，而我獨若遺」，大夥兒都覺得自個兒還挺富裕，可是我呢，好像我老缺點兒什麼。這樣的話在《老子》當中並不多，但是在第二十章裡他說得挺厲害，他說「我愚人之心也哉」，看來我是最傻的了。是真的嗎？這老子真認為他最傻嗎，真的最傻你還寫這五千字幹什麼，你一邊待著去跟大夥一塊吃大餐，一塊去玩，別人怎麼樣你也怎麼樣不就完了？所以他不是真的，他說「我愚人之心也哉，沌沌兮！俗人昭昭，我獨昏昏」，越是俗人越明白，而我呢，我老糊裡糊塗，你們都明白，就我一人糊塗。「俗人察察，我獨悶悶」，俗人什麼都看得見，「察察」，眼睛明察秋毫，「我獨悶悶」，按現在的口語，我就說它是悶（第一聲），就是我啥也看不見，悶在一邊，我一聲不吭。「眾人皆有以，而我獨頑似鄙」，「有以」就是眾人什麼事都有根據、都有理由、都有想法，越是愚蠢越覺得自己聰明，覺得自己辦什麼事都有根有據。「我獨頑似鄙」，我是又頑固又低下，我找不著我要幹什麼事的理由、根據、基礎，我找不著自己行動的基礎。「我獨異於人，而貴食母」，我跟大家都不一樣，我「食母」，就是我老要找這個終極，我老要找這個原生，我光找著兒子了我還不踏實，我還要找他娘，我要找這個最早的最初的成為世界之本源的大道理。

你看老子的這一段，他有點氣，就不像之前那麼牛了，他是反過來說，表面上看他是在嘲笑自己，不如說他是在發牢騷。

智慧的痛苦

所以這裡就有一個命題，這自古以來、古今中外都有，叫做智慧的痛苦。我們剛才講了智慧有快樂、智慧有享受、智慧有美、智慧有主心骨，但是智慧為什麼還會有痛苦呢？因為智慧陷入自己本身的一個自我矛盾之中、一個悖論之中。

真正的智者他應該知道：應該跟大家合群，不要自己太「各色」，不要與眾不同，尤其不要與群眾為敵，不要你自己特立獨行，老跟人對著幹。真正的智者明白這個，真正的智者甚至於還懂得不要跟人瞎辯論，辯論有什麼用，話跟話、話頂話、話激話，互相刺激，什麼用處也沒有。但是他有自己的不被理解的痛苦，更有面對庸眾無法可想的悲哀。

國產最佳寓言： 不爭論

我接這茬兒說一下，中國的各種寓言故事當中，我最喜歡的就是那個不爭論的故事，這我還是在張中行老師的文章裡看到的：說倆人爭論，一個說四七二十八，一個說四七二十七，倆人打得厲害。縣官過來了，說你們爭什麼？「稟老爺，我說四七二十八，這小子非說四七二十七，你說這氣人不氣人？」縣官一聽樂了：「你認為四七二十七，過來過來，你跟我說說四七多少？」那人說：「二十七啊。」「你真認為四七二十七？」「是真認為四七二十七。」縣官說：「赦你無罪，走吧！四七二十八跪下，屁股給我打三大板。」這個說：「老爺冤枉啊，你這麼屈枉人，四七二十七無罪，四七二十八挨打？」這老爺說：「兄弟我告訴你，那人都認為四七

二十七了，你還跟他爭，他都四七二十七了，你打死他都沒用了，你改不過他了，我打你兩下，你就知道了，以後見著四七二十七的，你回頭就走，你少招惹，你別招這個。」

只有中國人有這種故事，你現在講給歐美人，他絕不接受，他說這是什麼態度，四七二十八就是二十八、二十七就是二十七。歐美人就這一條筋，他絕不認你這個。外國的故事裡頭，全世界我認為最好的寓言就是印度佛教裡邊的「瞎子摸象」：幾個瞎子在那兒摸象，然後說這象是什麼樣的，摸著象身子的說這個象就像一堵牆，摸著象尾巴的說像一個刷子，摸著象牙的說像硬棍，摸著象腿的說象就是柱子，這幾個瞎子在那兒爭。有時候我們人類太多這種瞎子摸象的故事，以及四七二十八、四七二十七的故事。這是一方面，老子他看得很開，所以他也主張不爭。

智商太高了太麻煩

但是另一方面呢，就是你有了老子的這個智力，你就跟群眾擺不平，你的說法跟人老不一樣，你老顯得「各」。而且智力低的人對智力高的人有時候有懷疑，他不說你智力高，說怎麼他看什麼事老看得那麼準呢，他是不是有什麼，是不是他耍我呢。他有時候會有這種想法。所以有時候智者實際上又處在一個不被理解、不被接受、不被認同、不被珍重的這樣一個地位。他超凡脫俗，他沒法不倒霉。所以你說別人還都能夠這裡混個小官那裡混個什麼東西，他什麼也混不上。所以他實際上又有一種不被理解、不被認同的悲哀。所以說他一方面什麼都看得清清楚楚，另一方面他又是脫離群眾、脫離主流，不為群眾和主流所接受。這樣的處境，能夠是一味快樂的嗎？

智慧的遭遇與命運

老子在第四十一章裡又說「上士聞道，勤而行之；中士聞道，若存若亡；下士聞道，大而笑之。不笑不足以為道」，笑是哈哈大笑，不是孝順的孝。他說上等的士人、讀書人、具有高智商的知識分子，聽到了我講的「道」他就認真按這個道來實行、來實踐，付諸實踐，現在叫做踐行。中等的人、中等的士聞道「若存若亡」，就是好像聽見了，又好像沒聽見，或者左耳朵聽見了，右耳朵又出去了：有這麼個道不錯，不錯，挺好，挺好。說完就完了，跟他沒關係。

那麼下士呢？下士是最低一等的所謂士，本身學問又低，智商又低，他要聽到關於「道」這個道理，他聽完了以後哈哈大笑：說什麼呢，忽悠什麼呢？跟他毫無關係；「不笑」，他如果不嘲笑你，倒說明你不是「道」。

他在這個地方突然出現了一個等於是智慧的孤獨的寫照，等於是——過去也有過這種說法——他變成了偉大的少數、他變成了偉大的孤獨者。

這是某種經驗之談。很可能老子在什麼地方講他這些道理的時候，被別人哈哈大笑、被別人嘲笑一番，認為這是空談誤國。又說「吾言甚易知，甚易行。天下莫能知，莫能行」，我講的這個自自然然的、尊重各種事物本身的規律，這既容易瞭解又容易實踐，但是為什麼你們「天下莫能知，莫能行」，整個的天下所有的這些諸侯的王國，沒有一個按照我的這個理論來實現的？真是夠慘的啦。

老子也俗了一把

「知我者希，則我者貴。是以聖人被褐懷玉」，能夠瞭解我的理論的人很稀罕，能夠按照我的這一套做的人就更珍貴了，也就是更少了，更是稀世絕品了。

底下老子說：「是以聖人被褐懷玉」，他說聖人穿的是粗布的衣服，但是兜裡頭是有玉的。這一點上我要大膽說一句，就是這一句話，老子說得稍微俗了一點。因為你老子那麼偉大，你前邊講的那麼多偉大的道理，你懷玉就行了，你穿的是粗布衣服細布衣服，或是的確良（滌綸的紡織物）衣服有什麼關係？你不穿衣服，披一個麻袋片兒也可以，弄樹葉擋一擋也可以。

所以這個地方我們可以看出，偉大如老子，就是我說的話——鷹能飛得非常的高，但是鷹有時候也可以和雞飛得一樣低，或者比雞飛得還低。他忽然發這麼一句牢騷：你看我懷著這麼好的玉，可是我只能穿一身粗布衣服，只能穿一身帶補丁的衣服。其實這用不著，這個不影響他的玉。

智慧之路是坎坷的

他底下又講，說是「大道甚夷」，在第五十三章——「而民好徑」，「大道」，本來是陽關道，大馬路非常平坦，「夷」就是平坦，「而民好徑」，可人們偏偏喜歡小道，喜歡走後門、抄近道，大道他不走，他走害人害己之道至少是歪門邪道。

從這些地方我們都可以看出，老子的學問等這些東西並不是很順利的，我把它說成是什麼呢？我說這叫三貼近與三超越的矛盾。老子他是智力超眾、見解超前、論述超俗，甚至是論述令人吃驚。他不屬於哪一個普通的學術派別，他行為脫俗、風度超群、言語一鳴驚人。這樣的超智商者既受歡迎又受猜疑和嫉妒。古今中外，做官的人功高震主，反受排斥誣陷。做學問的人，智高震世，也無法令庸人接受，真是人類的悲劇呀。

從老子本身來說，他主張「和光同塵」、主張三貼近、主張讓老百姓自然而然地生活，可以說他是最普通的。但是實際上他最普通的見解又變成了一個超越的見解，所以真是自相矛盾。你說你的見解非常的普通——既然是普通見解，你甭說了，大家都懂，都是常識，餓了該吃飯，累了要睡覺，吃飽了早上起來幹活，這你還說什麼，你不用說。你說你是高明的嗎——既然是高明的，就必然有很多人不懂，要人人都懂，都是一加二等於三，那還用你說嗎？

所以這種智慧的悖論可以說是智者的矛盾。對像老子有這麼高智慧的人，難道他不明白嗎，說任何人讀一遍《道德經》，就會立即清心寡欲起來、就開始踐行大道？他其實應該非常清楚。

老子是怎樣被中華民族所接受的

我們現在可以從老子被接受的情況來考慮考慮，老子高尚也好偉大也好，或者是彆扭也好，第一，老子在世界上受到了極高的評價，這是事實，不管是黑格爾還是許多其他外國人，他們都很重視老子；第二，儒道互補是中國士人的一個普遍選擇，甚至於是中國士人存活和不被消

滅的一個關鍵所在。因為中國的士人幾乎都是這樣，如果條件順利，如果你被明君所賞識——我說的這都是歷史了——你被明君所賞識了，你應該像儒家一樣地講究忠孝、講究仁義，你應該講究為蒼生謀福利，這是這一面，但是你遇到挫折了，遇到你不為所用、你不可能發揮更大的作用了，那你也應該有道家的那一套，應該去回歸於自然，應該聽其自然，不要蠅營狗苟，不要做一些不量力的或者乃至於是出醜的事情，更不要去投向齷齪和下流。所以儒道互補實際上也被許多的中國的士人所接受。我們去看蘇東坡、我們去看李白，我們都會發現這樣的事例；第三，同時我們也必須承認，並沒有任何一個實踐的過程能證明老子這一套，用在治國平天下上是有效的。

中國哪個朝代君主是真正用老子？他信道教，可能他煉丹，他希望長生不老，他練氣功，這都行，可是說我治國的時候用老子這個方法，我無為而治、我不爭——你跟人家不爭，人家爭你，人家把你吃下去了。所以在實踐上來說，如果用老子的一套來治國理政，更不要說治國平天下了，這個成功的經驗壓根兒就沒有。

今天我很有興趣地和各位討論老子，並不等於推翻這個事實——說老子太棒了，今後咱們大家都用老子這個方法治國理政，不行，用這個解決別的問題也很難。求職行嗎？你用老子這一套求職，無為而無不為，你交一個求職的信，填表你一切都填上無、學歷無、父母無、家庭住址無、戶口無、身分證無、工作經歷無，你肯定找不著工作。所以求職不行。

治病有一部分行，你別瞎治，不要一點小病吃很多藥，這可以，但是你真有病了，該做手術就得做手術，該得幹什麼就得幹什麼。所以把它作為一種實踐的指南，確實是有它的困難。

相反的例子反倒無其數，春秋戰國時期有的是嚴刑峻法而能治國；有的是白臉黑臉，一會兒這樣、一會兒那樣，翻手為雲、覆手為雨，用這種方法治國；也有的是勵精圖治、勤勤懇懇來治國的；也有強悍決斷而治國的，但是恰恰沒有用老子的方法來治國的。

所以我屢次說老子是我們的一個精神資源，甚至於也是精神食糧，但是這個精神食糧不能當飯吃，我們可以當茶喝、可以當藥吃，尤其你虛火太大、貪欲太多、急於發財升官，這時候你讀讀《老子》，可能讓你心情踏實一點，所以它可以當藥吃，甚至可以當仙丹吃，你吃幾次以後，你覺得你境界高尚一點了，看什麼問題看得開一點了，豁達一點了，這都可以，但是你拿這當飯吃，解決不了實際的問題。

老子還有另一方面，這應該說也是老子的一個很特殊之處，我覺得這裡頭也同樣既有快樂也有苦惱，就是老子的理論能夠成為一個宗教的起源，因為它非常抽象，又太徹底、太理想，它離道觀——它變成宗教——比離君王更近。你讓君王把它拿回去，拿來做治國的意識形態，這個太難。但是它被宗教拿過去，什麼無呀、無中生有啊、有又生於無啊、有又變成無啊、「道生一，一生二，二生三，三生萬物」呀，太虛呀、玄呀、「玄而又玄，眾妙之門」，所以它又能變成宗教。我就設想，如果老子知道他的身後創造了這麼一個道教的話，可以說既是他的驕傲，也是他的悲哀。

因為道教的哲學學理水平，和老子的思維思辨水平並不是一回事。當然中國的道教也有它的存在的意義，也有它的道理，也有很多故事，什麼丘處機道長——尤其是你要看金庸的小說的話，那裡邊講到了許多道教的故事，也很可愛，但是這個跟老子並不一樣。

精神上的巔峰體驗

我想說我們讀《老子》、我們討論《老子》，我們要體會精神上的一種巔峰體驗。平常很多具體的事我們都要管：下月工資給我漲不漲？當然你很關心；你家裡電燈泡壞了你要換，這個你也很關心；但是這些都是具體對具體。而讀《老子》呢，你是尋找至高至上至深至極，因此你讀《老子》的體驗是一種巔峰的體驗、是一種確實跟大道相通的體驗、是一種和無限大的宇宙和永恆的時間相通的一種體驗。這種體驗可以說是人類生存的一個極致，這個跟掙多少錢感覺不一樣，升多大的官、出多大的名都比不上你這種精神上的體驗。這種巔峰的體驗，有時候一個人這一生當中他都沒有得到過，也有的人他得到了這樣一個巔峰的體驗以後，他可以有所昇華，他自個兒的生命就有了意義。

有各式各樣的巔峰體驗，比如說一個藝術家，當他真正創造出來他最喜愛的那個東西的時候，他會淚流滿面，他可以滿地打滾，人家說巴爾扎克寫《高老頭》時，他的僕人見巴爾扎克躺在地下，在那兒呻吟，「先生，老爺您怎麼了？」他說：「沒事，高老頭死了。」這就是他跟他的創造物完全合成一體，達到了這種巔峰的體驗。我有時候聽音樂的時候有這個巔峰的體驗，我有時候感覺到音樂已經把人帶到這樣的一種境界，讓人有這個巔峰的體驗——我要是用比較普通的話還達不到這個高度，簡單地說就是「沉醉」兩個字。

所以如果要讀《老子》，我就設想老子寫《道德經》的時候，他就五千多個字，他就沉醉在裡頭了，否則他怎麼寫？那時候要稿費沒稿費，要職稱沒職稱，而且他的這一套還很多人不接受，但是他把它寫出來了，

因為他沉醉在裡邊了。那些語言、那些字——我說老子的五千字，一字一坑、一字它砸一個坑，他用的那個文體，有時候不像咱們普通的說話的文體，它像是一種有神性的語言，因為我找不到好的詞——這個詞很容易被誤解，有的地方像念咒一樣，有的地方像預言一樣，有的地方像譬喻一樣，有的地方像算卦一樣。所以在這裡頭他會有巔峰的體驗，他會有一種沉醉。讀《老子》，我說的沉醉，這是一種欣賞、這是一種體驗，有這樣一種體驗，你就和老子相通了，你也會和大道相通了。當然了，不等於說你永遠沉醉、你天天沉醉，你上班見了你老闆你還沉醉在老子裡頭呢；晚上回家見你孩子，你孩子功課兩門不及格，你還沉醉在老子裡頭。那是不可能的，但起碼你哪怕有這麼幾次對老子的沉醉，這是多麼好啊！多麼令人羨慕啊！這樣的一種沉醉，不但在哲學當中、在文學當中，也有在音樂當中、也有在建築當中——有時候你看到一個特別宏偉的建築，你傻了、你沉醉了，你感覺世界上怎麼還有這樣的建築，比如說你上埃及，看古埃及的卡那克神殿，你一看，你傻了，你有一種自己傻了的感覺，你有一種完全匍匐在它面前的感覺。

讓老子來吧

　　研究科學、研究其他的學問的人也會有這種最高層次的精神體驗，這種體驗和老子也是相通的，我想引用楊振寧博士——當然我們都知道他是非常有名的諾貝爾物理學獎的獲得者——他看了我發表在三聯書店《讀書》雜誌上的文章——後來也收到我的《老子的幫助》這本書裡頭——就是講老子和數學的這麼一段文章——他看了以後很有興趣，他就把他的一本書，他原來用英語寫的，是由他的夫人翁帆女士從英語把它翻成

中文的，叫《曙光集》送我，裡邊收了一篇文章，叫〈美與物理學〉，是講物理學的。楊振寧在這篇文章裡講了一些物理的方程式，這個方程式是我所不懂的，我們可以先不說它，但這些方程有一面是與詩有共同點，它們的內涵往往承受著物理學的發展而產生的新的、當初完全沒有想到的意義，他舉出了一些……一些術語我就不引用了——像什麼麥克斯韋方程，經過愛因斯坦才顯現出它高度的對稱性，成為二十世紀物理學的一個中心思想；狄拉克方程最初完全沒有被數學家所注意，今天已成為熱門話題——楊振寧說它們的極度濃縮性與包羅萬象的特點只能夠用詩來表明。他說他常常感覺自己不能夠全面地道出學物理的人，面對這些方程的美的感受。

楊博士說：我缺少的似乎是一種莊嚴感、一種神聖感、一種初窺宇宙奧秘的畏懼感。我想，我缺少的正是構建哥特式教堂的建築師們所要歌頌的崇高美、宗教美，最終極的美。他特別給我寫信說，看一下兩首他引用的英文詩，這個翁帆女士並沒有翻譯，我試著把它翻譯一下。一個是 W. Blake 的詩，他說：

To see a world in a Grain of Sand,

（你看世界就從一粒沙子那裡來看，）

And a Heaven in a Wild Flower.

（然後你去體悟天堂——從一朵野花上。）

Hold Infinity in the palm of your hand,

（你把握無窮吧，就用你的手掌、就用你的手心，）

And Eternity in an hour.

（然後你要瞭解永恆——用一個小時。）

他說什麼呢？說你要看一個世界，從一粒沙子那裡來看，你要從一朵野花上看到天堂，然後你用你的手去掌握永恆，然後你用一個小時去掌握無限，用一個小時來領會永恆。我們這裡用一個小時來討論老子，也是試圖用一個小時領會永恆。

他引用的更精彩的詩是 A. Pope 的詩，就更激動人心。他說什麼呢？

Nature and nature's law,

（自然和自然的規律，）

lay hid in night.

（把自己隱藏在黑夜裡。）

God said, let Newton be!

（上帝說，讓牛頓去吧!）

and all was light.

（然後一切都照亮了。）

我們同樣可以說：「大道」把自己隱藏在黑夜裡，然後上蒼說，讓老子去吧，讓他試著把一切照亮，還讓二十一世紀那個小王老頭兒到 BTV 試著把它講一講！

答現場提問

主持人：聽了王老關於老子智慧的快樂與煩惱之後，大家是不是也有很多問題，哪位觀眾有問題想要跟王老交流一下？

觀眾：王老您好。今天在這個「中華文明大講堂」聽您講課，很開

心，受益匪淺，下面我還有一個問題想問問您，就是人類什麼時候能夠做到沒有煩惱和憂愁？謝謝您。

王蒙：人類完全沒有煩惱和憂愁這是不可能的，事實上煩惱過去了就是快樂，你有願望有生存有困難，就一定有煩惱，如果煩惱和憂愁也沒有了的話，你想要解決的問題也沒有了，那快樂和生命也就沒有了，所以我們永遠不要希冀人類完全沒有煩惱和憂愁。但是相對來說，有許許多多的譬如說生存糊口的煩惱，也就是說溫飽問題，我們是能夠解決的。譬如說低保的問題，解決最底層的、最弱勢的這些人的生存問題，這些都是會一步一步地有進展，但是有了進展以後你又會有新的追求、會有新的煩惱，所以問題不在於完全沒有煩惱，而在於我們有了一種精神的境界，就是面對煩惱和挑戰，我們有一種應對、有一種信心，還有一種正確的方法來一個一個地解決、來克服，或者來甩掉這些煩惱，這是有可能的。

觀眾：王老師您好。聽王老師講老子，我覺得好聽，王老師講老子，我覺得如沐春風。剛才王老師也提到中國讀書人歷來就講究儒道互補，窮則獨善其身，達則兼濟天下，但是現在來看社會，感覺普遍是比較浮躁的，老子講究這個「道」，「道可道，非常道，名可名，非常名」，又非常玄妙，如何讓現代的人在比較浮躁的一個社會環境當中，更好地更近地去接近老子呢？謝謝王老師。

王蒙：我覺得社會的這種浮躁，某種意義上說也是一個過程。因為我們國家，可以說中國，還不止是近百年來，近好幾百年以來，我們一直處在一個非常不安定的情況下，如何使社會能夠相對地穩定下來，然

後能使社會在穩定中有所前進，使我們的科學技術、生產力、教育都能有一點發展，我想這是一個非常艱巨的任務。任何事情在初步發生變化的時候，都容易顯得非常浮躁，有時候我開玩笑說，飢渴的基因在咱們細胞裡可能太多了，所以好不容易能吃飽了，見著好吃的就撲上去了，撲上去的結果又是高血壓又是糖尿病又是脂肪肝又是各種肥胖症。可是這樣經過一段過程以後，我相信他有可能心情稍微平衡一點。另外我們今天，包括咱們北京電視臺主辦這個「中華文明大講堂」，在某種意義上對浮躁症也是一個補充、一個矯治。「中華文明大講堂」解決不了浮躁的問題，我很難通過講老子解決股市你應該怎麼去處理，或者如果你家裡房子漏水了應該怎麼辦，我解決不了，可我們大家能談點不那麼直接可以使用的東西，這本身說明我們已經不太浮躁，說明我們能夠耐心地坐在這裡一聽一個小時兩個小時、聽著我在這裡坐而論道，這浮躁就慢慢地克服一點了。所以也不用太悲觀。你說大家——我餓了好幾年了，看見好吃的就往上撲，你也不要太深惡痛絕，他吃上幾次，吃得他又拉稀又得病，慢慢地他也就踏實多了，到那時候他很容易接受老子的道理了。

觀眾：王老師您好。剛才您說的那些話裡面，我覺得我最贊同的是您說老子他不可能解決我們所有的問題，您覺得他給大家的最重要的啟示是能夠讓我們悟出一種巔峰體驗，但是很顯然，這種巔峰體驗是一個人有了一定的閱歷、他從上往下看以後才能得到的，作為一個年輕人，我很好奇，王老師您是在多大的年齡、然後又有了怎樣的經歷和體驗之後，才悟出了這樣的道理，得到了這種巔峰體驗？

王蒙：這可能不完全是一個年齡的問題，譬如說我少年時代也有我少年時代的巔峰體驗。我少年時代，在當時的那個社會環境下，我選擇

了革命，我選擇了共產黨，我十四歲的時候就被發展成地下黨員了，在通知我「今天算你入黨」起，我一路上——我從什剎海走路走到西四那邊，我一路上唱著冼星海的一個歌，這個歌沒有唱起來，它不像冼星海的〈黃河大合唱〉，就是「路是我們開，樹是我們栽，摩天樓是我們造起來，好漢子當大無畏，創造新世界、創造新世界」。我覺得那就是我那時的巔峰體驗，我就一路這麼唱著歌，當時就不知道把自個兒一腔熱血往哪兒灑，不知道往哪兒拼。你都想灑熱血、都想拼了，那還不是巔峰體驗？我二十多歲的時候，看契訶夫就能夠看出巔峰體驗來，看《萬尼亞舅舅》就能看出巔峰體驗來，我聽柴可夫斯基我就能聽出巔峰體驗來。要從這些意義上說，不是說非得老了——你還得長壽，你萬一要短命呢？那就沒有巔峰體驗了——我覺得在不同的年齡、不同的年代，你都會有一種精神上的振奮、都會有精神上的一種沉醉、都會有精神上的一種服膺，就是你完全服了：我服了我真服了，我五體投地了，我願意為你獻出我的生命了，我覺得這個東西比我的生命還重要了！我想這樣的體驗人人都會有的。甚至於我們也可以設想，譬如說一個運動員在他最最困難的時候，他一咬牙把這金牌拿到手了，那也是巔峰體驗，那可高興了呀！不光他高興，咱們都跟著高興。所以也不必把巔峰體驗說成只有「讀《老子》」這一個法子你才能得到巔峰體驗，那倒不是！

第十三講：
得與失、成私與無私

關於私利

在老子的學說當中有一個很有趣的問題，就是他對人的私利、人的名聲，對人的個人所得的看法。其實在各種不同社會的不同思想家那裡，都很有興趣研究這個「私」的問題。比如說有一些國家最側重的是研究從法律上怎麼界定利益，哪些是屬於社會的、屬於集團的，哪些是個人的，應該得到保護的、得到關注的。也有些國家甚至於規定了男性和女性在私利上、在權益上是不一樣的，或者由於階層、種姓的不同，比如說王室和平民又是不一樣的，高級的種姓在私利上比低級的種姓要多得多。我們的社會主義是強調集體主義的，我們曾經把這個「私」字都是當做一個比較壞的東西來看，「文革」

當中提出來過「破私立公」的說法，還提出來過「狠鬥私字一閃念」。

但是老子的想法有些不一樣，他說的最流行的一句話就是「非以其無私邪？故能成其私」，就是正因為你不太計較自己私人的利益，所以你個人的很多利益反倒得到了保證。這句話會引起很多的爭議，因為有人會想到這不是玩假招子嗎？我表面上無私，這樣的話，我的私人的利益還最多，我得到的最多。這也是一種理解，但是我們研究一下老子，他既不是從法律上來劃分，也不是從道德上或者從意識形態上要求你滅一個私存一個公，他所希望的就是私的問題的解決要和「道」和「自然」的品格相一致。

不有、不恃、不宰

老子在第五十一章有一段非常有名的話，「道生之，德畜之，物形之，勢成之」，「生而不有，為而不恃，長而不宰，是謂玄德」。他說「道生之」，就是天下的規律、法則與起源本身，大道本身就決定了生生不已。早在《周易》裡邊中國人就相信「生生之謂易」，就是世界上不斷地產生各種新的事物，新陳代謝，這就叫「易」，也就是老子所講的大道。或者說「天地之大德曰生」，天跟地配到一塊了，於是就有各種各樣的物質、各種各樣的生命出現了，所以他說是「道生之」。

我們舉一個例子，比如說電腦，電腦首先是電腦本身，作為一個工具，一個大受歡迎、銷量用量極大的新產品，這只不過是這幾十年的事情，是上個世紀的七十年代末八十年代中才產生了大量的電腦。但是電腦本身所具有的道性，就是說這樣一個用電子從事計算的原理、這樣一種二進位的可能、這樣一種數字化來組合各種各樣信息的可能，正是這

種可能性，加上人們尋求更方便地進行運算、儲存、檢索、輸送的必要性，使電腦得以產生。也就是說原理和可能性產生了電腦，這就叫電腦之道、電腦之法則、電腦之必要使電腦生之。

「德畜之」，「德」是什麼呢？老子在有些地方是批判「德」的，但是在這個地方他講到的「德」，以電腦作比喻，就好比是科學家，就好比是人類的智慧、勤奮、創造性、進取心、團隊精神和種種卓越不凡的品質。有了科學家、有了人類的智慧，電腦就能夠慢慢地吸收進來各式各樣的營養，它就可以發展了。

「物形之」，當然還得有材料，電腦本身得有硬件，有各種各樣的材料，有一些金屬、有一些非金屬、有一些導體、有一些半導體，還有一些非導體，所以各種不同的物質形成了。

「勢成之」，「勢」就是有驅動。

道性非私

老子講這個的目的是什麼呢？他說這些東西的產生並不是任何一個人可以占有、可以私有的。你發明的電腦不錯，你可以去登記你的發明權，但是你想想電腦所以能產生的道理不是你發明的，是客觀存在的，你製造電腦的這些材料不可能都是你自己在家裡製造出來的，是社會所提供的，是許許多多科學家和技術工人的智慧，不是你一個人的事情。你發明出來了，你做出電腦來了，可各種各樣的軟件、各種各樣新的硬件不斷地出現，也不是你一個人的事情。

所以老子的「道」具有這種特性——什麼特性呢？就是「生而不有」，我可以生產它，我可以產生它，但是我不能占有它，我沒有權力占有它，

這個境界應該說還是非常好的。而老子說這是大道的精神，這不光是你個人讀書、修身或者上課的結果，而是道本身就有這個特點。「為而不恃」，你製造了它，可以說是操作了或者製造了它，但是你沒有什麼可倚仗的，也不可以拿它來作為你個人的資本，因為和我上述的那些原因一樣。「長而不宰」，你可以幫助它，慢慢地利用它，慢慢地有所發展、有所獲益，但是你並不企圖控制它，因為就拿電腦來說，這個信息業不是任何一個人所能夠控制的，如果你去壟斷、你去控制，你還要被起訴。

所以老子從大道的品德上實際提出了一個疑問，就是很多人都有「私」的觀念，人有對自己個人的關注，有想多得到一點東西或者滿足欲望的一種衝動，這也是人的天性，老子提出這個問題來，是說你這個私到底來自何方，你有多少根據，你能不能把你自己所謂的這一切的一切，都看成歸你個人所有。應該說老子是從根本上提出來這麼一個疑問。相反的，他希望人和大道一樣，就是能做到「生而不有，為而不恃，長而不宰」。

把私擺在哪裡

老子在第七章裡頭又講「天長地久。天地所以能長且久者，以其不自生」，就是天和地也並不在乎自己生不生，天和地從來不著急，該怎麼樣就是怎麼樣，自然而然地在那兒發展，「故能長生」。正因為天和地並不在乎自己生不生，所以它是恆久的，是比較恆久的。「是以聖人後其身而身先」，得道之人、有學問之人、有境界之人，什麼事都把自己擺在後頭，越把自己擺在後頭，結果他的思想、他的行為反倒起了一個帶頭作用，如果他什麼事都把私利先往自個兒家裡頭、先往自個兒口袋裡裝，

那麼他就不可能走在大眾的前頭了，他反倒會被大眾所輕視、所瞧不起。

「外其身而身存」，就是他考慮什麼事，常常把自己置之度外，或者把私利置之度外，就是說我們常常會想到群體的利益、想到大的方面，而忘掉了這件事對私人是有好處還是有壞處。你越是忘掉了自己，結果反倒由於大道的關係你受到了各方面的歡迎，你反倒能夠存在。

「非以其無私邪?」就是剛才說的那句話，你的無私的結果反倒成就了你的私。老子的這個說法就和完全不准說私、或者見私就狠鬥不一樣，但是他又與把私人利益提倡成一個核心、一個基礎、拔一毛而利天下不為也——我不管別人，我就管我自己——和這種想法又不一樣。

他讓你克制你的私心，他讓你能夠從更高更遠更大的方向上把自己的私看得小一點。但是他又認為在這種情況之下，有可能由於客觀力量的作用，當然老子那時代不叫客觀力量了，就是由於道的作用，在這種情況之下相反相成，反倒使你能夠得到自己應有的那些獲益、應有的那些收穫，你都能夠得到。應該說老子這個對私的看法還有他的合情合理之處，他是抑制私的，但是他並不是要消滅私，所以我們下面就討論一下這個問題。

對於私的實事求是的討論

第一個問題就是一個人能不能把私放在第一位、把你的利益放在第一位? 你當然有你的利益，我也有我的利益，比如說我有工資的收入，譬如說我有自己的財產，譬如說我對我個人的身體健康或者對我的家庭的生存狀況都挺關心。但是，是不是我這一生就光顧這點事兒呢? 要光有這點事兒我怎麼活下來的呢? 你必然有比你的私更重要的事兒。你關

心你的利益，但是你更關心群體的利益，你要關心事業的發展，你還得關心你的工作，比如說在 BTV 做主持人的工作，你只有把主持人的工作做好了，為廣大的觀眾、聽眾、受眾服務，BTV 的領導對你提的要求你都能夠達到了，為 BTV 整個電視臺的工作做好了，你才能得到你自己的利益。相反的，如果你一心只有自己的利益，你肯定什麼利益都得不到。這個說起來其實也挺簡單。

爭取私利的代價及其他

第二個問題，求私也是要付出代價的，爭私付出的代價就更大，有時候我們就要想一想，一個過於計較私利的人會不會得不償失，甚至於是適得其反。因為你太計較私利了，你經常盯著一些東西斤斤計較，這樣的話會影響你的事業、影響你的專業、影響你的讀書、影響你的求學、影響你的群眾形象公共形象、影響別人對你的看法，你可能損失得更多，所以我覺得這也是一個問題。即使僅僅對於私來說，有求就有付出，有得就有失去，沒有單向的私利運作。

第三個問題尤其好玩，我也愛研究這個，因為我寫小說，我接觸各式各樣的人，我就發現有些私利特別重的人很好笑。我們討論這一點：因為你私利重，你應該盯著自個兒的口袋，你應該盯著自己的錢包，他不，他老盯著人家的口袋、人家的錢包，就是他並不是要求自己得到收益、得到發展、得到幸福，而是老怕別人比他幸福，這就特別可笑。這可以說是人類某些人的一個非常可笑的弱點，可能也是我們所說的「不患貧，患不均」。要光「患不均」還有點道理，但是他怕什麼呢？怕別人超過自己。這種心情有人達到非常極端的地步，有例子，印度有一個寓

言故事，這個故事挺刺激的，說是有一個私心特別重特別重的人，有一天上帝問這個老艾魯說：由於你這一輩子沒做什麼壞事，我現在要答應你的一個要求，但條件就是我要給你的鄰居兩倍你要的東西，譬如說你的要求是十萬塊錢，那可以，我給你十萬，然後我給你鄰居二十萬；你的要求是一間房子，可以，你得了一間房子，你鄰居是兩間房子——甚至於咱們說個笑話了，說你的要求是一個美女，這都行，你一個美女，他倆美女。這個人就煞費苦心想了半天，一咬牙說：上帝你挖掉我一個眼珠子吧。他想的是什麼呢？哎，就是他最不能接受的是鄰居超過他自己，就是你挖掉我一個眼珠子，那行了，鄰居你挖他倆眼珠子，我一個眼珠子還看得見。

這當然是非常好笑的，這也是人的一個鏡子，就是有時候我們要考慮考慮自己的眼珠子安全不安全。你不要老盯著別人、老不服別人。

大處不算小處算是人類通病

我還有一個發現，沒人說過：私心太過重的人往往還有一點，就是大事他不計較，專計較小事；越是想大事他越有大的氣魄，他從大的事情上來考慮時，反倒考慮問題境界好一點，越是雞毛蒜皮的小事越計較。

我在八十年代看英國一個著作家帕金森寫的書叫《官場病》，這書曾經在中國暢銷一時，《官場病》裡頭說到這麼一個定律，就是越是數額高的預算在議會裡越容易通過，為什麼？第一，數額太大，那都是大事，例如航天經費——我已經記不清原文了——假設說二十億英鎊，誰也沒有二十億英鎊的概念，二十萬英鎊可能還有，那些人自己也挺闊，但二十億英鎊他也不知道是什麼價了；第二，他不懂航天；第三，他知道航

天非常重要，和綜合國力有關係，和科學有關係，所以二十億英鎊這筆預算十五分鐘到二十分鐘通過了。

預算裡頭有一項，英國人講這個 "tea break" 或者 "coffee break"——茶歇，就像我們工間操似的，比如下午兩點到六點上班，中間四點的時候有十五分鐘喝下午茶，而且英國人喝下午茶一定要加餅乾、小點心，那麼應該提供什麼樣的餅乾、什麼標準？這個人人有發言權，這裡利益很多、眾口難調，而且誰都懂。討論了兩天沒通過，那個說標準太高了，說怎麼能夠吃三英鎊一包的餅乾呢，只能夠一英鎊或者一點二英鎊一包的餅乾才可以給公款報銷，超過三英鎊得自己花錢；有的說連這麼點兒好一點的餅乾都不給，都用垃圾式的餅乾給公務員吃，影響我們公務員辦公的效率和形象。可以爭論很多。

我看這個覺得特可樂，後來我慢慢地發現其實不光是官場，所有的人都有這一點。討論一件大事，比如說這家要買房子或者買汽車反倒容易解決，不那麼死摳，買一所房子假設一二百萬塊錢，他的底數是上百萬或數百萬，那麼他就要求從宏觀的地方來考慮，他的參照系是大傢伙兒，他必須大處著眼、大處落墨，他知道買房子不可摳摳搜搜。可是如果買一根黃瓜呢，他發現某個超市裡是一塊錢可以買兩根黃瓜，而他自己買了一塊一毛五定價的兩根黃瓜，他回來以後心裡可不高興了，他可以彆扭半天：怎麼這個超市這樣呢，明天我得上那邊去！

我說這些話的目的在哪兒呢？就是你對你自己的那些所謂「私」的考慮別太相信，你別以為你自己能最好地照顧你的私利，還是大道能照顧好你的私利，你還是得符合自然、符合大道、符合社會的發展，才能夠對自己的私利，相對來說有比較聰明的也比較明白的、比較合理的一種照顧。

過分自私只能適得其反

所以老子就說「不自見，故明」，你自己不去表現自己，所以你就比別人明白。「不自是，故彰」，你自己不自以為是，反倒比較彰顯，比如：別人能看得見。「不自伐，故有功」，這個「伐」在這兒就當吹牛講，你不是老在那兒吹的話，你的成績別人反倒會替你說：他這方面還是有成績的！相反你的成績假設是六十，你把它吹成七十了，那別人就要給你的六十裡頭再減十，認為你最多只有五十的功績。在某種意義上說，你太過了也不行。你有六十的功績但你自己只按二十的功績在考慮，那麼別人呢，或者群體呢，反倒會覺得還應該給你的估計再好一點、再高一點，所以他說「不自矜」，不那麼驕傲矜持、那麼拔分兒（出風頭），不那麼威風，「故能長」，你的形象反倒比較高，你自己越擺架子，人家別人越瞧不上你，或者表面上應付著你，心裡想：這是幹嘛呢？他會有這樣的一些想法。

「夫唯不爭，故天下莫能與之爭。」「古之所謂：曲則全者，豈虛言哉！」就是說你能夠在適當的時候委屈一下自己，有些事不那麼膨脹、不那麼直截了當地什麼東西都要求自己的利益，你反倒比別人做事情會更周全一點。如果你一味地膨脹、一味地擴張，你很可能會走向自己的反面。所以我們也可以想一想。生活中這樣的例子非常多，就是越是自私的人越是老受挫折，什麼都爭的人結果得到的非常的少，你牛吹得多，反倒多丟幾次臉。人家讓你隨便地吹過幾次，說不定你就受到諷刺或者受到批駁。這樣的故事非常多。

所謂「私」，同樣是個人的利益、個人的願望，同樣我們會有個人的奮鬥，今天我們的社會也不能否認個人奮鬥。集體的奮鬥、民族的奮鬥、

人民的鬥爭，它是通過每一個個人來實現的。但是我們起碼可以看得出來，有一種奮鬥只是盯著自己，只是盯著自己的那點蠅頭小利，而另一種奮鬥是盯著事業、盯著學問、盯著群體，那麼這種奮鬥就比較更符合大道、更符合那種「生而不有，為而不恃，長而不宰」的大道。

拉弓的啟示

老子在第七十七章裡還有一個說法，也是很有啟發意義的。他說「天之道，其猶張弓歟？」說天道好像拉弓，當然我也不會拉弓，他說「高者抑之」，如果你弓拉得過高了，你瞄準那個地方需要往下走一走。「下者舉之」，如果你前手太高後手太低了，前手要往下一點，後手要往上一點，或者是由於重心的關係，或者是由於瞄準的關係，總而言之你高的地方要往下壓一壓，低的地方要往上舉一舉，簡單地說就是你得找齊，你得要注意到它的平衡，不管是在重心上、用力點上還是在瞄準上，都要讓它平衡、讓它平穩。

「有餘者損之，不足者補之」，你這個地方勁使得太大了，結果使這個弓弦——射箭運動我是不太明白，那個意思就是如果你的力量很不均勻的話，那麼勁大的地方應該減少一點，勁小的地方應該增加一點。他是什麼意思呢？他說天道是找平衡的、是找齊的，天道不會畸形地讓某一方面或者某一點特別地發展，天道是要求均衡、要求穩定、要求平穩的，因此高的地方低一點，低的地方高一點，勁大的地方減少點勁，勁不夠的地方加個油，他是這麼一個意思。他說「人之道則不然」——他批評、甚至於是很嚴厲的指責：當時在東周的社會裡，越是有能耐的人、越欺負弱小的人、越是強勢者，越欺負弱勢者甚至於損害弱勢者。

老子說「天之道損有餘而補不足」，減少有餘的，幫助不足的，但是「人之道則不然——損不足以奉有餘」，封建社會、混亂的社會，誰老實誰越受欺負，你本來就窮，他還要壓榨你，損害你的利益，「奉獻」給剝削階級、給對於群眾對於人民毫無責任觀念的那些人。所以他提出一個非常重要的命題：「孰能有餘以奉天下？唯有道者。」說誰要是能做到：你感覺到自己某些地方有餘了，你就想到我比較富足比較有餘，我應該去幫助社會，這就是有了道了。

奉天下才是大道

他非常看重的這個提法，實在是非常重要，尤其是對於今天來說，就是所謂的成功者，越成功越應該想到奉獻，請看老子在兩千多年以前就說了：「有餘以奉天下」，「奉」是什麼？現在「奉獻」倆字講得非常多，奉獻的精神、奉獻社會，早在兩千多年以前老子已經說了「有餘以奉天下」。他說得也很合理，如果你現在溫飽還成問題，我就要求你奉獻天下，這唱高調不符合實際，但是你有餘了還不想著奉獻給別人、你還不想對社會做點貢獻，你太差了，太無道了。

在全世界的文明國家裡，越有地位有成就、擁有大量財富的人越注意要做慈善事業，要奉獻天下。好像是去年吧，比爾·蓋茨就從微軟企業裡退下來了，而他把他的全部財產都用來做慈善事業，就因為他認為他從社會上得到的東西夠多的了，他成功了以後要回報社會。

所以這和我們今天的思想是可以找到銜接點的，我們講要幫助弱勢群體、我們講要回報社會、我們講要做公益事業。比較起來我們國家的慈善事業也還不是非常發達，當然我們國家也有一些非常鼓舞人心的事

情，比如去年在汶川地震之後，我們可以看到各界，不管是企業界、演藝界、文藝界，都有那麼多的相對比較成功的人士慷慨解囊、奉獻天下，當然更不要說還有很多普通人，更不要說其他的公職人員、解放軍，他們也都是用奉獻的精神去幫助那些災民、幫助那些受害者。要用老子的說法，就是這才是天道，這符合天道，這才符合「高者抑之，下者舉之，有餘者損之，不足者補之」。

不要太膨脹

他又說「是以聖人為而不恃」，他在好幾個地方說到「為而不恃」，他說天是「為而不恃」，聖人也是「為而不恃」的，就是你永遠不會覺得我了不起，永遠不會覺得我已經做夠了，永遠不覺得我已經可以吹一番了，而且時時覺得自己做得不夠——「功成而不處」，「不處」就是處理的「處」，「功成而不處」就是說有個很好的成果吧，我不跑到這個成果前頭照相，我不跑到這個成果前頭插一個牌子，說這是我的成果。因為我知道這是大家的成果，不是我個人的成果，這是大道的成果。我們今天不說「大道」，我們可以說這是歷史發展規律的成果，不把它看成一種東西來炫耀，不用這個東西來膨脹。我覺得這些地方他都講得特別的好。

老子在第四十四章裡又講「名與身孰親」，進一步來討論「私」的問題，討論你自己私的問題。你自己要有一個掂量、要有一個分析，不是說一沾到你就什麼事都好，同樣屬於你的私，中間還要分一分輕重緩急。

老子為什麼提出問題來說「名與身孰親」呢？就是因為他看到了在當時的社會上，有一些人為了追求虛名而把自己的身體、自己的生命都丟了。從老子的觀點來說，他認為這個不值得。你不能為了虛名就過於

輕生，這是老子的觀點。「身與貨孰多？」他又看到一些人為了貨，就是物質利益，或者今天來說就是商品吧，那個時候可能還沒有商品這個詞，但是貨物，因為他已經提到了「難得之貨」，所以當時雖然沒很發達的商品經濟，但是也有貨物，還有哪些貨物是要珍惜的、哪些貨物是一般的這樣一個差別了——但是老子提出來：貨再多，你的財富、貨物，所謂難得之貨、令人珍惜的商品再多，沒有你自己的生命更重要。我們也可以舉這樣的例子，很容易舉，就拿貪官來說，你貪了很多具體的物品錢財，貪了金條、貪了首飾、貪了值錢的東西、貪了文物字畫，最後受到了法律的懲處，那時候你就明白了，貨對你來說意義非常之小，遠遠不如身體和生命對你更重要。

「得與亡孰病？」這是老子比較獨特的說法，因為老子特別愛從反面做文章。「得」，你獲得，「亡」，是丟棄的意思，這個亡不是當死亡講，就是你獲得與丟失哪個給你帶來的害處更大？一般的人都認為獲得是好的，我得了一千塊錢跟丟了一千塊錢，那肯定是得那一千塊錢高興，不會因為丟失了一千塊錢或者多花了一千塊錢而高興。但是老子說不一定，如果你獲得的不是你應該得的東西，如果你獲得的這些東西引起了別人的不滿、引起了社會的不滿，如果你獲得的這些東西是違反了法律和社會的道德標準，如果你獲得的這些東西勾引了引誘了盜賊搶劫、各種形式的人身的侵犯，你還不如不獲得呢。這樣的故事也非常的多，民間也有很多這樣的故事。比如說你中了彩了，你得了什麼特等獎了，結果把自己的生活全部破壞了，把自己的平安、自己生活的享受反倒都丟失了，這樣的例子也非常多。

「是故甚愛必大費」，對一個東西喜愛得過分了、要求得過分了、追求得過分了，那麼付出的代價就超出了那個東西本來所有的價值。它的

價值不那麼高，但是由於你過分地喜愛、過分地追求，使你過多地付出、使你得不償失。「多藏必厚亡」，就是你保存的東西越多，你丟的就越多，起碼丟失的危險就大得多。

說起來，老子這個說法也是一面理，比如你家裡有很多收藏，你有很多的財富，我家裡沒有，你的東西又都是合法獲得的，都是靠你的創造、你的勞動所得到的，那你還會被人羨慕被人稱讚的，我會說：哎呀，他可真有本事，你看他的家裡那些書畫、那些文物都是好東西，都是真傢伙。那還是被人羨慕的。不是說你藏著就一定丟，如果你的保安做得好，你自己也很謹慎，你可以不丟。他提出的「多藏必厚亡」是從更遠的一個角度、更宏觀的角度來說的，他說的是對的。因為我有很多在國外旅行的經驗，我就發現越是最豪華的——皇帝也好、貴族也好、富商也好，有許多許多都在戰亂之中倉促逃跑，最後他的這些東西也只不過就是供大眾或者是供旅遊者、供遊客來看看熱鬧而已，他當時收藏的目的什麼都沒達到。我在波蘭看過一個馬車博物館，那個馬車收藏的呀，那比現在的什麼雪佛蘭啊，什麼寶馬啊，比那個車漂亮太多了，全都是一個大貴族的馬車，但是最後他能得到什麼呢？你藏的越多你告別的就越多。

不要說戰亂了，就是疾病和死亡使你離開這個世界的時候，你不也是「厚亡」嗎？你有多少東西又有什麼用呢？所以他從這個角度上來說，你藏多少你最後就得丟多少，你手裡頭攢著多少，你最後就要鬆手鬆掉多少。這話也是有它的道理的。

知足與知止

所以他說「知足不辱」，你自己知道什麼事到時候行了，別再有那麼

多的收益了，你收益已經不少。這樣的話你就不會使自己走到被輕視、被非議那種相對比較耻辱的地步了，用現在的話來說，就是「見好就收」。你能不能到時候適可而止，不使自己過分到成為一個被議論、被批評甚至於被查處的對象？我相信，我們國家現今因為貪瀆罪行而受到查處、受到制裁的那些人，他們最後會非常的後悔，他們會想到既有今日何必當初，他本來就應該知足。

「知止不殆」，知道到什麼地方就該停止了，但是這個「止」也還可以做另外的意思，就是「目的」，就是我知道目的，我不是一味地惡性膨脹，我既知道適可而止的這個點和這個必要性，我也知道我是要做到什麼，我既然達到了這個目的，就不必再延伸了。「知止不殆」是老子的話，但是和儒家的說法又是完全一致的，在四書五經中有，《大學》一上來就提出「大學之道，在明明德，在親民，在止於至善。知止而後有定」，也提出來「知止」，就是「知止而後有定」，就是你知道你到什麼地方就應該停止，或者你到了什麼地方就到達了那個目的地了，就到了你所要到的那個地方了，這個時候你就知道該停一停。這樣的話你就有定，你就有主心骨了，你就有準兒了。所以我就開玩笑說，「有定」的反義詞是什麼呢？就是「沒準兒」，你老沒個準頭，不管幹什麼事，寫作也好、從政也好、經商也好、搞科研也好，你沒個準頭，東一榔頭西一棒子，你什麼事也幹不成，而且甚至於還會陷入泥坑、誤入歧途。儒家的說法是「知止而後有定」，道家的說法是「知止不殆」，「不殆」就是你不會把自己陷入泥坑、掉入陷阱。

我們這個社會上有許許多多這樣的例子，就是各種各樣的騙子騙人錢財等等，所有受騙的人往往——當然我們同情這些受騙的人——但是有許許多多這樣的故事，我們在媒體上也會看到，就是受騙的人為什麼

會受騙呢？貪小便宜！騙子給你說一個什麼很稀奇古怪的事，就把你騙了，而如果你沒有這種貪小便宜的心，你從來不相信天上能掉餡餅，不相信不費力就可以有所獲得、就可以發展自己的私利，這個受騙上當的可能性就比別人小得多。所以老子為我們講的這些也算是一個警示吧。

他說「知止不殆」，他又說「可以長久」，就是你能做到這一步你就長久，用現在的語言來說：你就可以持續發展了，你就可以保持長期穩定了，你就可以長治久安了。為什麼我用這些政治術語呢？因為我們要記住，老子的許多話是給老百姓講的，但首先他是給掌權的人講的，是針對當時的統治者的：一、君侯，二、大臣，三、士，「士」就是候補大臣，有志於當大臣的人、有志於來協助所謂治國平天下的這些人。

你不可能得到所有的「點兒」

我覺得這些地方老子講得都挺有意思。西方也有一個說法，就是：你不可能得到所有的點兒，「點兒」也可以說分數，就是說你做任何事情在有收穫的同時要考慮到付出，在有成就的同時要考慮到你還要繼續付出代價，你在擴張的同時應該考慮到有些事情上要收縮，你再趾高氣揚應該想到有很多地方你應該謙卑，必要的時候還要低聲下氣。西方有這個說法，就是說你得不到所有的點兒，總是有得有失、有進有退、有上有下。你要是能懂這個道理，你離大道就近得多，你就不會經常處在一種焦躁之下、處在一種怨恨之下，也就是說你要相信：大道本身就具備一種調劑和平衡的能力，具有調劑和平衡的特點，什麼好事都讓你一個人碰上這是不可能的。如果反過來你抱怨你這一輩子什麼壞事都碰上了，這種可能性也比較少，當然有特殊情況，比如說得了 H1N1 流感死亡了，

那別人也就沒法替你說大道怎麼能夠幫助你了，這是很特殊的情況；出交通事故你死亡了，這別人也幫不上忙了。但是一般地說，大道有一種調劑和平衡的能力。

老子在第三十章裡又講到類似的問題，他是從戰爭來說的，他說「大軍之後，必有凶年」，由於戰爭會造成生產力的破壞——當然古人還有一種類似天人感應的想法，你說他是迷信吧，又很難說完全是迷信，他認為大軍之後就會出現洪澇或者乾旱或者蟲子或者這樣一類的天災人禍。我為什麼說他不完全是迷信呢？因為戰爭會對社會的生產力、對社會的正常秩序造成負面的影響、造成破壞，所以大軍之後緊接著有各種各樣的災荒，這完全是合情合理的、是可能的。「以道佐人主者，不以兵強天下」，這當然是老子的烏托邦了，帶有空想的成分，但是作為一篇文章，作為一個書生論戰，這意思還是好的。他反戰，他認為你真正掌握了大道，你不要靠武裝力量靠武力去逞強，然後他又說「善有果而已，不敢以取強」，你如果用兵、如果搞政治鬥爭，你得到了成果、達到了你的目的，行了。「而已」這個「已」是當停止講，你不是勝利了嗎？行了！「不敢以取強」，你用不著因為這個勝利就耀武揚威起來，你不敢因為這個就自以為永遠處於強勢，實際上沒有這樣的事。

物壯則老

我們看歷史，有很多的強國、有很多的大國，但並不是強國永遠強，並不是大國永遠大，所以不要取強。「果而勿矜，果而勿伐」，這又和前面說的那些「不自矜」、「不自伐」——你看《老子》是五千字，這五千字裡有許多非常一致的思想，甚至於有重複，但是這個重複對於老子來

說是必要的，因為他要強調說，你不能因為有成果、因為戰事的勝利或者因為事業的成功，就自吹自擂、驕傲自大。「果而勿驕」，你也不要因為這個就驕傲。

老子還喜歡宣傳的一個觀點是：「物壯則老，是謂不道。不道早已。」他說一個東西發展到最強壯的時候也就開始衰老了，這都是實話，你想一個人達到了最高峰的時候，他底下就肯定要走下坡路。「是謂不道」也就違背了大道。「不道早已」，你要違反了道，你完蛋得就快，你死亡得就快，你走下坡路就快，所以要警惕自己，不要達到這個巔峰。當然這個話我們倆說著，說「物壯則老」，有時候我也想跟老子抬槓：你說「物壯則老」，可物弱的話老得更快是不是？你病病秧秧一輩子沒壯過，你的人生不是更可悲嗎？小時候你先缺鈣，得佝僂症，大了以後你得肺結核，到了中年的時候又是肝炎，你老得更快了，四十多就變成小老頭了。這個也是可能的。但是老子講這個話，尤其是為那些統治者講，就是你不要急於稱霸天下，那些諸侯國家——當時說天下，其實也就是中國這個範圍——你不要把自己發展到頂端，發展到頂端反倒是危險的。

付出必須超前，收益往往滯後

老子講的「夫唯無私，故能成其私」，對於我來說還有一個很特殊的感受，就是說這不僅僅是講你應該怎麼樣做人，不僅僅是講怎麼樣使你的做人符合大道的原則，他這個「唯無私，故能成其私」，我老覺得這裡頭還有一種人生的況味、有一種人生的感受、有一種人生的感想。

要知道這個人啊，往往是在年輕的時候做事特別急，他特別覺得自己什麼都需要，因為年輕的時候他擁有的成績，所謂「果」，那個果實的

「果」，他最少，所以那個時候他最急於求成，那個時候他如果有私心，表現出來的也比別人更明顯。可是越是在那個時候他越得不到私。什麼原因呢？我們想一想，這個人生啊，往往付出需要超前，收益往往滯後，你想想誰不是這樣？年輕的時候，你要學習，你有很多東西不懂，別人對你也不瞭解，社會對你也不承認，所以你的付出要非常的超前。一個運動員也是這樣，他從小就上體校，我們現在有一些奧運會的金牌獲得者幾乎很少有別的兒童少年的娛樂，很少在自己父母的跟前得到家人的寵愛，而是從很小就開始練上了，那不得了啊！很辛苦啊！所以付出永遠是超前的，而這個收益往往是滯後的。你付出最多的時候——對不起，那時候沒有見成績，相反的，這個收益是一個長期積累的過程，你已經積累了很多很多了，已經不是像當初那樣的拼命了，你比較得心應手了，你也不像原來那麼緊張了，你的私心雜念比任何時候都少了，這個時候有了收益了，你「成其私」了。

「夫唯無私」，你這時候的私心雜念少多了，因為你也成長了，可是這時候「成其私」了，應該得冠軍的得冠軍了，該得獎金的得獎金了，該受表揚的受表揚了，該得到提拔的得到提拔了。這樣的例子無其數。

牙與花生的人生況味

所以我有時候非常感慨老舍先生在《茶館》中寫過的一句話，後來又被很多相聲演員所引用。說什麼呢？說：你有牙的時候沒有花生豆兒，等你有了花生豆兒了可是又沒牙了！這個話的意義非常多，它是講人的衰老的，你年輕的時候——花生豆兒就指財富，或者是指本事，用今天的話來解釋，就是「私」——你那時候成不了私，你有牙但是你成不了

277

私。後來你沒有牙了，你已經沒有原來那些最好的條件了，這個牙就是「私欲」，就是爭奪心，就是希望得到私的那個願望和手段，等到你沒有什麼牙了，沒有那麼大的私欲與爭奪心了，叫「夫唯無私」，你現在反倒有了花生豆兒了，反倒有了收益。

搞寫作的人也是這樣，越年輕時候越是渾身長牙，看不起已有的一切，看不起前人，堅信天降大任於自身，文學將從自身開始。現在有些「八十後」就是這樣，一身的牙，但是花生豆兒花生仁兒（作品、知識、經驗）都有限，可牙很厲害，其實我當年也是這樣，我是「五十後」，我也認定自己應該吃掉、將會吃掉與消化所有的花生仁兒。

這是一種人生的況味。我覺得我們與其把這個「夫唯無私，故能成其私」僅僅是當做一個道德教訓來講，不如把它當做一個大道本身的特色來講，也不如把它當做一個人生的況味來加以咀嚼、來加以歎息：你太私了，你牙齒太尖利了，對不起，你達不到目的；你只有好好地付出，付出一定要超前，收益滯後；但是真正有了收益了，花生豆兒挺多了，你牙口兒也就不行了。所以人生不要太自私，花生豆兒大家吃，不要光想著自個兒吃花生豆兒。

第十四講：
得道者的風度

風度與舉止

　　有一個非常有趣的問題，就是老子在他的《道德經》當中是怎樣論述一個得道的人的：他的舉止、他的風度、他的風采。其實不僅僅是中國，古今中外都很重視個人的風度風采，像魏晉南北朝的時候，說一個真正的高人，就說他站在那裡玉樹臨風，非常之美。外國人也非常重視這點，用很多的詞，比如馬克思說：風格就是人。英語叫做 "style"，也是風度也是風格，還可以用 "mode"，叫做範式，還可以用 "manner"，叫做舉止，還可以用 "fashion"，叫做崇尚。英語裡用一系列的詞，說一個人怎麼樣，就是說你遠遠地一看，或者從外面一看，怎麼樣可以看出來這個人是一個有學問的人、是一個文明的

人、是一個有知識的人、是一個令人尊敬的人。他們也很重視這個。

《老子》第十五章說「古之善為士者」——有的版本說「古之善為道者」，但是我覺得這個問題並不大，因為老子所講的「善為士者」並不是說你能夠出謀劃策、伎倆特別多、鬼東西特別多，他說的不是這個意思，他說的「善為士者」正是那個得了道的人，所以「善為道者」、「善為士者」，我們不必在這上面使太大的勁——「微妙玄通，深不可識」，這個可是有點意思。微妙，我們現在還用這個詞，這是一個很現代的詞，說真微妙啊，卻原來老子在那麼恆久的兩千多年以前已經用過這個詞。「微」就是精微、就是細、就是精、就是明察秋毫，就是這個道理，本身又相當的巧，所以才叫微妙。實際上我覺得應該解釋成「智慧」，這種智慧令人讚歎、令人叫絕、令人五體投地。

「玄」是指它的概括力，龐樸先生考證這個「玄」字在古代實際說的是水在打漩，它是象形的，因為古代在創造每一個抽象的字的時候，往往都是有大自然的一個具體的現象作為它的參照物。我們今天說的「玄」是帶有一種概括性、抽象性，一種彈性，一種在智力上能夠給你很大啟發而又不是日常生活中所有的東西，叫「玄通」，它又很明白很通達。你有了大道以後，第一你很精微，第二你很智慧，第三你很獨特、你很概括，別人還不容易摸清你的底細，第四你什麼都明白，你該上哪兒就上哪兒，可以什麼都是，變成古人叫「通人」的智者。通人就是很多知識他都有，他都能讀得通、能想得通、能說得通，這樣的人叫「微妙玄通」。

深不可識

底下的一句話是「深不可識」，得道的人，別人一下子還摸不到他的

底細，還瞭解不到他的這個道，因為這個道太深奧了，不是一般人能夠理解的。這個說法，必須承認我至今並沒有完全弄明白，因為老子在另外的一些地方又講知白守黑，又講和光同塵，又講樸，「鎮之以無名之樸」，就是一個人應該很樸素，應該很原生態，但是他為什麼同時又說他是深不可識的呢？這一點我不能解釋得非常周全，我自己還不能做到深不可識，但是我願意試著解釋一下深不可識是什麼意思。在東周的時候，在春秋戰國的時候，「道」的思想還沒有成為共識，因此你不容易被理解，相反那些縱橫家、那些陰謀家、那些兵法家、那些整天遊說於各諸侯國之間，搞富國強兵、統一天下的這樣一些人，他們容易被識，而你主張「道」、主張自然而然、主張無為而無不為，你不容易被識，有這方面的含義，我也希望聽眾當中，或者專家當中，對我有所指教。

他這個說法還有一條，老子在另外的地方又講過「國之利器，不可以示人」，就是真正的「道」，真正的最偉大、最玄虛又是最巧妙、最自然的「道」，你不必急著給別人講，你講他也聽不明白，老子也有這個意思在這裡。特別我們要考慮到，老子的許多說法是講給侯王們、執政者們、有野心取天下者們聽的，他們當然必須深不可識，不可被百姓更不可令敵國、盟國、鄰國一眼看穿。

那麼這些話對人有些什麼啟發呢？就是說：你不要認為非得要求別人瞭解你，非得讓別人也和你的「道」採取共識，採取相同的認識，因為你掌握的道越深奧，別人對你的瞭解、對道的瞭解越有限，越會顯出差距來，對此你不必怨天尤人，對此你也不要擺出一副自己是什麼樣的瑰寶，別人不識貨。你不要有這種思想，既然你掌握了道，你就深不可識，別人一時半會兒弄不清你的學問；甚至於深不可識你才能在取天下的鬥爭中取勝。我覺得他講的從這個意義上，也許對人還會有啟發。

勉為其難的形容

然後老子接著說「夫唯不可識，故強為之容」，正因為不可識，我很勉強地把它描繪一下，「容」就是形容一下。在《老子》當中，起碼他是第二次用相同的方式，他說過「道常無名」，「道」本來是沒有名稱的，沒有一個概念能表達，「強為之名曰大」——這次他說一個真正的掌握了道的人深不可識。是他戴了面具？他不是，他穿了隱身衣？他也不是，怎麼形容呢？他用的是文學的說法，他用的是比喻的說法，他不是靠命題、靠概念，而是用文學的說法。

他說什麼樣呢？「善為士者」，「豫焉，若冬涉川」，「豫」是小心謹慎，他小心謹慎得就像冬天過河一樣。他說的是冬天過河，為什麼是冬天過河呢？一個是有冰，一個是水太冷，要是掉在水裡頭的話，你受不了，夏天過河你可能不那麼謹慎，如果你游泳，古代叫泅水，你泅水泅得好，你就不謹慎了，你是阮小五、你是阮小七、你是浪裡白條張順，那你就沒有那麼謹慎了。可是他提到冬天過河，他沒提凍冰不凍冰，你都得小心謹慎，碰到冰也不行，凍死了不行，淹在裡頭也不行。

「猶兮，若畏四鄰」，你有點拿不定主意，就好像你害怕你的鄰國——這個四鄰不一定是鄰居——害怕你周圍的環境對你有什麼威脅，因為春秋戰國的時候，誰對誰那麼鐵啊，那都是各爭各的利益，叫春秋無義戰，所以你做什麼事拿不定主意，你要多考慮考慮、多琢磨琢磨，要慎重決策，就好像你受到了鄰國不良的對待，甚至於攻擊一樣。

「儼兮，其若客」，「儼兮」也就是說你還得正正經經的，你得自己有所控制，就像去做客或待客。這裡老子說得也很實在，家裡要沒人，

你當然相對比較放肆，穿衣服也不用很在乎，說話或有時候你咳嗽一聲、打個噴嚏都沒有關係，但是你去做客或待客就應該比較嚴整，對自己的舉止行為應該有所控制，這些地方的說法有些和儒家相像，儒家就說一個人做事要戰戰兢兢，「如臨深淵，如履薄冰」，就是說好像你前面就是一個深淵，你一步走錯掉進去了，對不起，一失足成千古恨；「如履薄冰」，你得試探著走，你如果不試探可能掉冰窟窿裡頭了。所以這裡也講究小心謹慎。

其實在老子通篇的論述當中，和儒家的思想並不是有很多相同的語言或相近的地方，他總是比較另類，或者逆反，但是在這一章裡面卻有一些相近的地方。這些地方我覺得也挺奇怪，因為別的時候他沒有說過這些話，說你要小心謹慎，相反他都說大道之行，自然而然，都是講「道」一曰大，二曰逝，三曰遠，四曰反，他都是講得非常大的，偏偏這個地方他講要小心謹慎。

解凍說的濫觴

但是底下有些話就有點兒不一樣了，他說「渙兮，若冰之將釋」，「渙」，在現在是個壞話，就是渙散，是一個貶義詞，但在老子這裡是慢慢地放鬆，慢慢地鬆散，就像冰開始化一樣。這個詞也挺好玩，因為當年，五十年代中後期，蘇共二十大以後，赫魯曉夫上臺，對斯大林有所指責、有所批評，然後蘇聯的社會生活就有一些稍微放鬆的跡象，當時就被西方世界甚至於也被蘇聯的知識分子稱之為「解凍時期」，而且愛倫堡——他是一個蘇聯國籍的猶太作家，他很有名，他寫了一部中篇小說，這部中篇小說就叫《解凍》。過去我們認為解凍這個詞是指蘇聯的那個特定的

時期，我重溫《老子》，忽然發現老子早就說過解凍，說「冰之將釋」，就是冰凌快融化了，這不就是解凍嗎？這是很好玩的一個說法。

「敦兮，其若樸」，他厚墩墩的還挺實在，就像原生的木頭一樣。這個形容也特別好，我底下還要專門講這個事情。「曠兮，其若谷」，他很開闊，就像山谷一樣，他能夠容納各種各樣的東西，山是很高的，但是它胸懷開闊。

下面又有一個我們今天常用的詞，他說「混兮，其若濁」，他是混雜的，他是包容的，所以他好像並不那麼乾淨。混濁，我們一般是把乾淨看成一種美德，把混濁看成不好的貶詞。但是你想一想，這個世界是很複雜的，用黑格爾的說法：世界是雜多的統一。如果一個人太純了，純而又純，這個從生理上也不是好的。比如吃東西，應該是雜食最好，比偏食偏飲要好得多。接觸知識也一樣，你的知識越雜越好，當然可以有你的專業，但是你除了專業其他的什麼也不知道，你相對就比較幼稚，就比較容易會有錯誤的判斷。你在社會上的經歷，實際上也是一個越來越複雜的過程，水至清則無魚，人至察則無徒，要知道世界上的人是各式各樣的，你不能要求別人都跟你一樣。所以他就說一個真正得道的人，從大道的觀點鳥瞰這個世界，或者說他是「欲窮千里目，更上一層樓」，他的印象是雜七雜八的、是混濁的，而不是單一的，不是單調的、單色的，或者只有兩種顏色黑白分明的，他未必，這些地方他說得都很有意思。

溫溫恭人

他前面說的小心翼翼的那一面，讓我想起了《詩經》裡面的一個形容：「溫溫恭人，如集於木」，說鳥「集」──在古代這個字是什麼意思

呢?「集」就是一群鳥停在一個樹枝上，這個「集」的上半拉（上半個）就是那個鳥字的表現，過去寫「集」也是這樣，下面是個木，也很形象。這個形象在哪裡? 第一，這些鳥互相都很客氣; 第二，互相都很小，因為如果就這麼長一根樹枝，停了八隻鳥，你要是不講理，一擠你可能把人家給擠走，也可能自己就站不住了。所以這個形容太好了，這是《詩經》裡面的話，「溫溫恭人」，互相之間和和氣氣，而且互相尊重，誰也別動誰的地盤，別亂擠，你一亂擠，咱們誰都沒有好處，誰都不能在這個樹枝上停留了。

「溫溫恭人」為什麼特別吸引我呢? 就是它把謹慎小心、慎重與溫和、親和、客氣結合起來了，它不是光讓你小心。這話就不比「如臨深淵，如履薄冰」那樣有點恐懼感: 這個社會怎麼了? 一步走不對就掉進去了，掉進坑裡了。那個說法顯得太危險了，而這個說得特別可愛，一群小鳥在一個樹枝上，在這個樹枝上我們不要損害別人，不要損害別的鳥，你損害了別的鳥，你自己也沒有待的地兒了。哎呀，這個實在是說得非常好，遵從詩教的傳統，這是儒家最喜歡的。

《詩經》的總編輯是孔丘，孔子的學說追求一種什麼樣的風度呢? 是一種合情合理的規範、義務、秩序和自控，孔子講許許多多的讓人不要這樣、不要那樣，注意這個、注意那個，但是從孔子本身來說，他追求的是那種合情合理的東西，後人有人把他搞得太過分了是另外的事情。所以朱熹怎麼解釋孔子的? 他說讀孔子如沐春風，就像在春風裡面、沐浴著春風一樣，因為他講的都很合乎道理，就像剛才說的一群小鳥「溫溫恭人，如集於木」，這不是如沐春風嗎? 而且《論語》裡頭就講「暮春者，春服既成，冠者五六人，童子六七人，浴乎沂，風乎舞雩，詠而歸」，到了暮春了，拿北方來說，就是四五月份的天氣了，這個時候二十歲以

上的有那麼五六個人，還帶著幾個小童，然後大家有點像春遊一樣踏青
去了，「沂」是沂水，在水裡頭浴，在水裡頭洗了洗臉——游泳，我覺得
還有困難，要看什麼地方了，暮春就下水游泳啊？反正就是在水上洗了
洗，然後跳舞，「舞雩」就是一種求雨的舞蹈，簡單地說是在外頭又唱又
跳，然後「詠而歸」，「詠」也是歌詠的意思，唱著歌就回來了，有點像
春遊的意思。這是孔子追求的一種生活，他並不是一個道學先生，讓你
天天規規矩矩立正，連稍息都沒有的這樣一種人。

孔、老的風度說比較

孔子對人的風度也有很多說法。老子對人的理想就是得道，成為一
個有道德的人、成為一個聖人。孔子的說法是他一上來就說的「人不知
而不慍，不亦君子乎」，別人不是故意來損害你，你不要生氣，別人由於
沒想到，說了一句你不愛聽的話，或者碰壞了你一件東西，你不要生氣，
遇到這種事能不生氣的人，這就是君子了；不是說一損害我，我就跟別
人急，他不是這樣的人。他說的其實特別簡單，容易接受。孔子的主張、
儒家的主張裡講「君子坦蕩蕩，小人長戚戚」。這個和老子說的又有點接
近，老子說「曠若谷」，胸懷就像山谷一樣，裡面有那麼多的包容；這和
老子也比較一致：說「小人」——只有斤斤計較私利的、沒受過教育的、
目光短淺的、品行比較差的這些人，他們才整天憂心忡忡、嘀嘀咕咕。
儒家還講「己欲立而立人，己欲達而達人」，就是說他也考慮到旁人的利
益，互相尊重，因而自己的利益也得到維護，這一點是和老子起碼可以
互相並行不悖的。

但是老子更強調的是自自然然的淳樸，這裡面他說的這麼一大堆，

我最想多討論的是「敦兮，其若樸」，因為老子在其他地方又講人有很多欲望，有了這些欲望，就會有一些不適當的行為，遇到這種情況「鎮之」，我要把它鎮住，怎麼鎮住呢？就是要提倡樸，提倡樸實、提倡樸素、提倡淳樸、提倡樸厚，古人認為人越樸實越接近原生態，他就越厚道，他不那麼斤斤計較，更不是那麼鉤心鬥角。所以對「樸」的提倡也是老子學說中非常重要的一個概念，是僅次於「道」的一個概念。什麼是道呢？就是能做到樸。有時候我還想用我們今天非常喜歡講的一個詞，就是誠信，就是說我們感覺到在市場經濟當中，如果一個人、一個企業、一個公司、一個團體失去了誠信，如果變成了三鹿奶粉，那種情況下你簡直就變成了一個公敵，變成了大家所不齒的一種人物。但是怎麼樣才能做到誠信呢？誠信的人的風度應該是什麼樣的呢？應該是比較樸素的，不搞那麼多曲裡拐彎。老子這種對樸的提倡，是值得深思的。

〈森吉德瑪〉與〈蘭花花〉

作為一個文學藝術的從業人員，我還特別覺得感動的是，我想了想，世界各個民族和我們中國的各個民族裡，都有一種最動人的民歌，這種民歌歌頌一種原生態，用最簡單的語法、不加任何裝飾地來樹立一個非常樸素的、非常淳樸的少女的形象，作為愛情之神、作為愛情的象徵。譬如說蒙古族，我最喜歡的歌〈森吉德瑪〉，它一上來就唱：碧綠的湖水，明亮的藍天，比不上你的純潔——它是樹立的這個；維吾爾族〈阿拉木汗〉：阿拉木汗什麼樣？長得不肥也不瘦——它說得更樸素、更簡單了，阿拉木汗什麼樣？他也沒說她是明星，他也沒說她有多大的收入，也沒說她有多高的學歷，她就是長得也不肥也不瘦；漢族〈蘭花花〉：青線線

那個藍線線，藍格英英采，生下一個蘭花花實實的愛死人。這不是偶然的，為什麼各個民族，外國也一樣，我就不一一地唱了，變成個人演唱會了——都要樹立一個非常純潔的、非常天真的、非常樸素的、沒有經過任何的裝扮和矯飾的、不帶任何偽裝的這樣一個美的形象，這樣一個任何人都能接受的、都無法輕視的一種好的形象？它暗合於——我不是說創造這些民歌的人都學過《老子》，沒有這個意思，我這個說法可能有點匪夷所思：從〈阿拉木汗〉上想到老子講的得道者的風度了——它暗合。說明天下有一些道理是一致的、是相通的，而且能包容。

「曠兮」、「混兮」還意味著包容，包容的思想對我們來說也有很大的好處，對有些東西，我們在沒有熟悉它、沒有弄清楚以前，我們可以有所觀察、可以有所期待、可以有所分辨，不要急著去排斥。在改革開放的年代，這樣的思想更有意思。一般的情況下，我覺得這種包容，這種假以時日慢慢弄清它對人到底有好有利，還是有害有損傷，比我們見到不熟悉的東西立即予以排斥，比那樣的選擇是更好的。

我們現在想，如果有了老子這些東西：既有小心謹慎的一面，又有很溫和、很包容的一面，既有該緊張的時候緊張的一面，也有該解凍的時候放鬆的那一面，這樣的話你的風度是不是就比較好了，你的人格會是一個完整的人格。如果你只有緊張謹慎小心恐懼防備這一面，別人怎麼跟你接近呢，沒有辦法接近。或者你只有大大咧咧隨隨便便馬馬虎虎這一面，那你也辦不成任何的事了。

所以老子說的這些形容，「豫兮，若冬涉川」，該小心的時候咱們就像過河一樣，現在不說「冬涉川」，說摸著石頭過河，哪個地方深一腳淺一腳，你把你的腳掌握好了。「猶兮，若畏四鄰」，你做什麼事情要考慮到四鄰的反應，而且你還要有一定的警惕性，你不能夠對自己的利益漠

不關心，你不能喪失警惕，你還得有憂患意識。「儼兮，其若客」，你不要太放肆，對自己要有所控制。「渙兮，若冰之將釋」，你該放鬆的時候就放鬆，該輕鬆愉快就輕鬆愉快，你不能老是那麼緊緊張張。「敦兮，其若樸」，你又很誠實很樸厚，就像那原生的木頭一樣，這個「樸」字最早時指原生的木頭，木頭沒有經過砍啊削啊鋸啊刨啊鑿啊，沒經過這些，就是該什麼樣就是什麼樣。「曠兮，其若谷」，你就應該很豁達，胸懷豁達，宰相肚子裡能撐船。「混兮，其若濁」，你對於比較雜的東西可以先都摻和著，先考慮考慮、消化消化，先不必急於把它排除出去。如果做到這一步，這個人格應該說算是相當的完整了。

動靜與濁清

再底下有一句話「孰能濁以止？靜之徐清。孰能安以久？動之徐生」，就是遇到這種情況：有點太混濁了，太髒了，你靜一靜，沉澱一下，它也就清爽了，不能說因為它混濁，你就把這個水給倒了，或者因為混濁就視這個水為敵，拿刀去砍，或槍斃這個水，或衝它放槍扔炸彈都不行，你保持平靜，平靜以後它就會有所沉澱，它就慢慢地清了。

你為了保持安穩還要「動之徐生」，你要太平靜了、太死板了、太板結了也不行，這個時候就要適當地運動一下，適當地動一下，讓它煥發出生氣來。古人對這個解釋有的把第二句話當壞話來解釋，說本來「靜之徐清」挺好，但是你沒事找事，一動就生事了。這樣的解釋也都是名家的解釋，我對此不便於發表什麼意見，但是我個人感覺不出是批判的意思，我覺得這兩句話起碼對我來說都挺好：有點混濁了，你等一等，所謂混濁就是有點亂了，你就稍微靜一靜；講話也一樣，或者話說得有

點亂，稍微把節奏放慢一點、靜一靜、調理一下，如果講得太呆板了，那咱們就「動之徐生」，可以動一動，可以加一點肢體動作，可以說兩句笑話，可以讓它變得生動一些。

風格是可以自我調節的

我覺得人生就是這樣！這是什麼意思呢？就是說風格本身並不是僵死的，不是一成不變的，而是可以自我調節的，這兩天你過得太靜了、太安穩了，你想辦法活動活動，看看朋友，該旅行旅行，該上哪兒走一趟就走一趟。如果你跑得太多了，腦子裡亂七八糟，書也看不下去了，那你要好好休息一下。所以這種所謂完全的人格包含著一個內容，就是自我調節，就是說不讓他偏重於某一方面。我覺得這個意思也是一個非常好的意思：要有一種自我調節的能力。

我常常喜歡講：對於一個人來說，不管他是行政、是從政、是為文、是經商、是居家過日子，有兩個能力是最可貴的，兩種感覺是最可貴的，一個是分寸感，一個是節奏感。分寸感就是你做任何一件事也不要勁兒使得不夠，也不要偷奸耍滑、不要偷懶、不要老想著坐享其成，該使的勁兒你都要使上，但也不要太過，使了一段勁兒了，收效如果不是很理想，你稍微停一停，看看是不是用力太過了，過於偏執了，或者話說得太過了。

再有一種就是有節奏感，一張一弛、有緊有鬆、有進有退，我覺得這是老子理想的人格，如果做到了前面所說的這些東西，他就是有了自我調劑的可能。

老子又說「保此道者不欲盈。夫唯不盈，故能敝而新成」，所謂自我

調劑是什麼意思呢？就是不管什麼時候，你都不要把你的狀態當成是一種最佳狀態、是一種盈滿的狀態、是一種到了頭的狀態，不！什麼叫到了頭了，完蛋了才是到了頭了，你只要沒完蛋，你還在學習、還在工作、還在生活，那你就有調整的空間，有調整的可能性。認識到自己的舉止、自己的方法、自己的行為、自己的言辭都有調整的空間，可以說你就有一種生機，你就有一種矯正自己，自我矯正、自我控制、自我調整、有所前進的這種可能，反過來的話你自己就是把自己的路都封死了。所以他在講到這些以後，要你能夠真正按「道」作為：你不要盈滿，你不要把自己搞死，不要把自己搞僵，不要就這麼兩三句話來回地說，再沒有別的學問，什麼新東西都接受不進去。這個提的也可以說是非常好。

踮著腳站不穩

還有一些地方，老子不是專門講風度，但是我們今天拿過來講風度特別合適，而且講得非常好玩兒，講得非常生動，就是《老子》第二十四章，他說：「企者不立；跨者不行；自見者不明；自是者不彰；自伐者無功；自矜者不長。」他一上來說的「企者不立」是什麼意思呢？就是你站起來有多高就是多高，你別老踮著腳，你很難用踮著腳的方式來站立，站不長久，是這個意思。當然老子那個時候沒有芭蕾舞，芭蕾舞有足尖舞，足尖舞也是表演的時候才用，不是說芭蕾舞演員回家或者上街都用足尖走路，那也不可能。所以他的意思是不要勉強、不要作秀、不要做自己實際上做不到的事，應該自自然然的，應該承認現實。你一米八當然很好，你用不著踮腳了，你一米七也很正常，你一米六那也沒轍，你拼命踮腳，踮半天人家一看也不認為你是個大高個兒，也不會因為你踮

腳就把你選到籃球隊裡去。所以這裡他講了一句非常好玩兒的話，說「企者不立；跨者不行」。你走路不想一步一步地走，你老想連蹦帶跳，一步就走別人十步八步的路，反倒走不遠。

中國有一句話叫做「欲速則不達」——當然如果從歷史上、從政治上說，也有一種超階段的、跨越超階段的躍進，但是超階段的跨越和超階段的躍進，也是在有了一定的條件之後，有了一定的客觀規律之後，按照這個規律可以做到某種跨越。還有一條就是跨越了以後，還要在後面接著補課，把你原來沒有完全做到的那些事情、進入新階段以後在老的階段沒有完成的事補課。所以他說的「跨者不行」，我想我們應該這麼理解，就是任何事物還要有自己的步驟、有自己的過程，然後他說這些東西就像「企者」、「跨者」，就是老想著靠踮腳尖能超過姚明，或者你老想著不用正常的一步一步的步子，能夠比火車跑得還快。如果這樣的話，這叫做「餘食贅形，物或惡之」，「惡」在這裡是厭惡的意思，「故有道者不處」，「餘食」，就好像剩飯，是你所不需要的，比如說一米六是你的飯，你踮腳以後變成一米六一、變成一米六一點五了，那一點五是你的剩飯，是「贅形」，就好像你臉上長出一個瘊子，或者本來五個手指頭，這又出來一個杈，出來一個六指，這些東西是多餘的，別人會討厭。

這裡老子說的又非常實在，我又覺得不是深不可識了，淺顯明白、通俗易懂，凡是自己身上沒有的東西，你用一種勉強的方法、用一種不肯承認現實的方法，給自己往臉上貼金，只能引起別人的厭惡。所以老子在這裡又非常通俗：你的風度、你的風采，你想不想玉樹臨風不要緊，你是不是讓別人一看到你就如沐春風，這也不要緊，但是起碼有一條，別惹人討厭。

起碼不要惹人討厭

我覺得「惡之」、「有道者不處」，要給它一個最通俗的解答，就是不要惹人討厭。老子對風度的這些說法，我覺得挺好，因為它既有大道的高度，又有一種親和力，讓你不覺得人掌握了「道」以後了不得了，跟神仙似的，你走過去以後都害怕、都哆嗦。他沒有這種感覺，他讓人覺得是很普普通通自自然然平平常常。同樣我們也可以從反面、從我們的生活當中或者從小說的人物當中，找到這種「餘食贅形」，令人討厭的這種人這種事。譬如說喜歡挑撥是非的人、喜歡找事的人、喜歡老是跟人彆扭的人。

就說《紅樓夢》裡，別的人物寫得都立體，但是有幾個人物曹雪芹特別不喜歡，那人物一出來就招人討厭，趙姨娘是一個，還有一個就是邢夫人，賈赦的夫人。小說裡特別說了邢夫人有一種「左性子」，這個左性子跟現在說政治上的「左」沒有關係，跟說誰是「左爺」也沒有關係。它的意思是什麼呢？就是她老跟別人擰著，幹什麼事都找別人的茬兒，什麼時候她都製造事端。所以，作為人，我們除了講應該有什麼樣的風度以外，我們還要想一想人不應該有什麼樣的風度，不應該有「餘食贅形」，不應該在那兒製造是非，不應該在那兒沒事找事，老是和別人鬧彆扭、製造不團結。

風度表現了人的生活質量

這些地方，老子所說的可以說也是一種幫助吧，從這裡我們可以想

到什麼叫做風度。風度就是人的風度，就是你得道的程度，風度就是生活的質量，風度就是又偉大又親和，風度就是人格的魅力。能做到像老子所說的這樣的人，他又好接近，又對人沒有任何的傷害，你跟他在一塊兒會很舒服，他形容的風度確實也很理想。

老子在第二十章裡還講到——這個和風度也有關係——他說「唯之與阿，相去幾何? 善之與惡，相去若何?」「唯」就是——我老開玩笑說「唯」是法語，就是 yes，就是「是」，法語是「唯」，我說「阿」是斥責。你對事對人點頭稱是和被人斥責相去幾何? 對老子來說，被人稱讚和被人貶斥、被人駁斥，他不認為這是多了不起的事，這不過是外界的反應。我說的話對就是對、錯就是錯。你同意，我是對的，你反對，我還是對的。除非我自己說錯了，你同意也沒有用。

他說「善之與惡，相去若何」，有人說這個東西很善，有人說這個東西並不善，有時候這之間相差也未必是像俗人所想像的那麼遠。但是「人之所畏，不可不畏」，老子又說了點兒老百姓的話，有點像小人物的話，他說：可是別人都怕的呀，我也不能不怕，人家都躲的事，我也要躲著點。整個《老子》裡，這樣的話也非常少，就跟前面說要小心的話一樣。遇到這些，老子那個普通人的勁兒、老百姓那個勁兒就出來了。他說「人之所畏，不可不畏」，如果大家都煩，這樣算了，我也別挨這罵去了，我也別找槍子兒撞去了!「荒兮，其未央哉!」——這種情況是很荒唐的啊! 你不許說的話，我也不敢說，這是很荒唐的! 但是這種荒唐現在還是正甚。

提倡淡泊

「眾人熙熙，如享太牢，如春登臺」，人很多，熙熙攘攘，「享太牢」

是去宴會，好像是大家都到那兒「攝」去了；「如春登臺。我獨泊兮，其未兆」，而我呢，我很淡淡的。他又講了風度的一個特點，泊就是淡泊的意思，就是淡，就是我對什麼事都不是那麼熱衷。他說我不顯出對各種事有多熱衷：我也非得跟著吃去、非得跟著玩兒去，我沒有那個勁兒，我把這個事情看得比較淡泊。這個也是老子的特點，老子在其他的地方也講過很多這一類的話，他要求的是一個「淡」，要求「淡泊」，不要求很強的刺激，也不表示過多的情緒化；如「嬰兒之未孩」，古人解釋說「孩」指的是「笑」，就好像這個嬰兒還不會笑。可能該這麼解釋：嬰兒小到什麼程度呢，就是連笑都不會笑；「儽儽兮，若無所歸」，甚至於我還有點潦倒、有點孤獨，過去說「儽儽兮，如喪家之犬」，就是說我還有點孤獨，我還有點潦倒，好像我找不到回家的路；說「俗人昭昭，我獨昏昏」，越是俗人越明白，什麼他都知道，可是我呢，我對很多事昏昏。昏昏是什麼意思呢？我不認為世界上的各種事情都是可以一眼看穿的，都是可以做出黑白分明的論斷的，所以別人看出來了，我還有點糊塗；「俗人察察，我獨悶悶」，就是說越是俗人、越是沒有多大學問的人，什麼事他看得明白著呢，他自以為是明察秋毫；可是我呢，我沒有什麼把握——這個地方我也可以念悶（第四聲），但是我願意把它念成悶（第一聲），說你悶著吧，因為這個事你還沒有把它弄清楚，你還不夠清楚。

「眾人皆有以，而我獨頑似鄙」，「有以」就是有原因，每個人做每件事都認為自己是有原有因、有根有據——應該給我提級，因為我已經參加工作多少年了。一般人都覺得說什麼話、幹什麼事都有把握，可是我自己呢，我自己「頑似鄙」，不把自己估計得那麼高；「我獨異於人，而貴食母」，我為什麼和別人不一樣呢，就是因為什麼事我都要往終極考慮，都要從根源裡考慮，我都要從它的緣起來考慮，當我對什麼事都從

緣起來考慮的時候，我沒那麼有把握。我不是說我說什麼就是什麼，不見得，我抱著一種求知的態度、我抱著一種探討的態度、我抱著一種探索的態度，所以我寧可認為自己有點糊塗、寧可認為自己有點傻、寧可認為自己有些事沒有那麼清楚。

這段話，我認為既有老子的自嘲，也有老子的不滿，但同時也有老子對一個得道者的風度的刻劃。就是不應該只跟俗人相比：我沒有他們厲害，他們多明白啊，他們什麼事都知道，他們想幹什麼就幹什麼，他們是又吃又喝又熱鬧；我冷冷清清。

這裡他又說到了所謂得道者的風度的另一面，哪一面呢？就是要有自己的特立獨行。你說和光同塵，不隨和是不行的，但是你全都隨和了，什麼都跟著大夥走了，你自個兒沒有見地，甚至於當大家對於一件事情的認識並不正確的時候，你也跟著起哄，那你還有人格，還有令別人讚服的優點、長處嗎？你沒有了！

老子有時會說反話

所以老子這段話是他內心最複雜的地方，他是說反話，「眾人昭昭，我獨昏昏」，這是反話；「眾人皆有以，而我獨頑似鄙」，這也是反話。老子經常是反話正說、正話反說，你看他嘲笑了自己，但你又覺得他挺驕傲的，為什麼呢？他敢說：我跟眾人不一樣，我和俗人不一樣，我和那個見著好吃的趕緊去撮、有玩兒的機會趕緊去玩兒的人不一樣。老子還是非常自信的，不但非常自信，甚至他還挺牛，所以他又有這一面。

至柔為上

　　老子在第四十三章裡講了一段話，這段話可以從兵法上講、可以從軍事上講、可以從政治上講，但是也可以從風度上講，他說什麼呢？「天下之至柔馳騁天下之至堅」，天下最柔弱的東西、最柔軟的東西，可以去主宰、可以去運作那個最堅硬的東西，可以去運動那個最堅硬的東西，讓那個最堅硬的東西跟著你跑；「無有入無間。吾是以知無為之有益」，並不存在的、你看不到的東西可以進入那個無間的東西——沒有任何縫隙的東西，但是我進得去。什麼叫「至柔能馳騁至堅」呢？你是最堅硬的東西，但是我靠我的沒有什麼反而能夠影響你這個最堅硬的東西。他說，這樣的話就知道「無為」的好處。「不言之教，無為之益，天下希及之」，不言而能夠教化別人、能夠感染別人，你不做，但是你能夠產生效益、產生好處、產生成果，這是任何其他的東西，是有言有為所達不到的效果，誰也趕不上。這個很好玩兒，老子當然說的是事物的道理，但是他讓我聯想到現在物理學，認為各種的物質實際上都是有空隙的，並不存在完全無間的，任何物質你要是往深裡看，都有它的空隙，所以老子認為「無有」還可以「入無間」，雖然這是他在古代說的，但是他又和現代物理學的發現吻合。

　　這樣的一些說法，它又符合我們中國自古以來傳統文化裡面講的以逸待勞、以弱勝強、以柔克剛、先禮後兵。我們有很多這一類的說法，就是說我們保持自己的一種弱勢，保持自己的一種和平、退讓、謙卑的姿勢，反倒使我們能夠進入你那個防線，反倒能夠進入你那個無堅不摧的、攻無不克的防線。

其實剛才說到物理概念在數學當中也有，因為「無」就是「有」的一種形式，現在 H1N1 流感要求「零報告」，什麼是零報告？零就是「無」，但是你要報告，報告就是「有」。你是「無」，但是你要有「無」的報告。所以老子的這些道理是非常深刻的。

風度與軟實力

他的「無有入無間」還讓我想到風度就是「無有」，你能夠說風度幾斤幾兩？這不是物質的東西、也不是能夠量化的東西，但是風度的魅力就能夠有利於一件事情的辦成。相反，你的風度惡劣，你的風度不成樣子會反過來變成辦成一件事情的阻力，這樣的事情也特別的多。學習《老子》時，我從風度上又想到了文化，我們常常說軟實力，軟實力指的是什麼呢？就是指這種看不見的，不是飛機、不是大炮、不是集團軍、不是坦克、不是航空母艦，也不是巡航導彈，它是什麼呢？恰恰是你思想的深邃，你風度的美好，你的親和力，你文化的力量、影響力，你的說服力，你的感染力。這些東西它能夠使「無間」的地方，本來在那兒提防著就好像是馬其諾防線一樣，它能夠攻破馬其諾防線。這其實也是一個例子，馬其諾防線本來是固若金湯，誰也打不過，但最後希特勒根本不從那個方向進攻，就等於在戰略上把防線變成了一條廢的防線，而從另外的方向展開攻勢，所以這也是一種戰略選擇的力量、軍事的力量，它不是完全表現在那些堅硬的、堅固的、可以量化的、可以在地圖上標出來的東西上。同樣，這裡我們所說的文化、我們所說的智慧或者是智謀、我們所說的風度、我們所說的戰略思考等等這些東西，對這個世界仍然是非常有意義的。

第十五講：
逆向切入的處世方法

為什麼老子喜歡反著說話

　　我們看《老子》的時候，會發現他特別喜歡用相反的概念來說明要達到的目的：大成若缺、大直若曲、大盈若沖、大巧若拙、大辯若訥。他還說過「曲則全」，彎曲了就能夠成全。「枉則直」，弄得彎了，它反倒是一條直路。「窪則盈」，比較低窪的地方反倒容易滿。「敝則新」，舊的東西實際上最新。「少則得」，你占有的越少得到的就會越多。「多則惑」，多了反倒麻煩了等等。通篇裡好多這一類的說法。這些說法的目的很少是專門講做人處世，也沒有這個詞，這是我說的，他更多的是說治國，他說到過用兵、說到過善為、說到過取天下，他有過這些詞。但是他既然講到了這些普遍性的規律，對於

我們今天做人處世能不能有一些啟發、有一些幫助？

大成就必然帶著遺憾

先說「大成若缺」，就是大的完美總是有缺陷的。我特別有這個體會，確實如此，歷史上越是大人物，不管是秦始皇也好，凱撒大帝也好，拿破崙也好，一直到一些革命家、革命的領袖、大國的領導人也好，往往正因為幹的事情太大了，他在完成一個東西的時候會有可能傷害另一部分人，他在某些方面會忽略了另一些方面，他在取得巨大成功的同時會付出代價，乃至犯下嚴重的錯誤。因此對他們的批評就會非常多。

一個事業也是這樣，例如繡花，蘇繡杭繡湘繡，完全可以做到完美無缺，一座別墅也可以建築得無懈可擊，而一個大水利工程、軍事工程，肯定會爭執不休。就一個國家大劇院，一個「鳥巢」奧運體育場，也是一定會若缺、有缺、多缺，現在與今後都肯定會爭議不休。

在文學當中也是這樣，越是大家越是爭議多，比如說愛爾蘭的詹姆斯‧喬伊斯寫的《尤利西斯》，他寫的這本書被認為有傷風化，兩次被傳到法庭去受審，他死後書被越捧越高，但是即使到今天為止，仍然有人說《尤利西斯》是一部亂七八糟的作品，說他實際是一個騙子。我到過都柏林，都柏林有一個紀念館，那裡賣文化衫，他說──這是詹姆斯‧喬伊斯的原話──他說對待這個世界我有三個辦法，第一個辦法是沉默 "silence"，第二個辦法是逃避 "exile"，第三個是耍點花招詭計 "cunning"。看明白了後我一愣，我以為他學過《老子》呢，因為沉默符合老子的不爭不言的教導，「大音希聲」，把他的聲音控制住，沒有什麼聲音。逃避是自我放逐，正符合老子說的「不敢進寸」但是「敢退尺」，我勇於「不

敢」。什麼叫勇敢呢？就是我勇於去「不敢」，我不跟你較勁。

也可以從反面來想，比如像日本的俳句是五、七、五，它總共十七個字，就這十七個字，怎麼要求它都可以符合要求，做到這樣的能算是小成，小成則可做得完美無缺，不是若缺，而是無缺。相反的《紅樓夢》就做不到如此之精緻完美，不是若缺，而是乾脆缺了後四十回。

為什麼大直若屈大盈若沖

「大直若屈」或者「大直若曲」，這個「直」，我想在古代的文字裡和道德的「德」字是相通的，所以也可以把它解釋成是一條很直的路，也可以把它解釋成堅持原則、堅持道德的原則。但是要真正堅持道德的原則，你就必須照顧到各個方面，不是只照顧到一面，你必然不可能讓每一方面都特別的滿意，所以你又照顧這邊，又要照顧那邊，又要使它平衡，這樣的話可不是看著反倒覺得你彎彎曲曲的。你怎麼不能說一個很簡單、很痛快的話：好，就好死了，壞，就給宰了！他不會這麼說話，所以他說「大直若曲」，不可能都是正面，就像打仗一樣，不可能都是強攻。

「大盈若沖」這個說法比較好玩兒，「沖」就是空虛，就是你越有東西，學問也好、財富也好、成就也好，你越有東西，你就越謙虛，就越顯得空虛，好像你並不知道多少東西一樣。這個話不是絕對的，但是這樣的例子非常多，我們隨便舉幾個例子，比如說西方發達國家，從頭到腳都穿名牌，開的車也是最新名牌的，那都不是真正的有錢人，那是salesman 推銷員。推銷員必須從頭到腳穿最好的，而真正的大企業家，很可能就是穿純棉的，穿很普通的服裝。香港也這樣，我認識一個香港企業家，他說他的一生每天中午就是一邊辦著公、開著會、辦著事，一

邊吃著一個三明治，從來沒有改變過。最近還報導香港那個女百萬富翁
龔如心的官司，龔如心她經常是坐公交車，自己連小車都不坐。我想她
並不是吝嗇，也不是故意的作秀，因為對於她來說財富已經成為她事業
的一個象徵，她個人的消費已經根本提不到議事日程上，她腦子根本就
沒有往這方面使過勁兒，沒有往這一方面琢磨過，相反的她所追求的財
富是她一生的一個事業、一個社會活動。

巧要靠拙功夫積累

「大巧若拙」，這個話有一點不太好找例子，因為好多情況下「大巧
若巧」，比如說變魔術的臺灣明星劉謙，他怎麼會「若拙」啊，他就是大
巧若巧。比如說一個功夫演員做的那些高難度動作，他也就是大巧若巧。
但是要分析一下，也可以從另一個意義上來說，就是達到「巧」的這個
過程，有時候是非常拙的，比如說現代化的交通工具飛機，這可以說是
非常巧了，帶上幾百人能夠飛那麼高、飛那麼快，而且盡量給你提供舒
適，還要保證安全，有時候我覺得都不可思議，一架飛機從這兒起飛，
十幾個小時以後到了地球的那一面了、到了紐約了，你都不能相信是不
是真的紐約。我頭兩次去美國的時候都有一種被騙了的感覺，我說怎麼
把我封到一個小屋裡頭，封了十幾個小時下來一看——紐約，這不是騙
人嘛！我不敢相信這個事。你說它非常的「巧」，可是恰恰是由於有這樣
一種很先進的工具，帶來了多少麻煩、帶來了多少手續、帶來了多少囉
唆，不論是製造飛機、駕駛飛機、乘坐飛機，都要有一套相當費勁的過
程。當然也帶來了一定的風險。

最近因為講《老子》到咱們 BTV 來錄像，我有了這個體會，電視技

術這也是「大巧」，這都是古人所不能想像的，千里眼、順風耳。我小時候看電影就覺得夠神的了，弄出來一個畫面會說話會走動，電視當然更不用說了──電視是建築在不知道多少人的、有些甚至於是別人看來很囉唆的工作上面的。為了錄一段有價值的節目，需要做多少看來拙笨至極的準備與後續工作。走路是最簡單的事，人的衣食住行，「行」最簡單，只要你兩條腿完整；可是走路又是最慢的，從簡便上說，走路最輕巧，從速度效率上說，現代化交通工具才是可取的。所以這個「巧」和「拙」之間是有一些微妙的關係。

老子喜歡把什麼事都往反方面說，他說「大巧若拙」，然後說「大辯若訥」，也有這個問題──會辯論的人都是結結巴巴的，凡是結巴碴子（口吃者）都會辯論、都善於言辭？這個也說不通，相反的有許許多多外交家、政治家在討論政治問題時，講話巧妙同時又很有說服力，有這樣的例子。但是有一種情況是：善於言辭的人並不急於、起碼是不事事表現自己。這種言論上的能力、說服別人的能力，他不急於表現，對自己不舒服的東西就願意聽別人說，一個聰明的人他不但能夠做到表達，而且能做到傾聽。傾聽的時候不是說很衝動地馬上就要發表演說，我想他不是這樣的。所以要是從這些方面理解呢，他倒是也有一些道理，他承認自己有所不知，他承認即使是擅長的東西，有有把握的時候，有沒有把握的時候。沒有把握的時候，他就要回答說：這個事情也可能這樣，但是也可能有一種不確定性。別人聽著就覺得他這人沒有什麼本事啊，他不能夠預言這個事怎麼發展──我想有可能有這方面的一些理解、一些想法。同時那些一言九鼎的人，他們對自己的話是負有重大責任的，他們要求自己的話說得準確準確再準確，他們說起話來，當然不如「名嘴」們巧。

曲則全，枉則直

再比如說「屈」或者「曲」，就是彎曲的「曲」——「曲則全」，你能夠懂得彎曲，你就能夠顧全大局，這樣的例子也太多了。我們所說的「全」就是能夠顧全大局，為了顧全大局你個人受一點委屈，你少說一點話，你做一些讓步，這樣的故事太多太多了。這些故事就發生在每天，就發生在我們的身邊，我用不著舉例子。

「枉則直」，好像是屈枉了，但正是因為你能夠理解、能夠接受這種有些時候會過度、會過分，有些時候會有曲折的過程，反倒這條路是最直的。這個很簡單，開車也一樣，你要求往哪裡去都走直路，這是不可能的，從 BTV——通惠河北路上天安門，您要求直線走，這當然不可能，該拐彎的地方都要拐彎，這個也容易理解。

「窪則盈」，這是老子始終的主張，你把自己放在一個相對低下的位置，就好像一個大坑似的，這樣的話各種東西能往你這兒流，如果你是一個鼓包，那你這兒一切的東西就只能往人家別處那裡流。

「敝則新」，這個稍微費一點解，為什麼越是老的東西、越是舊的東西，它有可能反倒是新的呢？他說的也是很有趣的東西，電腦的例子也是這樣。

我想這個也不是絕對的，你不能說越老的東西，比如電腦軟件，現在叫 XP，說這個 XP 不行了，說我必須還得用 286、用 386 那樣的電腦才行，我想他不是這個意思，這只能在一定的條件下：第一，時尚未必是靠得住的；第二，有一些原理，比如說像「道」、像老子所主張的許多東西——要謙虛、必要的時候要退讓，這些道理永遠是新的，雖然它是

很老的道理。老子離現在已經兩千多年了，他不是新出現的一個思想家，也不是「八十後」「九十後」，他是公元前、還不知道前多少年的人，但是他有他的智慧，他仍然時刻給人新的啟發、新的滋養。但是「敝則新」就不能夠絕對地說了。

「少則得」，這話說得挺好，遇到什麼事，你不能把那個最多的攬在你自己的懷裡，少一點說不定你還能夠有獲取更多成就的空間，如果你一上來把金牌銀牌銅牌全歸你了，世界紀錄、奧運紀錄、亞洲紀錄、中國紀錄全歸你了，你底下怎麼辦呢？他說「少則得，多則惑」，太多了你反倒迷惑了、挑花眼了，這些都比較容易理解。

悖論的分析

現在我們來探討一下老子的這些說法。我們可以很簡單地說這是老子的辯證法，這對不對呢？這當然是對的，老子在中國古代是非常講辯證法的，但是他這個辯證法是怎麼來的，他是怎麼回事？也許探討一下這個對我們不無啟發，還是挺有趣的一個問題。我覺得老子特別喜歡做這種悖論，就是本來說了 A，他偏偏說 A 不是 A，A 是 B。他本來說了 B，他說 B 不是 B，B 其實是 A。他最喜歡做這種互相對立的悖論，從老子的整個書裡，我們都會想到這個悖論在世界上是無處不在的。

為什麼我們的生活裡，在老子的論述中，到處是大 A 若非 A，或者非 A 則 A 這樣的互相矛盾的命題——悖論呢？我把它簡單分了一下：

一種我說它是結構性悖論，就是世界上任何一種事物，任何一種特性、一種表述，都是既包含著正面的因素，也包含著反面的因素。我們蓋大樓，大樓越高，它往下壓的就越大，它的風險也越大，對地基要求

的也越深，所以一邊是越來越高，一邊是越來越深，這已經是一個悖論，這是結構上的悖論。我們用電，電裡有天線有地線有火線，如果是靜電的話還有陰電陽電，有正極和負極，這也是結構性的悖論。我們病了吃藥，藥能治病，然而，同時「是藥三分毒」，藥理中有副作用的部分。迅捷的交通工具，帶來了速度、效率，但是也帶來了危險，越是迅捷，出點兒事故就更加不得了。

還有一種我稱之為發展性的悖論，就是每一件東西，它都有可能向著它的反面發展，毛澤東最喜歡講這個，他說：世界上一切事物無不在一定的條件下轉向自己的反面。這樣的故事也太多了，比如說一個很強的國家，在歷史上耀武揚威幾十年上百年，最後衰弱了，變成不怎麼樣甚至於滅亡了，這樣的故事是有的。人也是這樣，從出生成長有所成就到衰老，最後當然還會死亡，所以這是一種發展性的悖論。一個體育冠軍，總會有從非冠軍到冠軍的發展過程，當上了冠軍，無例外又有一個丟失冠軍地位的過程。老子講的「物壯則老」，說明了壯與老也構成了發展性悖論。

還有一些我們值得研究的，我稱之為價值性的悖論，就是你從這個觀點上看，是有價值的，是非常正面的價值，但從另一個觀點上來看，你可能覺得它這個價值又是可疑的。比如說周朝初年，武王伐紂成功以後，當時商朝有兩個臣子伯夷、叔齊，這兩人恥食周粟，就是不能領周朝的俸祿：我是商朝的臣子，好女不嫁二夫，良臣不事二主，我伺候的我服務的是商朝，甚至於是商紂王。所以他們就上了首陽山，最後餓死在山上了。他們「采薇」而食，有人告訴我說，經過考證「薇」就是雲南菜裡經常有的蕨菜，說伯夷、叔齊就是吃的這個。對伯夷、叔齊，從價值上就有一個悖論，他們能夠這麼忠於自己的原則，活活餓死了都絕

對不改變自己的原則，這讓人肅然起敬，說他們有氣節。可是另外一方面，從新興的周朝來說，商紂王無道，他是一個暴君，他的罪行罄竹難書，他有炮烙之刑，他還挖了他叔叔比干的心，這樣的人你還對他忠實幹嘛？再有，我們中國傳統的道德裡，一個是講忠一個是講孝，還要講義——忠孝節義。忠孝節義在一定的條件下會相互打架，比如說朋友之間、同事之間，應該有義，但是有時候你要是對皇帝忠、對你的老闆忠的話，那麼你的同事你的朋友做的不利於老闆的事情，或者是不利於皇帝的事情，你應該報告給皇帝、報告給你的老闆，你要報告了，你不義，你不報告，你不忠。還有孝、孝順，過去就連唱戲的都說「忠孝不能兩全」，你忠實地為皇上當差去了，你就無法承歡盡孝於雙親面前。這就是某些時候的價值上的悖論。這種價值上的悖論，讓你感覺到「這樣好還是那樣好」這種選擇上的大問題。

一生真偽有誰知

再一種我稱之為社會的悖論，就是對於做人處事上面的一種選擇，你自己對自己的要求是不是被社會所承認呢？你覺得你非常的忠，但是有關的人士承認不承認你忠呢？這就很難說。這樣的例子非常多，比如說不管是孔子還是先秦諸子，都特別佩服周公，孔子甚至於做夢都夢見周公了，可見他對周公的崇拜，但是周公有這麼一個經歷：他是周文王的小兒子，他哥哥是周武王，他對輔佐他的哥哥來取得天下、來治理周朝這個國家不遺餘力，他的哥哥曾經得過病，在得病的時候——當然這是有一些迷信——他寫了正式的文書向老天乞求說，把我的壽命減掉給我的哥哥，讓他多活幾年。古人認為壽命是有定數，寫在生死簿上，他

說我把我的陽壽一半給我哥哥算了，我明天死我也認了，他寫了這個而且封到一個金屬的容器裡邊，以示鄭重。後來他哥哥死了，他把他哥哥的小兒子、幼子，大概非常小，應該繼承王位的——抱在腿上來執政，做事一絲不苟，得罪了不少權貴。結果出現了許多的流言，特別是有兩個壞小子，一個管叔、一個蔡叔就造出謠言說周公一直抱著這個小孩執政，說他最後要把他姪子廢了，他要當國王。他自己也很膽小很害怕，聽到這些流言就辭職了。辭職以後朝廷對他的輿論很不利，說哪有把姪子抱到腿上在這兒指揮一切，說你肯定有野心。結果趕上雷雨把那個金屬的匣子給打破了，然後看到當年周武王生病的時候，他怎麼樣向上天乞求把自己的陽壽都給自己的哥哥，大家才知道他是真正的忠臣。

後來白居易有一首詩說「贈君一法決狐疑」，我有一種方法可以幫助你來判斷不能判斷的東西，後邊接著說「試玉要燒三日滿，辨材須待七年期」，玉是真正的玉還是石頭，放在火裡燒，當然這個方法現在好像不太使用，你得連燒三天三夜，如果它沒壞，說明它是真正的玉。要是考察一個人才需要七年，這個說得也玄點，你要是想任用一個人先考察七年，也什麼事都耽誤了。他底下又說「周公恐懼流言日」，就連周公他也有害怕的時候，他大忠若奸，反倒像奸臣一樣。「王莽謙恭未篡時」，跟周公相反的例子就是西漢末年的王莽，當年他非常謙恭下士，但是最後他篡奪漢朝的王位自立為新朝，又被劉秀給滅了。「倘使當時身便死，一生真偽有誰知」，你要死得早些呢，你是真是假也就無人知道了。我說它是社會性的悖論就在這兒，有時候一個特別好的人，社會上不認可，就像周公似的，周公他是一個非常好的人，但是朝廷裡不認可，朝廷裡反倒認可管叔、蔡叔所散布的那些謠言、那些流言蜚語。王莽本來是一個大壞人，但是由於他謙恭下士，所以就說這個人好得不得了。還有偽君

子、還有被屈枉的人，這種事情就更複雜了。

還有比說周公、說王莽更接近一點的例子，就是明末的袁崇煥，有許多學者研究這個問題，在姚雪垠先生的《李自成》裡，他描繪了這個事件，在金庸的小說裡，他也運用了這個素材。袁崇煥當時替明朝抗清，他屢有戰功，但是最後據說被陷害，宣布說他是內奸，這個情況現在聽起來是非常刺激的，說本來已經確定了他要「夷三族」，倒不是「九族」，就是他的親戚朋友什麼的全都要殺，最後又決定「凌遲」，就是千刀萬剮，拿小刀一點一點地割——這當然是在中國的那個時候，現在判處死刑絕對不允許用這種方法，非常不人道的。但是當宣傳他是漢奸以後，老百姓恨得不得了，說是他把滿清軍隊引到北京來的，上去一大堆人咬他。

你的判斷——像剛才我們說的成和缺、直和曲、盈和沖、巧和拙、辯和訥，這判斷的過程不是直線進行的，不是說就像選擇題似的 ABCD，哪一個對，電腦就能判卷子：你選的對就是對，錯了就是錯，不是！而常常會有是非莫辨、真假莫名的情況，也就是說一個人的實際情況，或者一個人的成就和周圍的環境對他的印象、對他的評價，可能一致也可能不一致。

不能急於求成一條筋

所以我覺得老子的這些理論裡包含著這麼一部分內容，就是一個人不要急於求成，你不能單線思維、就一條筋，一個人尤其不要表現得自我膨脹、太過分，他老是提醒你「大成若缺」，如果你做了很多的事情，肯定還會有很多缺點，你有很好的辯才，你肯定也有話說得不利索、打磕巴（結巴）、甚至自相矛盾的時候。你是一個極其聰明的人，但是你也

肯定有辦傻事的時候，我們老百姓也都懂這個，所謂「智者千慮必有一失」，你什麼都想得周周到到，但是肯定某些事你會想不到，「愚者千慮必有一得」，一個愚傻的人，他比你傻，但是他在一千條意見裡邊九百九十九條都錯了，也有一條硬是比你好。

這個說法也非常的有趣，我願意從這一點順便說一下，我談老子，當然毫無疑問我要努力地去理解去領會去消化老子的這些主張，但是我聊老子呢，又是如我一開始所說的，是用我自己的生活經驗、用我自己對問題的思考，對老子做一個補充、做一個討論。最近馮其庸先生還給我打過一個電話，他說他因為眼睛不好，我的書看了一點，沒怎麼看，但是咱們這節目他每到禮拜天都會非常認真地聽，他就覺得許多許多人解釋老子都是「以老解老」，但是你王蒙解釋老子是「以王解老」，你用你的生活經驗解，就比較有某些新的發現。

我就從這個「大成若缺」、「大直若曲」，還有「曲則全，枉則直，窪則盈，敝則新，少則得，多則惑」——從這裡我又很喜歡研究一個問題，就是為什麼一個人即使做出了許多好事，但是有時候周圍環境對他的評價往往會有些距離，這種原因在哪兒，特別是如果他的主張就像老子這樣，其實很難被大眾所接受，這又是怎麼回事兒？所謂的社會性悖論，其關鍵在什麼地方呢？

論臭皮匠與諸葛亮關係的多種可能性

我想到一個很有趣的話題，老百姓常常說「三個臭皮匠，湊成一個諸葛亮」，這話的用意極好，就是說我們要集思廣益，群言堂，不要搞一言堂，不要成霸王別姬——你一個人說了算，最後你孤家寡人，剩下只

能「別姬」，沒有別的辦法了。這用意非常好，但是我們分析一下，是不是三個臭皮匠準能湊成一個諸葛亮？我覺得這裡頭起碼有這麼六七種、七八種情況。

第一種情況，就是三個臭皮匠確實比諸葛亮聰明，這個完全可能，因為臭皮匠生活經驗多啊，上次我們講「知白守黑」的時候講過「卑賤者最聰明」，最起碼在怎麼做鞋做皮包上，他們肯定比諸葛亮強。諸葛亮在三分天下、打仗上，可能比那皮匠有經驗，但給你一張剛宰完牛的生皮子，讓你鞣皮子、讓你做一雙靴子，你做得了嗎？你肯定做不了，所以這是一種情況。

第二種情況就是臭皮匠和諸葛亮各有各的長短，寸有所長、尺有所短，諸葛亮不見得什麼都成，臭皮匠也不見得什麼都差。皮匠中隱藏著大量人才，當然可能，「英雄造時勢，時勢造英雄」，時勢來了，某皮匠成了諸葛亮，時勢去了，諸葛亮能踏踏實實地一邊去當皮匠做箱包鞋靴，也就不錯了。

第三種情況是，這三個臭皮匠湊到一塊還是一個臭皮匠，他們沒有那些知識，你數量相加是沒有用的，別說三個臭皮匠，你三百個臭皮匠更湊不成諸葛亮，三百個臭皮匠打起來了，對事情的看法各不一樣。

我還要說句不好聽的話，有第四種可能：三個臭皮匠滅了一個諸葛亮，這也很難講。三個臭皮匠一舉手，說這個諸葛亮，他那主意都不行，他根本連做鞋都不會，他能幹什麼啊，我們把他解雇了算了，那他就被解雇了。這也是一種情況。

還有第五種情況：一個偽諸葛亮欺騙了三個臭皮匠。偽諸葛亮他本身是個壞人，他騙人，他是會道門，他是邪教，很容易就騙了三個臭皮匠，最後三個臭皮匠說，哎喲，我們找著諸葛亮了，結果那假諸葛亮是

騙人的，所以一個壞的諸葛亮，在最壞的情況下騙了三百個或更多的臭皮匠，毀滅了三個真正的能湊成諸葛亮的聰明的好皮匠，這可能吧，是不是？我是一個偽諸葛亮壞諸葛亮、我是一個邪教頭子，我湊了三百個人，我把那個真正能湊成諸葛亮的三個好皮匠給排除掉了。

第六種情況：許多個自稱諸葛亮，各拉了一批臭皮匠，或許多撥兒臭皮匠，各拉各樹一個諸葛亮，搞得天下大亂、群雄並起、爭權奪利、莫辨真偽……

所以在我們談到什麼「大成若缺，大直若曲，大盈若沖，大巧若拙，大辯若訥」，說到什麼「曲則全、枉則直」這些的時候，我們還要想到我們的判斷，像我們這種臭皮匠的判斷到底是不是絕對的可靠，到底是不是一定能夠道出巧與拙、辯與訥，或者是盈與沖或者成與缺的這個界限？不一定！

所以我們從老子的相反相成學到聰明——他就好像故意跟你作對似的。實際上我們要知道人的認識過程本身就是有矛盾的，就是有悖論的，老子所說的巧、拙，都是人的一個認識，這個認識想一下子就讓它符合客觀規律，讓它一下子就能夠分辨清晰，並不是那麼容易的。所以這就又總結到什麼上來了呢？這個悖論——這個邏輯本身就是有悖論的，世界上的事兒就是有一種認識論上的悖論。為什麼必須講辯證呢？或者用我們中國的傳統說法，不叫辯證，而叫機變，隨機應變，與時俱化。

因為任何的全稱肯定和全稱否定本身都含著否定自己的因素。在數學裡有一些非常有趣的悖論，有一種叫「謊言悖論」，說一個說謊者宣稱：我所說的話全部都是謊話。這種情況下怎麼辦？你認為他是正在說謊還是在說實話？至少這句話他說的是實話，如果他說的是實話，說明他不是說謊。這叫「說謊人悖論」，就是把自己全否定了，那這個否定本身能

不能否定？如果也否定了，那等於我說的全是實話，你如果說不否定，那等於我是就連這個說自己說謊的話也變成了謊話，負負得正，這麼一個道理。所以這個邏輯上就是有悖論的。還有一個很有名的悖論叫「理髮師悖論」──昨天我剛剛也剪了一下頭髮──什麼叫理髮師悖論？說一個理髮師他宣布他只給「不給自己理髮的人理髮」，就是說我給誰理髮呢？我只給不給自己理髮的人理髮，比如說你自己不會給自己剃頭剪頭髮，那我給你剃。這裡就產生一個問題，你這個理髮師給不給自個兒理髮？你要給自己理髮，你就違背了你「不給」給自己理髮的人理髮的這樣一個原則，你要不理髮呢，你又違背了「給」不給自己理髮的人──說繞口令呢──理髮的這個原則。這是非常有名的悖論、數學悖論，這是羅素提出來的找彆扭的數學。

所以事情本身已經包含著一種自相矛盾的因素，巧和拙、直和曲、辨和不善言辭，這中間已經包含了許多的矛盾了，再加上社會上的複雜性、社會人際關係的複雜性、利益關係的複雜性，所以就讓人有時候摸不清了。這些故事更說明既有邏輯上的悖論，又有價值上的悖論，又有結構上的悖論，又有發展當中的悖論，又有認識論上的悖論。在這種情況之下，老子提出一大堆相反相成的例子，在某種意義上是他在教人聰明：你不要把任何一件事做死做絕，你要留有餘地，你要可以經得起──可以來回地折騰、可以來回地分析。基本上是讓人能夠走得比較正常、走得比較好。老子有這樣的意思在裡頭。

為什麼 A 常常不像 A

老子底下又說了一些話，也是這麼相反相成的，他說「故建言有之」

——這是在第四十一章，他說現在已經有這樣的一個說法了：建言，就是已經有這樣的言論，已經有這麼一個說法了。「明道若昧」，非常光明正大的道理，但是聽起來還有點昏暗。「昧」就是不明朗，就像我剛才講的三個臭皮匠，為什麼有時候能滅一個諸葛亮呢？三個臭皮匠他要求你對事物做最簡單化的判斷：好人、壞人，擁護還是反對，往前走還是往後走，是殺了他還是放了他？要求這種最簡單的判斷，但是世界上有許多事不是能夠做出最簡單的判斷的，你對他稍微具體分析一下，說這個事兒是對、是不對、是應該怎麼做、是不應該怎麼做的時候，他馬上覺得你不明朗，他覺得你昏暗、覺得你糊塗，或者覺得你裝糊塗，或者覺得你用這個糊塗的方法來騙我，你心裡面本來非常明白，但是你為了騙我故意把它說得不那麼明朗、不那麼明確。所以老子說「明道若昧，進道若退」，本來我目的是往前進的，但是我「進道若退」，有時候我為了避免由於冒進把這個事兒反倒辦砸了，把這個事兒反倒弄壞了，在這種情況之下我稍微往後退縮一點，或者說要有一個反作用力，我的目的是為了向前衝，我先往後使勁，我先得腳踩著起跑器往後用力蹬，這就是「進道若退」。

「夷道若纇」，「夷」就是平的，本來是很平直的道路、平坦大道，當年有個歌叫〈我們走在大路上〉，我們走在一條平坦的大路上，「纇」就是小路，彎彎曲曲的小路，它沒做任何的解釋，一條大路怎麼會變成了彎彎曲曲的小路了呢？就因為世界上的許多事情曲折，甚至於走一個環形的道路實際上是必要的，所以說「夷道若纇」，本來是一條最平坦最平直的道路，但是由於你的不理解，你覺得我好像在裡頭使了什麼花招，朱熹說：老子心最毒。老子把事情的真相告訴你了，朱熹說他的心太毒了，說他怎麼這麼辯證啊，辯證起來害起人來，這還了得！

「夷道若纇，上德若谷」，最高的德行顯得非常低下，因為他不拔分兒、他不吹噓、他不給自己經營頭腦上的光環，他也不耀武揚威，所以他「上德若谷」，他好像是比較卑下的、比較謙卑的一個山谷一樣。「大白若辱」，你最純潔、你最乾淨、你這一輩子沒幹過骯髒的事情、你沒有幹過丟人的事情。可是你要是真做到這一步，反倒有人懷疑，說怎麼別人都有毛病，他怎麼沒這毛病呢，別人都蠅營狗苟，他怎麼不蠅營狗苟啊，別人有便宜肯定就占，他怎麼有便宜不占他躲開走啊，他耍花招啊！說這小子更壞、更陰，他會引起這種看法。

大仁若偽，大智若妖

當然這是另外一個複雜的問題，魯迅就說過《三國演義》裡寫的劉備特別希望表現仁義，比如說他撤退的時候，為了維護老百姓，走得非常慢，結果自己遭受了很重大的損失。可是他過於仁義了就「似偽」，大仁若偽，就是別人看著他覺得假，所以到現在民間還流行認為劉備這個人假、劉備摔孩子邀買人心，趙雲為了奪這個阿斗，幾乎犧牲了自己的性命才把阿斗救回來——不過這裡的描寫是有點過分了，過猶不及——劉備反倒把這個孩子往地上一扔，說為了這個小兔崽子，把我這個大將都差點沒給搭上。這裡他就顯得偽。魯迅說書裡面還要表現諸葛亮的多智，但是這個智也太過，「近妖」，覺得像妖精了，他不像一個活人了是不是？又能夠呼風喚雨，又是穿上八卦衣，披上頭髮，拿著七星劍沖天一指，然後東風就颳起來了，那是法術，也成了邪教了。

在這裡老子講的就是：你如果達到了超常的純潔——「大白若辱」，你反倒好像有污點，這裡也許我不需要很多的例子，咱們琢磨去吧，慢

慢體會。他說「廣德若不足」，你的德行太廣了，你人人都幫助，你見一
個幫助一個，好人你也幫助，壞人你也幫助，上級你也幫助，下級你也
幫助。這樣的話大家覺得他更不夠了：一開頭他幫助我，我很高興——
我用最粗俗的說法：他幫助我一百塊錢我很高興，後來我一聽他昨天幫
助了姜華一千塊錢，我又不高興，變成了對他的埋怨了，我比姜華困難
多了，你幫助她一千，起碼你幫助我一千五，我這就不說你壞話了。所
以，「廣德」——你要廣施恩德，你照顧不過來，你反倒就「不足」。「建
德若偷」，「偷」就是你鬼鬼祟祟的，有些不那麼光明正大，你本來是很
建設性的、很光明正大的、很利他的為別人著想的，但是你這樣做得多
了以後，別人就老覺得你有陰謀詭計，說你一天勤快也行，你天天這麼
勤快——我怎麼就那麼懶呢？你天天這麼勤快，你一定是有什麼所圖，
你一定有自己的小算盤、小九九。

　　「質真若渝」，你是貨真價實的、你是實話實說的，但是別人做不到，
你太超前了，你太突出了，你鶴立雞群，那大家誰還信服你啊，誰還聽
你的？所以老子他簡直什麼都講到了，他講如果什麼事你做得太好了，
做得太使勁了，反倒變得不好了。當然，該怎麼辦？他也沒說，這本身
就又是一個悖論，這是一個什麼悖論呢？這是一個利益的悖論，本來是
你事情做得最好是最符合你的利益的，但是你做得最好了以後，反倒不
能取信於人，至少是不能取信於臭皮匠，這種情況之下，反倒損害了你
的利益。我們能得出一個什麼結論呢：既然這樣了，那你是什麼水平、
我也就是什麼水平就得了，我別要求自己高了！我想老子也不是這個意
思。世態人情有這一面，他講得讓你覺得老子不愧是老子，他挺老到、
挺老謀深算，他看到了事情的這一面。

大方無隅還是外圓內方

所以底下就說「大方無隅」，特別方正它沒有角。這個「大方無隅」我說數學上好解釋，因為你是一個無窮大的正方形，和圓形一樣，圓形、正方形、五邊形、六邊形沒有區別，直線和圓弧也沒有區別，因為你已經到了無窮大了。當然老子不太可能在那時候從數學上、從微積分、從極限的原理上來考慮「大方無隅」，但是我們可以明白地判定，一個胸懷廣大、包容性極強的人，顯得圓滑而不夠方正。可以想一想，我們中國人在方和圓這個問題上，還有許多好的說法，比如說為人方正，這是一個好話，也有一個說法叫「外圓內方」，就是內心裡非常方正、非常有原則，但是我處事、接觸一般的人，盡量用一種相對不和人發生刺激的、發生對立的、比較隨和的態度來處事，但是心裡是有底線的，有些事是打死我也不能做的，違法亂紀我是不能做的、貪污公款我是不能做的、欺壓百姓我是不能做的，但是一般的情況之下，我不顯得走到哪兒都那麼「事兒」（裝腔作勢），或者走到哪兒都顯得那麼強硬，或者走到哪兒都顯得那麼「各」，我不這樣。我「大方無隅」，「隅」就是角。

晚成還是免成

「大器晚成」，要成為一個大的材料，成為一個有大用的人，你別著急，你慢慢來，馬王堆版《老子》上把「大器晚成」乾脆寫成是「大器免成」，就是你追求那個最大的材料是永遠不會成功的，你只有一個過程。這個解釋也很好，晚成、免成都可以。

「大音希聲」，我現在一下子還不能很好地理解，但是我們可以說「大音希聲」和後來莊子發展的對天籟的想法是一樣的。天籟，你可以聽不見，但是在整個世界的運行當中，就像交響樂一樣，它永遠在那裡運行著。「大象無形」，這有點抽象，它不是具象的東西，但是它表達了人的思想、表達了人的感情。「無形」，你也還可以理解成你所追求的那個大道、那個大的成果，這不是在表面上就給你，可以像一個工藝品一樣擺在桌子上，說這就是我的成績！我沒有這種成績，但是我的成績是更大的。

「道隱無名」，這個話是非常好的，真正的大道，它是隱藏在、是埋沒在各種事物發展的後邊，你一下子看不出來。這對我們是一個啟發，我們要做一個符合大道的人，我們就不能追求自己的名聲，不能追求自己的利益，要做符合大道的事情。「夫唯道，善貸且成」，只有「道」能夠真正幫助別人，而且能成就許多的事業。

第十六講：
大國之道

大國怎樣才能長治久安

　　《道德經》主要是針對當時統治者的，所以這裡邊暗含了很多治國的理論。老子他有自己的一套想法，他和當時春秋戰國的各個諸侯國家那種富國強兵、會盟爭霸，還有各種的治國之道、用兵之道有相當大的區別。他老想著用他的所謂「大道」能夠把國家治好，能夠把天下弄好。這裡我要說明一下，那時候中國人還沒有世界這個觀念，也沒有世界地圖，當時認為四海之內皆兄弟，認為中國是唯一的、最大的、最文明的國家，周圍有一些海洋，還有一些所謂番邦，就是一些少數民族或者是相對生產力發展得弱一點的文明，沒有完全成熟的一些地區。再往遠不是山就是沙漠了。所以當時說的「天

下」，實際上主要是指咱們的神州大地。另外他當時所說的「大國」，跟現在咱們說的大國、超級大國完全不是一個概念。他實際上說的大國，無非就指的是像秦國、像齊國、像楚國這幾個大國。

可是我們在研究老子這些道理的時候，又往往會自覺不自覺地把他這個「大國」，跟現在的「大國」聯繫起來，把他的「天下」和現在的世界聯繫起來。這個你是禁止不住的，我們讀古書的目的，並不僅僅是為了回到古代，而是從古代汲取一些智慧，為什麼叫「老子的幫助」呢，來幫助今天、來幫助今天的世界、來幫助今天的中國、來幫助今天的個人。

我們來看看老子講了一些什麼樣的關於大國、關於長治久安的道理。在六十一章老子說「大國者下流」，就是越是大的侯國，越應該把自己的地位放得下一些。「下流」現在是一個難聽的詞、是一個罵人的詞，當時說的下流是把自己放在下邊來運行，給自己擺正自己的位置，不要高高在上、不要耀武揚威、不要欺壓別人。「天下之交，天下之牝」，他這個想法可是挺好，他說為什麼是一個大國呢，就是普天下各個侯國都在你這兒交匯，這還有一點開放性，是海納百川的概念，海為什麼能納百川呢？因為它靠下。他說「天下之牝」，「牝」本來是指女性的生殖器，他說這就是「大道」，他講過大道的品格就像女性的生殖器一樣，因為它孕育著生命，而且它經常處在下邊，它經常處在相對比較安靜的狀態，所以他用牝來講一個大國應該採取的姿態、應該採取的態度。「牝常以靜勝牡」，雌性常常靠自己的安靜勝過雄性，女性生殖器由於相對靜止一些，反而比男性生殖器更有力。老子把性的問題哲學化了，從性事中研究哲學，其實早在《周易》中，我們的先賢就喜歡從性事中尋找大道哲理。

這也是老子反復說過的話。「以靜為下」，怎麼樣能夠顯出來你是謙

卑的呢？你沒讓自己死乞白賴地鬧騰，因為你相對靜一些。這個體會我覺得還非常可愛，就是你太鬧騰，別人怎麼看都不像謙虛的，你鬧騰得太厲害、你動靜太大，比較不招人喜歡。相反的，你平常能夠稍微控制一下自己的言語、控制一下自己的表情，你多看看多聽聽，也就是因為「靜」，所以顯出來「下」。

大國與小國

他說「故大國以下小國，則取小國」，如果大國對小國是抱一種非常謙卑的態度、抱一種我尊敬小國的態度、抱一種克己的態度、抱一種退讓起碼是謙讓的態度，這樣的話你就能贏得小國的信任乃至於聽從。什麼叫「取小國」？我謙卑以後就把你占領了？那可不行。但是至少我能贏得你的信賴，我說什麼話你愛聽，你知道我的主意對你是有好處的，有信用、威信或者是很好的友誼，至少得到了小國的友誼吧。「以下小國」，你要得到小國的友誼；你要壓小國，那你得到的肯定是反抗，即使口服它心也不服。

「小國以下大國，則取大國」，什麼意思呢？就是說你這個諸侯國家相當小，但是我對待大國也從來不故意挑釁，我不膨脹自己，我也不在那兒瞎忽悠，這樣的話我也能取得大國的信任、取得大國的好感、取得大國的幫助、取得大國的友誼。

他是講當時的諸侯國家，但是即使我們不說大國小國，我們說一個大公司小公司、我們說一個大團體和一個小的團體，甚至一個大人物一個小人物，也有這麼一點道理，雖然不是絕對的。如果你一無可取，你本身什麼用處都沒有，要學問沒學問、要幹勁沒幹勁，你光知道「下」，

你光見人就鞠躬、見人就作揖、見人就下跪也不行。這當然不是絕對的，但是他講的這一部分道理有一點意思，他說「故或下以取」，「下以取」就是「取」的目的在先，「下」在後，達到了目的，也就是我為了「取」而「下」。「或下而取」，就是因為「下」，「下」在先，自然而然我贏得了你的信任。他這裡都強調一個「下」字，「下」是什麼意思呢？就是大國不可自大、大人物不可自大、大公司大團體都不可自大，而寧可克己一點，有什麼利益多想著別人、多想著弱勢，我想這對今天的人也是有教益的。

他說：「大國不過欲兼畜人，小國不過欲入事人。夫兩者各得其所欲，大者宜為下。」這個說得也很好，但是這也有一點理想主義。他說大國追求什麼呢？你追求的就是──你還要多多照顧到別人，你要兼容並包、兼容並蓄，你能夠給更多的地區、更多的百姓以幫助，你要求的不就是這個嗎？你要求你的大國得到信任，你的目的不是為了更多的福祉嗎？這是一個理想，當然老子就沒有提大國也可能有霸權主義，大國也可能剝削小國，大國也可能壓迫小國，大國也可能損害小國、歧視小國，老子就沒有講這一方面的問題了。他說你「不過」──這「不過」兩字是老子的理想，並不是實際。

他說「小國不過欲入事人」，小國無非是想把大國服務好了，取得大國的信任，一邊願意多給大家謀福利，一邊願意好好地得到你的信任、跟你搞好關係，也得到你一點好處，這麼一湊合不正合適嗎。這個多少讓人感覺有一點忒天真、忒往好的說了。當然沒有關係了，這是老子所提倡的，雖然很難以做到，他提倡這個而不是提倡白刀子進紅刀子出、不是提倡今天我宰你明天你宰我，我覺得這還是好的，雙贏。老子就說大國和小國應該雙贏，應該各自達到自己的目的，這是他的希望。

越大越謙虛

但是這裡頭有一個前提「大者宜為下」，就是你越大越要對自己要求更嚴格，你越應該更加謙虛，你更應該照顧小的利益、弱者的利益。我想這話倒有一點經驗之談，因為說老實話，越是弱者弱勢他越容易有一種敏感、容易有一種警惕，比如說你是姚明，我跟你合夥打球，那我不放心，我老覺得我非吃大虧不可，胳膊肘一碰，沒準我這肋條骨就斷三根，你一個蓋帽兒，球往下一壓沒準就把我壓扁了。所以弱者往往處在一個比較警惕、比較計較，有時候甚至於就是比較不自信的狀態，他老覺得他可能受強者的欺負。小的人物、小的侯國、小的地區，他老怕吃大地區、大侯國、大人物的虧。所以為什麼老子提出來你越大越要把自己往下擺，應該說這個話有他的經驗之談，也有它深刻的道理。當然老子還沒說到比別的侯國大得多，你兵強馬壯、你財富滾滾、你硬實力軟實力你什麼實力都比人家強，你就讓著點兒，優勢還在你這兒呢，也沒什麼損失。所以這個「宜為下」在某種意義上是一種自信的表現，越是自信的人他越對一些小得小失、排名前後，他對這些東西不會計較的，因為他非常的自信。

老子在第二十三章裡說「希言自然」，像「大音希聲」一樣，「希言」——少說，是合乎自然的。孔子也說過這個話「天何言哉？四時行焉，百物生焉」，天說什麼話呢？天嘛話也沒說，春夏秋冬，該過的就這麼過來了嘛，該下雨該颱風該出太陽，該出現什麼物種物品，人家該辦的事都辦了。所以老子也講「希言自然。故飄風不終朝」，就是一陣大風它吹不過一個早晨，我不知道老子是根據什麼地點，是不是根據河南，因為

當時東周建都在河南這邊、洛陽這邊，他說即使颳大風也很難連續颳一個早晨。「驟雨不終日」，要下暴雨很難從早晨一直下到晚上，下一整天，它中間總會停幾次。這倒是，北京過去夏天七月份有很大的雨，所謂很大雨、所謂連下一週，它也不是老那麼下，大一會兒小一會兒，停一會兒又下一會兒，它也是這樣。他說「孰為此者」，誰決定了大風颳不滿一個早晨、大雨下不滿一個白天，這是誰決定的呢？是「天地」，天地的本性就是這樣。他說「天地尚不能久，而況於人乎」，連老天死乞白賴地颳大風、下大雨都不可能久，何況是人呢？

高潮化與正常化

這段話我覺得講得對。治國平天下也挺有意思，如果我來談我的個人的體會，我覺得就是說做任何事情，那種高潮、那種拼命、那種在高度興奮狀態下所做的事情不可能長久，你還是要有一個正常的秩序、要有一個正常的節奏，一定還是要有快有慢，你不可能老是處在一個絕對的高潮當中。比如說在戰爭當中、在革命奪取政權的時候，有時候確實出現這種高潮，我們過去在「文革」當中經常重複的一句話，說「革命時期一天等於二十年」，這種一天等於二十年的現象也許在某個時期會出現，但是你不可能天天等於二十年，你一年三百六十五天天天等於二十年，你這三百六十五天等於多少年了，我都算不出來。所以老子就以飄風和驟雨、以暴風雨為例，說明我們治國也好、處理一些事情也好，要有正常的速度，要維持一個勻速，用現在的語言就是維持一個可持續發展、維持一個科學發展，你不能老是只求快、只求數字、只求那種超常的速度。

關於速度

我們國家在制定國民經濟計畫的時候常常要做的是：又要保持相當高的速度，又要適當的平衡，不要讓它過快，不然就是要付出代價——用的力過多造成快了一段，然後又出現了新的矛盾、新的問題，咱們宏觀調控也講這個。所以我們也可以說，老子是通過風風雨雨、通過天地，來講世界的大道本身就是要有所調控的，就是要有一個正常的速度和節奏的。

誰能做到報怨以德

老子在六十三章又提出來「為無為，事無事，味無味。大小多少，報怨以德」，你要做一些事，比如「無為」——我願意把它解釋成：不是說你什麼都不幹，而是你做一些讓大家能發揮出積極性、自然而然地去努力做的事情，不是你把所有的活兒都包在你這兒，不要包打天下，不要包攬一切好事，而是發動各個方面的力量，要使人盡其才、地盡其力、貨盡其用，讓各個方面的力量都自己能夠發展起來。「事無事」，這個「事」有兩個意思，一個是做事、一個是麻煩的意思，就跟英文 "affair" 一樣，"affair" 可能是好事，但在很多時候指的不是好事，它指的是並不好的事。「事無事」在某種意義上說，就是你要做一些使那些麻煩的事情越來越少的事情，你這個統治者、你這個當政者、你這個侯國的國王、你這個大臣能夠做到把很多麻煩消化掉消解掉，你所從事的這些事情、你所提供的這些服務，我們用一個比較熟的話來說吧——當然這個話也並不準

確，我們姑且這麼用一下——就是說能夠大事化小、小事化無。我知道我們行政幹部裡經常也說一個話，比如說那個地方上的領導，或者一個具體單位的領導，說他消化能力很強，他能化解許多矛盾，不是說什麼事都往上折騰，都得要求變成全國的大事，而是盡量把各種人民內部矛盾能夠該調解的調解、該處理的處理，這不就是「事無事」嗎？你從事各種事情的結果，使天下無事，老百姓安安心心地、平平安安地過日子，這不是更好的政績嗎？

「味無味」，我的理解就是不搞強刺激，你在掌握著政權的情況之下——當然外敵入侵了，那沒辦法，那不是你要刺激人民，是外敵要侵犯你，他要刺激你——「味無味」這也是生活上的一種態度，就是說要做到從生活上不受這種挑動、不受刺激、不受干擾。我知道北京人過去有一個說法，他們在除夕的時候吃素餃子，至少有一部分老百姓這樣，他們的說法一個是素餃子是為了祭奠祖先，還有一個說法吃素餃子的意思就是希望我們的日子過得素素淨淨，也就是不在我們的生活當中出現那些麻煩、出現那些災難、出現那些禍害。我不被人誣陷，我自己也不進陷阱，沒有大起大落，希望過正常的生活。當然了，我們也可以談另一面，說人還應該要冒險，應該不羈，說人生能有幾次搏，要奮鬥、要敢於嘗試，還要上太空、還要上月亮。當然這是事物的另一面，但是作為普通的老百姓來說，他希望日子過得素淨一點，這可以理解。在貴州它不叫素淨，因為我沒有在貴州生活過，但是我曾經很喜歡讀貴州有些少數民族的作者寫的小說，他在小說裡就乾脆說「平淡」，他的日子過得很平淡。從我的經歷我的教育來說，我不喜歡平淡這兩個字，因為我從小經歷了歷史的暴風雨，新中國的建立，可是後來我看了貴州朋友寫的小說，我就知道平淡的滋味其味無窮，平淡就是按非常正常的路徑各安其

位、各安其業，和諧社會，共同奔小康。這是一種平淡，是老子非常理想的。

老子認為春秋戰國的時候，各個國家花樣翻新，各種邪招怪招都有——咱們少玩點兒這個吧，咱們該幹什麼幹什麼行不行？我覺得老子說這些話的時候，他甚至於有一種向天下呼籲，籲請各位君王、各位有權有勢的王公貴族，你們少折騰一點兒。他有這個意思。然後他說「大小多少，報怨以德」，「大小多少」都是互相轉化的，都是變來變去的，有時候你看見這個事很大，它將來有可能變得很小，有可能現在你的財富你的兵員很多，但也許將來它會變得很少，因此大小多少都是來回轉化的。他提出一個口號，叫「報怨以德」，現在這個詞仍然存在，我們現在一般說「以德報怨」，這就和我們曾經有過的、也是古人的說法「以其人之道，還治其人之身」不同。我想「以其人之道，還治其人之身」主要指的是在革命鬥爭、敵我鬥爭這種問題上對待敵對的階級、敵對的勢力，不能夠講仁政，我們不能夠書生氣，不能夠說是對方要打你的左臉，你把右臉也伸過去——我們過去一塊兒工作的同事也笑我，說左臉打完了，你把右臉伸過去，人家毫不客氣照著你右臉啪又一嘴巴，問你怎麼辦？但是作為執政黨、作為執政者來說，他又不可能什麼事都是「以其人之道，還治其人之身」，那就永遠是針尖麥芒、永遠是冤冤相報，冤冤相報何時了？我們現在有時候對中東的問題就發表這樣的意見，就是說你不能夠光以其人之道還治其人之身了，有些時候如果有一點老子的思想「報怨以德」，有一點你對我不好不等於我一定要對你不好，你對我不好我仍然爭取對你好。

曹操曾經有話，這是《三國演義》上的話，符合不符合正史我也不知道，說是曹操有一個做人原則：寧教（叫）我負天下人，不教（叫）

天下人負我——寧可我對不起你們全體，我不許你們誰對不起我。作為一個奸雄——實際上曹操並不是這樣的人，這是另外的問題，在《三國演義》裡頭把曹操寫成這樣的人，這麼一個以自我為中心的、自私自利的、完全不考慮別人利益和感受的一個洋洋得意的野心家——說他的原則就是我對不起你行，你不能對不起我。

　　但是我們也可以嘗試一下老子說的，我不以眼還眼、以牙還牙，而是以德報怨，來逐步地改善人際關係的氛圍。甚至於我們也可以從另一個角度上說，你如果有負於他人、你對不起別人，你的良心上是受譴責的，你晚上睡覺是不踏實的。如果別人欠著你一點人情、欠著你一點行善，相反的你倒沒有什麼不滿足。你回想一下，比如說你老了，你也七十了、你也八十了，你到了晚年了，你需要臨終關懷了，你想一想——我這一輩子有幾件事挺窩囊的，但是我沒有害過別人，我沒有給別人造成不可挽救的損失。我想這是一種相對比較平安、比較滿足的心情。相反，如果你到了晚年，一想起來都是你整天害人的那些事，我想那是很不幸的。

　　所以老子的這個「報怨以德」，尤其是對於掌握了政權的人來說，能夠最大限度地團結大多數，這其實也符合毛澤東主席講過的調動一切積極因素，同時把所有的消極因素努力變成積極因素。我覺得這個化消極因素為積極因素的提法，是一種長治久安的提法，也是一種報怨以德的提法。

腳踏實地

　　老子底下又接著說「圖難於其易，為大於其細，天下難事必作於易，

天下大事必作於細」，就是你想辦一件很困難的事，你先從最容易做的事做起。這個是很符合常識的，你想做很多大的事，一下子做不了，你先看哪個能做你先做，你別等著說你想寫偉大的作品，你想一下子能夠寫出二百萬字的一部大的長篇小說來，你寫不出來！你先從短文開始，你先從小東西做起，你想幫助世界，你能不能先從幫助你的同事、幫助你的鄰居，甚至於幫助你的兄弟姊妹、幫助你的父母，從這些地方做起。他說想做一些大事──「細」就是小──你從小事做起。這一點上，老子又不像只講「大道」，大而無當，講得很抽象，「玄之又玄，眾妙之門」了，這裡老子很實際，在這一講裡邊他好像涉及很多非常具體的方法，告訴你怎樣做。

諸葛亮是並不講老子的，但是諸葛亮的〈出師表〉裡提醒後主劉禪劉備的遺言「勿以善小而不為，勿以惡小而為之」，你做一件好事，不要因為事太小了不做，因為大事都是小事積累起來的。「是以聖人終不為大，故能成其大」，這又是老子的話了，他說聖人就老不覺得自己多麼偉大，所以反倒他就「成其大」，就跟前兩次我們說過正因為他無私，他能成其私。你不把自己往偉大裡搞，你可能還有偉大的時候，把牛皮吹得快要爆炸了一樣，你反倒就偉大不起來了。

治國不能忽悠

「夫輕諾必寡信，多易必多難。是以聖人猶難之，故終無難矣」，如果你想得太多、你的允諾太多，你反倒喪失了信用，別人不信你了，你吹的、你要幹的事太多，你都是大話，你就寡信，喪失了公信力。你把什麼事看得非常容易，「多易必多難」，你看得太容易了，你沒有做好各

種的準備，你沒有足夠的實力去解決這些困難。「是以聖人猶難之」，聖人把每件事都想得相當困難，「故終無難矣」，這種情況之下反倒就沒有困難了。

這些道理現在看起來都很實在，也都應該是很容易理解，和老子其他的很多道理相比，並不特別的新奇。我覺得他講的話，從反面來說倒是給我們一個很大的教育，什麼大的教育呢？就是說「聖人終不為大，故能成其大」，但是我們反過來看看，世界上有一種人，就是老想把自己搞大，老要往大裡吹，死活要往大了吹，這種人有時候也會使我們上當。中國有一個詞，我非常喜歡這個詞，叫「大言欺世」，就是你的話說得太大了，你能夠欺騙這個世界，這樣的事我可是碰到的太多了。

小謊易破與大謊難纏論

有時候我們需要討論一個現在還不能夠做出非常準確判斷的這麼一種現象，什麼現象呢？就是小謊容易被拆穿，而大謊有時候反倒能蒙人。有這種情形，我們就拿邪教來說，它是這樣，比如要是我有皮膚病，要是他出來說我能給你治皮膚病，這個很容易拆穿，因為你給我念咒也好、給我上藥也好，三個月過去了我這個皮膚病越來越嚴重了，這證明你是騙子。但是如果他出來說：我要拯救全人類，現在地球快滅亡了、現在大的災難快來了，你們按照我這個辦法就能夠拯救全人類，就可以讓地球不滅亡了。反倒有人信了。所以老子他從那麼早就提出來「輕諾必寡信，多易必多難」，就是過多地說大話，把牛忽悠得無邊無沿的，遇到這樣的人，你不要相信他，這樣的人也不可能成功。

我覺得我們引申了一下老子的道理，給我們很多的啟發，他說的長

治久安、他說的大國——可以說他一上來強調的就是越大國越不要自大，越大國越不要高高在上，越大人物越不要輕諾，不要輕易地做各種的許諾，你越是大人物越不要把什麼事都看得那麼容易。這是我最喜歡的一段話，已經多年了，我多次講過這個，我就說凡把複雜的問題說得小蔥拌豆腐一清二白的，皆不可信，凡把困難的任務說得如探囊取物一樣容易的，皆不可信。

有時候本來很複雜的問題，可是你讓那位一說簡直就是簡單得不得了，好像只不過一念之差，就好像一個按鈕一樣，你把那個按鈕「啪」這麼一撳，天下萬事大吉。沒有這樣的事，世界上不可能有這樣的事，所以老子他提出來大國要為下，大國要注意小事，大國要從小事做起，大人物要報怨以德，越是聖人越要把什麼事的難處想得多一點，做的思想準備多一點。這可以說他恰恰是教育人要謙虛、要謹慎、要小心翼翼、要日積月累、要慢慢的，不要老是搞暴風驟雨，而是要和風細雨，要在一種正常的節奏和速度下面來做我們的事情。

老子的非戰思想

老子在第三十章裡講這麼一個問題，他說「以道佐人主者，不以兵強天下，其事好還」，他說一個真正的人主——當然是指那些掌權的侯王、諸侯、大的諸侯——他說用「道」來輔佐這些侯王的人，不要動不動就選用武力，不要動不動使用武力，這個說法也非常的理想、非常的好。底下他又說那些「大軍之後，必有凶年」等話，他反戰厭戰，因為他知道戰爭帶給百姓太多的痛苦，而且在一場混戰當中你很難說誰是勝者。勝利者付出的代價也是慘重的，失敗者更不要說了。

所以老子這樣的一些說法，講到大國之道、講到長治久安之道，這樣一些說法是很有價值的。當然我們也可以很輕易地否定老子的這些說法，我們可以反過來說，不管是春秋戰國時期諸侯的侯國也好，還是今天世界上的一些大國也好，有哪個國家是僅僅靠「大道」就會得到發展，或者是取得了自己的某些勝利，或者達到了目標的？沒有！我們可以說老子是空談。相反的我們看到哪一個大國沒有很強的軍力，哪個國家、甚至於中等國家能沒有自己的國防、能沒有自己的軍隊？這個說的是對的。

不能無理想，也不能太理想主義

因此我們說老子他有他的理想主義，理想主義是個好聽的話，如果說得難聽一點，就是他有一些東西是空想、是空的，因為他所在的那個時代可能太多戰亂了，兵荒馬亂，所以他可能在自己的想像當中構建這樣一個理想的社會。這當然也是一個很好的理想。

我們可以反過來問，世界上又有哪一個大國，不管是春秋戰國時期中國的侯國，還是世界史上有哪一個大國，僅僅靠武力、靠軍事能達到它的目的呢？相反，我們找到了無數個例子——所謂強國的盛衰、所謂大國的興衰，多少大國都是由於它的霸權主義，由於窮兵黷武，由於它把人民的力量都用在戰爭上，而最後造成了自己的失敗。日本軍國主義不就是這樣嗎？日本當年在亞洲可以說是唯一的一個初步實現了現代化的國家，當時它了不得，它就要靠自己的軍事，它認為它起碼可以稱雄亞洲，甚至於還有更大的野心。第三帝國的興衰也是這樣。往古代一點說，羅馬帝國的興衰都和它的窮兵黷武有關係。拿破崙曾經一度取得那

麼大的勝利，最後他窮兵黷武的結果仍然是自己的失敗和滅亡。所以我們從反面來說，靠窮兵黷武、靠耀武揚威、靠動輒加壓，並不是一個長治久安之道，並不是一個大國取勝之道。

堅持和平發展

從這個意義上來說，我們還可以稍微聯繫一點實際，就是我們中國在發展的過程當中，一定要堅持和平發展這樣一個原則、這樣一條道路。現在也有這種大言：用一種煽情的方式，好像要求中國要更強硬的、要多使用一點武力，就是類似的這種說法吧——一種煽情性的說法、典型的大言。其實因為他們沒有實事求是地考慮到我們國家的最大利益是什麼，沒有真正把發展當成我們的硬道理，而要求我們剛初步取得了一些成績，就要以軍事強國的姿態、取一種動不動「你不行我就揍」那樣一種態度，我想這是完全不可取的。我們再從另外一面來說，那麼大國是不是老得裝小啊，大國老得和平啊，大國老不能說句強硬的話啊？我想當然也不是，大國小國都有自己的底線，都有自己的目標，我覺得我們今天所說的大國恰恰要求的是——我們中國有一個很好的詞叫做「泱泱大國」，就是你有一種大氣，你有一種大的胸懷、有一種大的眼光，你擁有一種大的姿態，這種大胸懷、大眼光、大姿態才是真正的大國。我還可以對大姿態、大眼光略加解釋，我說這也符合老子的理論。

什麼樣是真正的大國呢？第一，它懂得兼顧別人的利益，它並不是把民族的利益、一個局部的利益放在一切之上，它就是要照顧自己利益的同時，也照顧鄰國的利益，也要照顧各種友好國家的利益，要照顧世界上大大小小的各個民族的利益，我想這就是一種大眼光。第二，它要

負起責任，就是說它要保持一種內部和外部關係的平和，你說和諧社會也好、和諧世界也好，這本身就已經有一種大國的風度、一種大國的眼光。我們所說的大國也還包含了「欲窮千里目，更上一層樓」的意思，就是我們能夠看到更長遠的利益，為了這個長遠的利益，甚至於有些時候我們不可避免地做必要的妥協和讓步，妥協和讓步是為了使我們的國家能夠在一個相對比較有利的環境裡邊發展得更好。所以從老子那個時候，在治國上他已經看出來了，有一些事不要急躁，有一些事不要一味的強硬，而應該使這個國家保持一種比較正常的、良好的秩序。

為道日損，損之又損

老子在第四十八章中說：「為學日益，為道日損，損之又損，以至於無為。無為而無不為。取天下常以無事。及其有事，不足以取天下。」他說：求學，你每天都要增加一點知識、增加一點信心、增加一點思路，擴充一下你精神的空間。但是「為道」——要學道，你每天要減少一點東西、要減少一點浮躁、要減少一點私心雜念、要減少一點成見、要減少一點庸俗的所謂寵辱的計較等等這些東西，所以「為道」你會越來越單純、你會越來越明朗，而不是給自己增加許多負擔，「為道日損」是你要減少自己的那些思想的負擔。「損之又損，以至於無為」，你損到什麼程度？損到了以後你再不做任何蠢事的程度了，你再不做任何既不利人、又不利己的事情了。他說「取天下常以無事」，我並不是靠製造糾紛、我不是靠渾水摸魚、我不是靠製造麻煩來達到我的目的，而是靠我不製造麻煩、我不製造糾紛，我更不挑起戰爭，用這種方法來得當時的所謂「天下」的擁護。當然這又是一個理想主義的說法，要是全面地客觀地說，

「大道」也得有實力，也得有經濟實力、也得有軍事實力。但是同樣的，我們對道的追求、對無為的追求、對無事的追求對——就是對不出麻煩的這樣一個追求，我們是完全可以作為我們的一個理想、作為我們的一個提倡，你做不到都沒關係，但是我們應有這個提倡。

以百姓之心為心

老子還說：「聖人無常心，以百姓心為心。善者吾善之，不善者吾亦善之，德善。信者吾信之，不信者吾亦信之，德信。」他說聖人自己並沒有一個固定的、先入為主的、不能變的心——也有的版本是說「無成心」，就是已經形成了、已經固定、一成不變的心。「無常心」、「無成心」的意思關鍵在底下「以百姓心為心」，老百姓需要什麼、是什麼樣的心思，我就是什麼樣的心思。這當然講得非常理想了，這也是理想主義者、親民的理想，甚至於還有一點民主的味道、民主的萌芽。

底下的話又和「報怨以德」說法相一致，他說「善者吾善之」，本身很善良很好的人，我對你應該很善良很好，「不善者吾亦善之，德善」，你不太善良，我對你也不善良，那最後就永遠沒有善良了，就是中國過去描寫的民間打架，甚至於是黑社會打架，說：你對我不仁、你就別怨我對你不義，你捅我一刀、我捅你兩刀子，然後你再捅我三刀子，那就永遠捅下去，最後兩人全死在這兒、一地血腥完事。所以老子提出來：他不夠善良怎麼辦呢？我也仍然用善良的政策對待他、感化他，然後我才能得到這個「善」。「信者吾信之」，你說話有信用的，或者說你相信我的，我對你也要相信，我對你要有信用。你說話有信用，我對你說話也有信用。你相信我，我也相信你。「不信者」，你說話沒有信用，而且你

也不相信任何人，我跟你說的話你又不聽，但是「吾亦信之」，什麼意思呢？就是我仍然相信你是有改正的可能的，我仍然相信我跟你說一些好的話、符合大道的話，對你有用的，不是沒有用的。

我想老子有這麼一種氣概、有這麼一種境界，確實是不容易，有這麼一段話也非常不容易，是使這個事物有產生新的轉機的可能。你如果只有報復，只有冤冤相報，只有你對我不仁、我對你不義，你對我不信、乾脆我騙你，你想蒙我讓我上當、我讓你上更大的當，這樣的話就永遠沒有理想的實現。儘管老子說完這話不等於這個理想就實現了，起碼我們還知道有這麼一個理想呢！

防微杜漸，避免被動

第六十四章「其安易持；其未兆易謀；其脆易泮；其微易散」，他說在相對比較安定的時候就容易保持安定，你要珍惜這個安定、珍惜這個平安，保持這個平安。一個人的健康也是這樣，你已經得了病了，去治療，當然該治療也很好，一般情況下我相信經過良好的治療，你可以變得更加平安健康，但是如果你沒有病的話，你能保持住你這種良好的狀態有什麼不好？一個國家也是這樣，「其未兆易謀」，當一個事情還沒有充分顯示出它的兆頭來，這個時候你容易敢幹、你容易做計畫、你容易做一個預案。事已經發生了，你臨時再定方案就晚點了。「未兆易謀」的意思就是對任何事都要有預案，現在咱們國家不也汲取了這些年的經驗教訓嗎？對於傳染病，現在對於傳染病就比當初一開始「非典」——那是二〇〇三年吧，比那個時候顯得就有一套辦法了，該開什麼記者招待會、該通報信息、該隔離、該戴口罩、該預備疫苗、該制定醫療方案，

這就「未兆易謀」。

「其脆易泮」，東西比較脆的時候容易融解，「泮」是說它能夠融化，就是它還沒有很強大、沒有成熟的時候，就容易把它化掉。「其微易散」，本來還很微小的時候，你容易把它攘開了、把它散開了。其實這個道理至今仍然是適用的，我們常常說有些事情要注意萌芽的階段，有些事情不要等事情鬧大了再去解決，有一個詞叫「防微杜漸」。「千里之行，始於足下」，你不是要走一千里嗎，你一步走不了一千里，你先邁一步，你邁一步總算是在一千里那兒少了一步嘛，你邁完第一步再邁第二步，你從這些小事上做起。我們又說「千里之堤潰於蟻穴」，一個千里防洪堤，幾個螞蟻弄一個小窟窿漏水，一點一點漏，越漏越大，把這個堤壩都給沖毀了。這些地方其實老子的思想和中華傳統文化、甚至於我們可以說和人類的政治經驗都是相符合的。

堅持到底

「為者敗之；執者失之」，他說對什麼事，不要很人為地去做，你要越是想做那個做不到的事，你就越會失敗；你越是想把這個東西緊緊抱在懷裡不撒手，你就越會丟掉它。這些地方老子還是往往從反面給你一些警惕、給你一些經驗、給你一些教訓。他說：「是以，聖人無為，故無敗；無執，故無失。民之從事，常於幾成而敗之。慎終如始，則無敗事。」他說聖人不去刻意地做做不到的事，所以他不會失敗；他也不是抱著那個不該歸他的東西不撒手，所以他也不會丟掉。

下面他又有一個很好的主張，他說老百姓往往在事情就快完成的時候放鬆了，就失敗了，功敗垂成。體育比賽上最多：乒乓球他已經連贏

337

三比零了，我們排球都有過連贏已經二比零了，再贏一場就下來了，結果讓人家給翻了盤了。所以他說「慎終如始」，你到了最後的時候還像剛開頭一樣的小心、謹慎、周到、認真，一定要注意堅持到底，這樣的話就不會失敗了。

第十七講：
虛靜、復命、知常

讓我們一起體悟道的特徵

在老子的通篇《道德經》當中，不斷地闡述「大道」，為大道命名，解釋大道是怎麼回事。其中有一講就涉及他說大道的名就是「反」與「弱」，然後歸結到「無」。他說大道往往是朝自己的反面來運動的，其實老子也常常是從反面即逆向來論述他的理論。我們可以說，老子往往提出與多數人的共識針鋒相對的見解。

今天我們就以「虛靜」、「復命」還有「知常」這幾個話題來進行講解。老子為什麼要提倡虛靜？老子對「道」是從多方面、不知道多少個方面來研究的，因為「道」本身這個概念挺大，又不是一個特別死的、特別定性定量、特別準確的那麼一個概

念，不是一說就明白的，所以他就從頭到尾不斷地說。後面也給「道」加了好多詞，像「惟恍惟惚」、「恍兮惚兮，其中有物」、「其中有象」、「其中有精」，什麼「其精甚真」等等這樣一些詞。就是說「道」就好像是基本粒子，那麼小的物質無處不有。有的地方說「道性」，就是道的品性，等於說道品和道性，當然還有道行，就是說你怎麼實行或者怎麼訓練這個道等等。

道的名稱與美好特質

在講虛靜之前我先說一下道的美好的諸多方面。就像有的宗教說是它的主的名字就是一百來個，說是九十九個名稱代表主的九十九種美德。我在《老子》這裡頭也研究這個，《老子》裡這個「道」也起了各種的名字，但是不到九十九個。

比如說他說過下列字詞來代表或說明道：一、大、遠、逝、反、夷、希、微、沖、母、宗、淵、湛、牝——就是代表雌性的那個牝，淡、善、損、足、餘、氾——氾是一個三點水，其實它本來和那個「泛」字通，就是泛濫的泛；還有退，他說「功遂身退，天之道也」，還有：根、若水、惚恍、無為、柔弱、嬰孩。小三十種、小三十個名稱，它都講的是「道」。今天要講的虛與靜，也是道的別名。

我還做了一個統計，一般讀《道德經》的人不做這個統計，我統計的結果是這樣：《老子》這五千字裡頭出現的字最多的是「無」，一共出現一百零一次，就是一百零一個「無」，在這五千字裡頭它占了一百零一個，這個比例非常大。然後是「天」，是九十二個，那也很高了。然後是「有」，是八十二個。「無」和「有」其實是恰恰相反的。然後是「道」，

「道」本來是最重要的，但是它屈居第四，還不在前三名，它是七十五次。然後「大」是五十七次，「善」是五十二次，「德」是四十三次，「失」是十八次，「爭」是十六次，其中包括「不爭」七次，「無為」是十三次，「玄」是十一次，「靜」是十次。底下一位數的我就不說了。因為漢字一個字就有自己的思想、有自己的意思，從這些裡頭可以看出老子興趣的重點、研究的重點，我把它連起來是：無、天、有、道、大、善、德。對這些詞、對這些概念，他特別有興趣。

虛靜是道的一個側面

他在有些地方又特別講究「虛」和「靜」，其實我前面講的意思，就是：虛和靜實際上是「道」的一個側面，尤其是「無」的一個側面。老子在第十六章裡說「致虛極，守靜篤」，「虛極」就是達到了「虛」，就是「無」的極致，就是說我自己沒有那麼多成見、沒有那麼多私意、沒有那麼多的焦慮，我不自尋煩惱，我也不自己給自己找麻煩，這樣我的心裡經常是坦蕩蕩的，我想他是這個意思。

「靜篤」，「篤」是誠實，就是特可靠、特老實，「靜」的意思就是我並不受外界的那些干擾，我不讓自個兒老沉不住氣，老在那兒折騰著，或者老不放心、焦慮，這意思就是說 "worry"，我該幹什麼我幹什麼。我從「靜」字上想到毛澤東主席愛說的一句話，他說「冷處理」，冷靜、冷靜，就是世界上有很多事，要正在它的動盪之中處理挺困難的，不如讓它涼下來，咱們等一等、拖一拖，然後再處理。

觀復的意義

老子說「萬物並作，吾以觀復」，「萬物」就是世界上的萬物、萬象並作，就是都同時在運行，「作」就是說運行存在變化，萬物都在轉變，誰也擋不住，誰都在那兒變化。「吾以觀復」，他接觸了一個「復」的觀點，復就是反復的「復」──現在和複雜的「複」的簡體字是一樣的，要是繁體字，這個「復」只是當反復講，不當複雜講──「吾以觀復」是什麼意思呢？萬物並作了，但是我老瞅著它，它變了半天又變回來；「觀復」，如果我用通俗的解釋的話──當然這個解釋就是為了解釋的方便──就是說能看著萬物在那兒變化，變來變去又變回來了。

這是老子的一個觀點，跟他說「大」──曰「大、逝、遠、反（返）」──一樣，最後又返回來，也是這個意思，循環往復。有人說這個和中國人對圓形的崇拜有關，中國認為一切大自然的東西都是圓的，它轉一圈最後還都得回來，這個咱們參考吧。就是這種理念，它是一種循環往復，它是圓形的。

萬物萬象都要歸根

「夫物芸芸，各復歸其根」，「芸芸」就是很紛亂，這個世界上的事：天文地理、東南西北、冷熱寒暑，有生命的沒生命的，亂著呢，芸芸眾生花樣無窮、樣式無窮，紛紛擾擾、熙熙攘攘，但是它要「復歸其根」。這個「根」古人也有各種解釋，有的說根就是道，復歸其根就是復歸其道；有的說根就是生命，就是說它最後回到生命。我個人願意把這個根，

說成就跟咱們說葉落歸根一樣，就是回到它的本身、本體、本源、本初。什麼叫「復歸其根」呢？就是這個變化之中，會出現各種千奇百怪的、意想不到的各種現象、各種變動的可能性，但是變動的最後結果該什麼樣還是什麼樣，還要回到那個根，就是本，還要回到你那個根本上來、回到那個本初上來。這裡的成語就是「返璞歸真」或者「返樸還淳」。

拿一個人來說吧，一個人這一生他有很多機遇，也有很多干擾，有很多對他的推動，也有很多失敗：想走快了，恰恰由於某些原因快不了了。但是這個人本身除了有這麼多的干擾、這麼多的機遇、這麼多的推動或者失敗以外，他還有一個根本的情況——他在變化當中可以突然脫離開根本的這個情況，但是最後他還得要回到他這個本初來。拿文學作品裡面的例子，比如說果戈理的《欽差大臣》：赫列斯達柯夫是一個窮小子，但是服裝穿得很帥，穿一身燕尾服，所以他被認為是欽差大臣，受到了熱烈的招待，就是說他一下子離開那個根了、離開了那個本了，他本來是 A，結果他變成非 A 了，你還不好說是他自己非要變成非 A，是受外界的影響；外界——俄羅斯沙俄時期外省的無知小官小吏，很愚蠢的那麼一群，又糊塗又愚蠢的那麼一群人，硬說他是欽差大臣，他的錯誤就是他沒說我不是，他一看：呦，怎麼都說我是欽差大臣，那就當兩天欽差大臣吧。是這麼一個故事。但是你這麼變化，你時間能長得了嗎？

中國也出過類似的事，老舍先生在上世紀五十年代還寫過一齣話劇叫《西望長安》，他也是根據一個真實的騙子的故事。

當然這是騙子，也有別的情況，比如說本來是一個文人，這個文人在歷史的風暴當中也成了呼風喚雨的人物、也成了革命家、也成了政治家、也成了群眾領袖，但是到他晚年的時候，或者到他最後一種什麼情

況的時候，你從他身上又看出他那個文人的勁兒來了。

當然我們也可以找到相反的例證，一個庸人硬是因為特殊的機緣高升再高升，從此下不來了。一個騙子硬是由於大言欺世而成了人民的良心，人們硬是不正視他的真相了。或者一個好人硬是被誣陷被打擊沉冤海底，百世無救。這並不是說到了他這兒了就不會復命歸根了，而是說他的復命歸根的週期要長一些，十年沒能復命歸根，那就二十年，活著不能復命歸根，那就死後再看，所以中國有一種說法，要論萬世，要長期等待觀察。歸根結底，真的假不了，假的真不了，該什麼樣，最後還得什麼樣。

歸根實大不易也

據說美國有這麼一種說法，說的玄點，咱們就是姑妄言之姑妄聽之。他說一千個人裡頭，有一個人知道自己真正適合幹什麼，一千個知道自己適合幹什麼的人裡，有一個人自己真幹成了——他說得太玄了，你想想一千乘一千這等於一百萬，他說每一百萬個人裡頭有一個——他的職業也好、他的生活道路也好，是和他本身最適合的，這樣的歸根也太困難了。所以歐美常常有些人在年老退休以後說，我終於可以幹我想幹的事了——退休以後他六十八了，他去上美術系、他去上學，甚至還有上中文系的，我見過，我說：為什麼您這麼大歲數上中文系，您學得會嗎？他說，我就是聽說中文系特古怪，它不一樣；他說，我想知道知道，我學會學不會沒關係。這都有一種經過各種的變化以後要歸根的這種感覺。

歸根的踏實感

　　其實老子所描述的這種「萬物並作」最後回歸本源，給我們一種特別開闊的視野和比較高的角度，然後看整個事物的運轉過程——但是常常可能我們會迷失在具體的過程當中，就是不知道本源是怎樣的，將來會歸到哪一個根去。但是他這種說法又給你一種踏實的感覺，你可能在這一生中有意外的奇遇，也可能你在這一生當中受到——完全就是人有旦夕禍福——料想不到的打擊，但是最後有一桿秤，這桿秤就和你本身的情況大致是相平衡的。他給你這種感覺，包括我們中國人的許多說法都跟這種思想有關，比如說：落葉歸根，「少小離家老大回，鄉音未改鬢毛衰」，它仍然讓你感覺到你最本初的時候，比如說你是一個鄉下小孩子，那麼最後你當了大款也好、你當了學者也好、你當了大領導也好，最後他願意還回到他自己那個農村裡頭，還能夠體驗一下他童年的那種比較樸素的生活，這樣一種心情不見得人人都能夠實現，但是對人的情操、對人的心靈有一種安慰的作用。

歸了根就靜了，復了命了

　　所以他底下又說「歸根曰靜」，你回到你本初了，你確確實實知道自己是老幾了，你也就靜下來了，就踏實了，就是你不鬧騰了。你忽然要當大款，假設說這種事也是可能的，你大款成功了，成功一陣又失敗了，失敗一陣沒準什麼案子你還進去了，進去了以後又審查了多少年，你又沒事了，最後你回到——你該幹什麼——你是鄉下人你還是鄉下人，你

沒有太大的本事，你還是做一個普通老百姓安度晚年。

他勾畫的這麼一種圖景，就說你歸根以後就靜下來了；他說「是曰復命」；「復命」就是我又回到了我的生命的原生狀態，我生命該什麼樣就是什麼樣。「命」把它當「命運」講也行，就是我的命運該是什麼樣就是什麼樣。「復命曰常」，我該什麼樣是什麼樣，我就得到了常態，人也好、世界也好、萬物也好，它有它的常態，也有它的變態、異態。就正像老子前面曾經說過的「飄風不終朝，驟雨不終日」，突然颳大風突然下大雨這並不是常態，三百六十五天裡不可能是天天海嘯，要天天海嘯這日子就沒法過了，所以能夠回到常態，能夠取得一種恆常的、相對穩定的這麼一種狀態，相對安靜和平和的狀態。

從知常一步一步上臺階

當然這個事咱們現在暫時不用和老子抬槓，要是考證，你說這歷史、這常態不是常態歷史，戰鬥才是常態呢，打仗才是常態呢，這是另外的問題。其實老子也說過變化是常態，但是他的變化裡有一條，就是我變來變去萬變不離其宗，我變完了以後我還要「復命」、我還要「歸根」、我要「知常」。「知常」就是知道什麼情況是屬於常態，你知道常態了，「知常容」，你的心情就比較開闊，你也就比較包容了，因為你知道世界上許多事情，不可能在你的一次努力之中就完成──凡是你不喜歡的全滅掉，凡是你喜歡的全成長、全霸占，這不可能的。

「容乃公」，一個有容量的人就公道，因為你沒有情緒；你動不動對你不贊成的事有很大的情緒，你這就不會公道，你帶著你個人的偏見、私情、親疏、好惡、情趣。「公乃王」，另一種版本是「公乃全」，你平時

很公道，萬事沒有那麼多私心，你就能當王了，或者你考慮問題就全面一點，不至於顧此失彼了。

「王乃天」，或者是「全乃天」，你要什麼都照顧到了，你和老天可就一致了，你做事跟天一樣。老子在另外的地方說，比如說「雨露」，道就像雨露一樣，你不用安排、不用制定調撥的計畫，到時候它就挺均勻的各地都有。當然我們也可以說老子那時候對氣象學、對氣象地理並不熟悉，其實降水降雨是並不均勻的，但是老子見到的地區雨露是均勻的，所以他說「全乃天」，你全面都能照顧，你這樣的人就能夠替天行道，你這樣的人就跟天一致了，你這樣的人的高度能夠到天那兒去。這也是一種鼓勵，這其實是一種最理想化的說法；然後「天乃道」，和天一致是什麼意思呢？就是說你所做的一切就和大道一致，你實行的就是道；「道乃久」，我們前面也都說過，老子很多話是給這些諸侯君王說的，他說你要能夠按大道做事，你就能長治久安，你不會三天半就讓人給推翻了、讓人給折騰掉了、讓人給幹掉了，能長治久安。你這一輩子都是按大道行事，你都知道自己是什麼分量，都能夠按自己本身的情況來做事，那你的行為和天一致、和道一致，這樣你到死都不會遇到危機、不會遇到危險、不會製造事端、不會害己害人。

虛與靜的含義

這是老子的一個想法，他的想法、尤其這個虛和靜，你要細研究研究也還有點意思，因為「虛」在我們中文裡含義也很多，它有一些很好的意思：謙虛、虛心，它也有一些意思代表著不是謙虛、虛心，而是代表著比較抽象概括。過去我們還說：以虛代實，先務虛後務實，是什麼

意思呢？毛主席的時代常常在工作上採取這種方法，就是讓大家先討論理論，討論完了理論以後再討論路線，或者先討論這些非常大的，並不和你的吃喝拉撒睡柴米油鹽醬醋茶、和民生、和社會秩序打擊犯罪並不直接有關的，先從理論上說清楚，然後咱們幹什麼活兒，再去解決具體的問題。「虛」還有這方面的意思，就是它比較原則。

當然在漢字裡，「虛」甚至也可能有不好的意思，剛才我就在想，有什麼虛偽、虛假，可能虛偽和虛假在老子這裡他不太往這方面研究。或者我們可以把這兩個字拆開來理解，比如說虛和偽，「虛」指的是一種不實的狀態，老子可能更強調它不實、很空，可以接受更多的東西；「偽」可能是不好的。虛和假也是，「假」是不好的，「虛」也是一種狀態。但是在老子這裡，更重要的是「無」，是以無帶虛。因為你要光說謙虛，把這事給說小了，好像是人的一個姿態，你要說虛偽當然更不對。所以老子的描述一直都是非常宏觀的、是非常博大的，他強調的是「無」，剛才我也說了，五千個字裡頭光一個「無」字占了一百零一個，你看它占的分量多大呢。

有什麼也不能有病有毒

老子認為，咱們很多人都認為自己的不幸是由於「沒有」所造成的，而不知道自己的很多不幸是由於自己有了不該有的東西所造成的。他這個見解比較高超、特別精闢。比如說我不高興，為什麼呢？我級別太低，我沒有足夠的工資、沒有足夠的收入，或者說我沒有足夠的地位，或者我沒有足夠的名望，我沒有大房子，我也沒有那些奧運會冠軍的體能，甚至於我沒有一個特殊的背景——能夠走到哪兒都受到照顧的這種比較

不一般的背景。你當然可以這麼想。但是你再想一想我們有多少不該有的東西有了，譬如說嫉妒別人、譬如說自己不應有的焦慮、譬如說嘀嘀咕咕、譬如說我不信任別人，動不動就老是起疑惑等等這樣的一些我們不該有的東西有了，更不要說別的了。人家說有什麼東西別有病，你有病，你就是沒有器官上的病，你還有精神上的病，就是心理上不健康的這些東西，給人們帶來的困惑非常的多。所以他強調「虛」其中有一點意思，就是你要清理自己，你把你身上的那些垃圾、那些毒素、那些病態、那些病毒，那些東西你經常的自我都清一下，也就能夠保持自己的一種相對比較虛的狀態。

靜才能進入最好的狀態

「靜」的意思應該說也是挺有意思的，這裡的靜的意思是人只有處於靜的狀態才能專心致志（靜而後能安）、集中運用智慧，做到理性地、周密地、準確地思考與決策。而動盪、憤怒、焦躁的狀態，不利於你的智力發揮。例如圍棋選手，就一定會贊成這個說法。

其實強調動強調靜都是對的，有人說生命在於運動，也有人抬槓，都是醫學家，說生命在於靜止，你靜止下來。有些事很簡單，像肌肉你得運動它才能生長，但是消化是必須靜止的，在劇烈的運動當中消化的進行肯定是不正常的。老子強調靜的意思實際上和孔子的提倡「中庸」、提倡「人不知而不慍」都是有關係的，就是說你不要在不安的狀態下來做思考、做觀察，你不要在你自己很不安的情況下做決策。只有你靜下來了，你才能比較客觀；他說是要容、要公、要王或要全、要天、要道。

老子還有一句話，他說「不知常，妄做凶」，就是如果你不知道常規、

你不相信常識，你不懂得歸根、知常、復命，你不知道這個東西你就會怎麼呢？輕舉妄動，你就會動輒做出一些不合乎科學、不合乎客觀規律、不合乎人民的老百姓的利益的這樣的事，你這樣做的話不是很兇險嗎，你不是給自己製造險情嗎，你不是製造麻煩嗎？你別看他那麼早說的話，還真是值得我們認真地來思考。

能嬰兒乎

在「知常」、「復命」這裡，老子還經常提出來他的一個主張，我們在最初的時候也曾經小有涉及，沒有來得及展開，就是他希望人民回到，或者借鑑、或者沿襲嬰兒的狀態，他說：「載營魄抱一，能無離乎？專氣致柔，能嬰兒乎？」「抱一」這個「一」指的仍然是道，前面說的道的那些特點：一個「一」，它能把一切都涵蓋起來，它能夠跟一切的運動的規律相符合，所以才是「一」。老子問：你如果掌握了這個「一」，你能不能不離開它？你能夠不管你幹大事幹小事，你都有這麼一個道，有這麼一個客觀的規律在你心裡做主心骨，而且你要「專氣致柔」，你的心情很專，你不是亂，你不是個亂人，你還挺溫和的；「能嬰兒乎」，你能不能做到這樣呢？這句話在《老子》裡頭多少還有點呼籲的意義，春秋戰國的時候、東周末年，全國動不動就是血流成河、爭權奪利、父子反目，經常就是這樣，特別是那種「無義戰」的情況，都變成豺狼似的，你當著一群豺狼，說是怎麼樣，咱們都變成嬰兒好不好？這個實際上做不到的。但是做不到他有一種呼籲——這個寫書的人該說什麼好呢？他又並不是直接參與政治鬥爭的人，往往會有這種心情：咱們都消停點兒行不行啊，咱們心眼兒少點行不行？他就提出來一個「如嬰兒論」。

關於嬰兒他說得也挺多，他在第五十五章裡頭說「含德之厚，比於赤子」，說是什麼樣的人，他的德行、他的道德——就是古人也有這麼解釋的，說「道是體，德是用」，就是「道」就是要求掌握了本體了，你有的德行你發揮出它的作用來了，顯出他的德行來了。

什麼樣的人德行最厚呢？是赤子、是嬰兒、是小孩，因為小孩單純、很天真。老子對嬰兒也有一番觀察，他也下了功夫，他說嬰兒有什麼特點呢？「毒蟲不螫」，我順便說一下，關於毒蟲，他指的是蛇吧，我不知道，也可能他指的是這一類的東西，但實際上不是這樣啊，你得看在什麼條件之下。蛇也好，或者幹什麼也好，它沒有不侵犯嬰兒的，祥林嫂家的阿毛還不是嬰兒呢，挺大的孩子都讓狼給叼走了。但他說外界不侵犯他，「猛獸不據，攫鳥不搏」，猛獸和猛禽也不會攻擊他。這個老子有點一廂情願，他說嬰兒不受攻擊，那當然，嬰兒不出門，他也不爬山他也不去野外考察地質，沒機會，相反的他受到社會、受到他的家庭的保護，不等於嬰兒有特殊功能抗拒來犯。但是老子他要這麼說，咱們就讓人家這麼說，我覺得老子說的可能也是一種狀態，就是一種百毒不侵的效用。

他說嬰兒「骨弱筋柔而握固」，這個他研究得細。他說嬰兒骨頭挺弱，他的骨頭還沒長結實呢，他的鈣、他的膠質，很多東西可能並不是很堅固，很重的分量他也經不住；「筋柔」，他的血管他的筋也還都軟著，小孩、嬰兒胳膊腿哪兒都是軟的；他說「握固」，可能他攥拳頭攥得緊，這個老子一定還對育兒做過細微的觀察，他對育兒還有點研究，對小孩生下來拳頭是攥著的，攥的有時候還挺緊，你想掰開還別使勁，你要使勁掰能把他骨頭掰壞了；他會攥拳頭，你別看他很弱。

嬰兒論與弗洛伊德

他說嬰兒「未知牝牡之合而朘作」，他說嬰兒不知道動物的雄性和雌性之間的一些事情，但是男嬰兒的生殖器還能堅挺起來。老子能觀察到這裡，我說這也絕了，我在別的書上，連弗洛伊德的書上都沒記得他對嬰兒有這種描寫，所以他觀察得特別的絕。他說這是「精之至也。終日號而不嗄，和之至也」，生殖器堅挺是由於精的存在。我設想老子那個時候清晰地掌握精子、精液、睪丸的物質與功能，但是他籠統地認為男孩子有了精就有功能，這很自然也很正常，不待後天的多事的輔導。甚至，多事的輔導有可能收到不良的效果。

他說嬰兒從早到晚在哭，但是他嗓子不是特別啞，為什麼呢？因為他「和之至也」，「和」是什麼意思呢？他自己就調節自己了，他哭得累了他就歇會兒，他不累他接著哭，他不會說，特別的、大的激情在一種激動的哀傷之下大哭大鬧，超出自己的精力──現在醫學說嬰兒的啼哭就是一種運動。他不啞也不是絕對的，我也見過有時候小孩哭的時間太長了，有時候屬於那種非正常的哭，比如說由於飢餓而哭，哭的時間過長，他媽媽下班晚了，或者餵牛奶，牛奶沒拿來，也有嘶啞的時候。

和才是常

「知和曰常」，他又跑到「常」來了，他說為什麼這個嬰兒哭了半天他不啞呢？因為他自己能夠調理自己、能夠調節自己，他為什麼能夠調理自己呢？因為調理以後他才能進入常態。這我覺得好解釋，小孩兒他

也不可能是因為一個噩耗痛哭不止，也不可能因為一個喜訊而大笑不止，所以他的哭他的笑、他歇著他睡覺，都是做得絕對自然。他也沒個鐘點，他該睡他就睡了，或者哭累了他就睡了，醒了他要運動他就要哭。

他說「知常曰明」，你知道了常態你就不會幹太糊塗的事，「明」就是說你明白了。一個小孩兒，從意識上說，嬰兒談不上他明白不明白，一個嬰兒有什麼明白不明白的，你要問他算術他也不懂，認字他也不懂，《老子》他更聽不懂，他說的「明」是什麼意思呢？我們從反面來理解，就是他既然知道常態，他不會去幹糊塗事，他不會去幹自己傷害自己的事，他不會去幹傷害別人的事。這樣我覺得我們大致可以接受——你要具體分析研究為什麼嬰兒不受毒蟲或者毒蛇的攻擊，為什麼不受猛禽猛獸的攻擊，當然還可以講許多別的道理。

懷念嬰兒時期

從保護嬰兒的角度上來說，認為他不受攻擊，乾脆把他扔到山裡，絕對是不可以的。老子談的重點不在這兒，老子談的重點在哪裡？我覺得這裡實際上有一個很深刻的、很有意思的問題，什麼問題呢？就是說人在成長的過程中，他要不斷獲得新信息，人實際上是會越來越複雜，複雜這個話不是最好聽，起碼我們希望人在成長的過程中，豐富自己、充實自己，使自己的頭腦裡有更多的信息、使自己獲得更多的經驗、使自己遇事能夠多想想、使得自己下棋能夠多看幾步，要充實要豐富，就是要自己的資源——自己精神的資源、經驗的資源越多越好。這個我想應該是沒有什麼疑問的，我們絕不希望我們自己的孩子二十了，看各種問題的態度還跟嬰兒一樣，到時候見著奶瓶就搶，我們肯定不會希望這

樣。但是我們也有一種遺憾，或者我們也有一種願望，一種什麼願望呢？就是一個人在豐富自己、充實自己、發展自己的同時，他還能不能保持自己的善良和單純呢，能不能還保留自己的那種像兒童一樣的趣味、那種熱情、那種愛心、那種對別人的信任、那種對世界的期待？如果說我們有這麼一個願望，這個是很正常的也是非常自然的。

我們有時候看到一個人，他年齡很大了，知識也很多了，甚至也很有地位、很有成就、很有身分，我們非常喜歡這樣的人，他有他天真單純的那一面，譬如說我就常常想和一些年齡比較大的人討論，年齡大沒有關係——一條河旱了好幾天了，下一場大雨你高興不高興，你有沒有一種興奮的高興勁兒：哎喲，這雨下得好！如果有，起碼在這一點上，你還有嬰兒的一種快樂，有一種非常單純的對世界的感受，甚至一種歌頌。譬如春天了，冬天都過去了，你忽然發現玉蘭花開了，你有沒有一種喜悅，你已經七十歲了，你看見過七十次了，但是你仍然像第一次看到玉蘭花開一樣的高興，如果你有這種反應，這人的日子就過得好得多，他周圍的人也好得多。

如果你一腦門子官司呢——因為什麼原因一腦門子官司我就不管了，或者是因為股票炒的問題，或者是因為跟領導關係不好——這樣他就喪失了很多樂趣，也給別人帶來很多煩惱。因為如果一個人整天一腦門子官司，他不光是自個兒倒霉，他周圍的人都跟著倒霉。

但願童心未泯

所以我就覺得這個、甚至於還有一些很具體的東西，比如我也常常想咱們別的事先不說，說像嬰兒一樣的哭一天嗓子不啞，這個我肯定做

不到的，但是你還有那種兒童的好奇心、求知欲和對各種事都挺感興趣的那個勁兒，而且承認自己好多東西還不知道：一看這個真好玩兒，這個怎麼是這樣的，這個怎麼用，想用用這個手機——一個新式的，為什麼它這麼用呢？你有這個學習的心，有這個對於新鮮事物的趣味。我覺得一個人要是做到這一點，就是說他既有豐富發展成長的一面，又有單純性情、好奇趣味甚至於是自己快樂的這一面，我想如果要是做到這一步，真的就是挺理想的。

其實我們說童心未泯，可能指的就是這樣一種成年人的狀態，保存著兒童的很多優點。我還聽說過一些這樣的故事，就是有時候一個人，他如果確實能夠頤養天年，比較長壽的話，他越老越像小孩了。我們有一個很有名的陳先生，是一個語言學家，語言他懂得太多了，這語言、那語言、外國語言、中國各地的方言，他知道得非常多，但是在他晚年的時候、在他臨終的時候，據說他什麼話都不會了，只會他小的時候——他幼小的時候是在哪兒生長的呢？是在上海——到了他的臨終的時候，他就只會說上海話了。我覺得這個也有點兒你轉了一圈又回來了，這不就是老子所說的「復命」嘛，回歸到本源。

所以我覺得老子果然——我有一個詞，不一定用得恰當——我說他是「原孩旨主義」，就是把人的最初——想像人的最初、本初，人的起始，他認為這是最理想的人，因為這個人不受任何外界的影響。他把小孩當做最理想、最美好、最可愛的、最令人嚮往的狀態，所以說是「原孩旨主義」，孩子的「孩」。我說他是原人旨、原孩旨、原性旨，就是「人性」，他認為人性最初是指什麼，或者我們可以說他是「原自然主義」，就是你一切都是自然而然地讓它發展。他這個說法雖然過了一點，很片面了一點，但是他說的有可取之處，就是我剛才說的這麼幾個過程。

刪繁就簡

我們分析一下「刪繁就簡」，這裡面又包含了「損之又損」、「為道日損」，就是人在某些時候——你想一想：你有沒有可能、有沒有需要把你自己的頭腦、把你自己的生活、把你的日程做一點刪減？鄭板橋給自己的書齋題了一副對聯「刪繁就簡三秋樹；領異標新二月花」。鄭板橋當然是個怪才，他才能也極其出眾，他有很多稀奇古怪的說法，什麼「難得糊塗」，他又做過地方官，也處理過各種案子，他又喜歡畫畫，有人說他這對聯談繪畫，是為他的畫室寫的座右銘。但是你也可以把它作為人生的某種解釋，就像秋天的樹刪繁就簡。夏天當然好，夏天樹長得最旺盛，枝繁葉茂，一層一層，你都看不見它，到了秋天的時候，嘩啦嘩啦，該落的就落了，該不落的還不落，樹枝被刪節過了，被刪節過了以後，樹更顯出了自己的本初的姿態，而且樹本身也利落點了，更帥氣了。如果樹也有知的話，它會因為自己的太多的樹葉，還有太多的果子、太多的果實而壓得直不起腰來，變了原來的形態。現在，這些都沒有了，都刪節掉了，它現在舒舒服服地來迎接秋天、來迎接冬天。同時鄭板橋又來了一句「領異標新二月花」，並不是刪繁就簡後過冬就完了，你等到二月，因為鄭板橋長期生活在浙江，江浙那一帶的二月、也是農曆的二月，農曆二月就是公曆三月嘛，到三月中旬桃花、杏花、玉蘭也開始開了，正是在這種刪繁就簡的情況之下，反倒你的生活有點兒新意，你的花朵綻放有點兒新意。文人有時候對一些事情的說法，都代表著他人生的態度、人生的風格，要是從這個意義上想想，我一生能不能做到刪繁就簡？那麼火爆幹什麼！包括錢也是一樣，要那麼多錢幹什麼！名譽也是一樣，

要那麼多頭銜幹什麼！有幾樣行了，然後我該創造的創造，我該進取的進取。他這個說法和老子的觀點實際也都是相符合的。

為什麼不斷出現原教旨主義

這裡還有有趣的是什麼？就是任何一種學問、任何一種理論、任何一種智慧，和人一樣也有一個發展的過程，有一個複雜化的過程。一開頭這個學問有人說挺簡單的，但是它往現實裡一走，就開始複雜化了，好像是被動的、不得已而為之的。為什麼呢？因為你不管多好的學問，實際做起來總是和你原來預設的情況不完全一致，比如說醫療保健吧，醫療保健的許多道理，這些道理怎麼說怎麼對，但是同樣的一種醫療保健的方法，在不同的人的身上就會收到不同的效果，所以就越弄越複雜。

甚至於宗教也是這樣，有時候宗教一上來相當單純，但是在發展的過程中，和民族結合起來了、和地域結合起來了、和戰爭結合起來了、和談判和平結合起來了、和政權結合起來了，或者是和某一個特殊的大人物、大學者結合起來了，就會越來越複雜。因為這種問題、這種無奈，各種學說上當然都會產生一種希望：回到最本初狀態——希望人回到本初的狀態、希望理論回到本初的狀態、希望宗教回到本初的狀態。

那麼我們就又碰到了第二個問題，第一個問題我說如何使人在成長和複雜化的過程中保持一種單純、保持一種純真。我們碰到的第二個問題就是：如何使一種學問一種理念，在不斷的變化不斷的發展當中又能保持它當初的純潔性、理想性。它沒準兒也需要來個「知常」、也來個「復命」、也來個「歸根」。因為很多理念，在它開始的時候都是最純潔的、最理想的，但是發展著發展著，它變了味兒了。所以我就說：知常、復

命、歸根，可以從多方面給我們一定的啟發。

其實我也受到一個啟發，就像我們做節目一樣，最開始我們可能有一個特別好的創意和想法，但是在實施的過程中會受到各種因素的影響，無論是客觀的還是人為的，可能在最後成品出來的時候，有或多或少的刪減。那我理解老子所說的這種「大道」——希望人們達到這種如嬰兒的狀態，可能也是一種最理想的極端的說法，他知道人們在實踐的過程當中可能也會有多多少少的折扣，就像馬克思說的：「我們只有目標定得越高，你實現的理想才能越接近。」就是說人能夠做到什麼呢？能夠掌握這麼一個平衡，把發展變化結合實際的過程，和「回歸、復命、知常」保持這種美好理念的努力，能夠結合得好、平衡得好。

第十八講：
老子仍然活著

談論《老子》，其樂何如

　　在這裡談《老子》，這已經是第十八講了，比最初的預想還增加了若干講。我覺得它已經變成了我自己的一個快樂。我想談一個意思，即我個人感到一種什麼樣的樂趣呢？就是把老子往活了推，努力把老子當做一種人間性的、生活性的，至今仍然存在的一種智慧的討論、一種智慧的享受來談。我追求的是思辨性、哲理性與現實性的結合。因為我們接觸到古典的、經典的，尤其是先秦諸子的這些學說、這些書籍典籍，都會碰到一個很大的困難，就是文字語言上的差異和障礙。它們是用文言文寫的，那時候還是刻在竹簡上的，所以它非常的簡練，有些字跟現在的用法也不一樣，有些甚至於在流傳過

程當中還有偽作——因為我特別喜歡你的作品，我就替你寫，我寫一大堆，然後我覺得用我的名義沒勁，而且你也不見得接受，譬如說姜華哲學著作最棒，我改名姜華了，我一下子寫出一厚本來，我寫上「姜華著」。這是很有趣的，在中國當然也有——古今中外都有抄襲問題，即盜竊旁人的成果為己有的問題，但經典當中更嚴重的卻是偽作問題，即給自己的作品冠上古人、名人的名字的問題，是逆向的侵權。還有這種問題、這些障礙，有時候很多所謂的國學熱愛者、閱讀者就跟這些障礙打一輩子架，有這麼說的、有那麼說的，有不同的版本；解釋《老子》的、翻譯《老子》的更多了。

聯合國有關機構統計，全世界翻譯書最多、發行量最大、版本最多的第一是《聖經》，《聖經》你沒法比，因為它有大量的信徒；第二是《道德經》，就是《老子》，僅次於《聖經》。我所嘗試的——這不是我的特長，但是我努力的就是想把老子的思想當做一種活的東西、活的思想來討論，它是與我們有關係的，雖然不可能完全照搬、照辦，也不可能說它立竿見影——學這個立刻就能夠解決什麼具體的問題，但是又不覺得它跟你不沾邊，你覺得它和你沾邊。他那個思路、他那個考慮問題的方法——在這些地方老子很有魅力，他很迷人。

《老子》的文學性

他的迷人包括他的文學性，他的文學性是什麼意思呢？首先我要說《老子》自成為一個文體，它和《論語》、《孟子》不一樣。《孟子》滔滔雄辯；《論語》寫得特別合情合理，有一種規範性，朗朗上口，而且挺舒服的，讓你看著如坐春風；《莊子》寫得汪洋恣肆，那真是什麼想像、什

麼詞——他一張口就是故事，一張口就是寓言，一張口就是神話，他不
一樣。但是《老子》，我們管它叫《道德經》，太對了！它像經文，什麼
叫經文呢？第一，它特別精練；第二，它特別抽象。像《老子》裡頭幾
乎沒有什麼很具體的說法，從來沒有說到什麼時間、什麼地點或者年月
日，或者是某一個國家、某一個人、某一個集團，沒有具體所指，他說
的都是概念。

經典文體與彈性論述

這些大的概念留下了很多的彈性，越是經典越有彈性。它很獨特，
比如就拿一上來來說，它已經變成了一個標誌：「道可道，非常道；名可
名，非常名。無名，天地之始；有名，萬物之母。」道和名本來是很抽象
的，它這麼一結構呢，從好處來說，它很深邃、很奧妙，叫「玄之又玄，
眾妙之門」，其實要用白話文說——各種解釋還是不一樣，多數人解釋就
是：第一個「道」是名詞，第二個「道」是動詞，就是那些可以言說的
道理，並不是最根本最恆常的道理，那些可以表述的名稱（概念），並不
是最根本最恆常的名稱（概念）。

中華經典的特點之一： 易於背誦，難以解說

「道可道，非常道」還有一個特點，中國很多經典有這個特點，它
好背不好理解，你很容易背誦，你要真正下功夫，這五千多字你把它全
背下來都可以做到，但是想把它理解清楚，你得理解一輩子。

它還有一個文體問題，在很簡單的、很簡短的文字中，某些字不斷

地重複，我隨便舉個例子，就是第三十八章：「上德不德，是以有德。下德不失德，是以無德。上德無為而無以為。下德為之而有以為。上仁為之而無以為。上義為之而有以為。上禮為之而莫之應。」這真的像繞口令，你越背越像繞口令。它充分使用了文言文，就是有時候名詞和動詞用了同一個字。「上德不德，是以有德」，就是越是上等的德行，越不整天講這個德，不把這個德掛在嘴上，而你越不整天把這個德掛在嘴上，你越有德，「是以有德」；「下德不失德」，你的境界比較低下，所以你不敢不說這個「德」字，你張口閉口一天二十四個小時有十六個小時都德德德德，「是以無德」。所以一個人要是這麼講德，他就沒有多大的德行，這就是老子一貫的主張。就是這個東西你要化成你自己的生命，化成你自己的本能，不是說你故意在口頭上標榜什麼東西，不是在那裡作秀，不是做姿態。

是同義反復嗎

有時候像這樣一類的東西在形式邏輯裡給人一種同義反復的感覺。什麼叫同義反復呢？比如說都是：德不德、有德、無德、失德，來回地說來說去都是「德」，這樣的表述從形式邏輯上說是不可取的，然而他強調的是：某個概念、某個命名，有它的不容混淆的特性，有它自己的同一性。

「失道而後德，失德而後仁，失仁而後義，失義而後禮。夫禮者，忠信之薄而亂之首。」他是說你有了道，有了最自然而然的大道、最根本的東西，其他東西你都沒了，你光剩下在口頭上講德了。他這個說法是不是有點過？這是另外的事。然後他就一層一層的──「失德而後仁」，

你失了德以後，德也做不到了，大家不是說天然的都那麼有德行，那時候你還得提倡什麼呢？提倡仁即去制定一種價值規範。「失仁而後義」，你連仁都做不到了，人和人之間的互相的關愛都做不到了，那起碼你還得講正義或義氣。他就這麼一層一層地推理，這也是一種文體，這叫層層加碼法，或者是層層減碼法。

這種文體是中國的一個特色，我上小學的時候就背「大學之道，在明明德，在親民，在止於至善。知止而後有定，定而後能靜，靜而後能安，安而後能慮，慮而後能得」。然後是「古之欲明明德於天下者，先治其國。欲治其國者，先齊其家。欲齊其家者，先修其身。欲修其身者，先正其心。欲正其心者，先誠其意」等等。好像有一個模式，就是一層一層一層一層，就跟上臺階或下臺階似的。

很早的時候，美國有一位大漢學家姓 Fairbank，就是費正清博士，說中國邏輯不發達，是中國科學上不去的原因之一，他說中國最喜歡的是這種上臺階下臺階的大邏輯，從一件事無限上綱，一層一層一層一層越上越高、越上越高，然後從一件大事又是下臺階，一點一點一點一點下來以後變成一個很簡單的事。這是費正清對中國的批評，在《老子》裡頭也有好多，說明不光是儒家有，道家也有這種上臺階下臺階。

但是我最近有一個發現，就是說奧巴馬總統的競選詞也來了一個上臺階下臺階。他很有名的很短的競選詞：

Your voice can change a room. If one voice can change a room, it can change a city. If it can change a city, it can change a state. If it can change a state, it can change a nation. If it can change a nation, it can change the world. Your voice can change the world.

奧巴馬說：「你說一句話」，或者「你的聲音能夠改變一間屋子」——我們把它翻譯成改變一個家庭，這是能齊家，然後「你能改變一個家庭就能改變一個城市，你能改變一個城市就能改變一個州，你能改變一個州就能改變一個國，你能改變一個國就能改變全世界。你的聲音就能改變全世界」。他的這話從邏輯上說也經不住推敲，但很煽情，很有號召力。所以我就覺得有意思啊，說明這是一種文學性。從邏輯上說，誰的一個聲音、說一句話就能改變全世界了？但是它的文學性很好，因為它有動員性、它有一種呼喚性——起來吧！有點這樣。所以正是這樣奧巴馬在競選詞當中才要用到這樣的文字。

詩體的《道德經》

《老子》的文字實際上講押韻，它大致上押韻，所以我覺得它像詩。押韻，朗朗上口，譬如說第五十八章「其政悶悶，其民淳淳」，悶悶、淳淳，這都是用韻母ㄣ押韻。他就沒說：「其政悶悶，其民樸樸。」沒這麼說，或者是：「其政悶悶，其民素靜。」他也沒這麼說——他這個就很好聽，還容易記，「其政悶悶，其民淳淳」，有一點規律；「其政察察，其民缺缺」，我想這個察察和缺缺——可惜我是不會念了，這個要是廣東人念，他一定是押韻的，因為這是入聲字，實際上還是押韻的。然後「禍兮福之所倚，福兮禍之所伏」，這不是押韻，這是對偶了，這是駢體，對仗，是中國文字的特點，因為中國文字很整齊，英文沒法對仗，中國人特別講對仗。作詩得對仗，過年得貼對聯，所以這是很講究文學性的。「孰知其極」，誰知道禍啊福啊這些東西，到了頭它會成為什麼樣呢？「其極」就是到了終極到了頭，是什麼樣呢？「其無正，正復為奇，善復為妖」，

它究竟怎麼樣才算是正規的、才算是正統的呢？正，它也能變成不正的——可以念奇（くーˊ），也可以念奇（丩一），就是奇數——本來是最正常的最 normal（正常）的東西，可以變成奇，變成 unnormal（不正常）的東西。

老子有利於人們自我安慰

順便說一下，我們說「老子的幫助」，並不是說老子的一切都能夠有具體的幫助，有人說希望我講老子怎麼幫助治病，有人希望我講老子怎麼教育小孩兒，有人希望我講老子怎麼樣能幫助家庭團結。但是老子不是萬用靈丹，藥到病除、立竿見影，這個做不到，但是老子能讓你心情開闊，他讓你眼光遠大，我還要說一個好像是難聽的話，老子他讓你能夠自我安慰，我就聽過大學者說「禍兮福之所倚，福兮禍之所伏」是一個人倒霉的時候安慰自己的話。禍本來就是禍，禍變成了福，那是以後的事了。福就是福，這個很簡單，你中彩了、你得了十萬塊錢，這是福，你遭竊了、你錢包丟了、你丟了十萬塊錢，這個是禍。不能說你丟了錢就等於你中了彩，或者丟了錢就準中彩，沒有這個可能性。但是我就想，一個人在自己一生中的某些時候能夠自我安慰、能夠解心寬（抒解心情）、能夠調理自己，使自己的心理更健康，能使自己的心理增加一點抗逆能力、抗病毒的能力，這也是一種良方嘛，尤其在市場經濟下，一會兒金融危機了，一會兒股票上去了，讓一些人發作神經病，這種浮躁的東西非常多；有人說城市裡憂鬱症比例不小，那得看他的標準是什麼，抑鬱的心情可能有的時候人人都會偶爾有一下的，至於說到了病症，這得看怎麼衡量。

我知道現在的年輕人挺喜歡用「鬱悶」這個詞，今天這個鬱悶、明天那個鬱悶了，飯沒吃好他也鬱悶、讓爸爸媽媽給說一頓他也鬱悶，我曾經開過玩笑說，你要想鬱悶的話，每個人每天從早到晚都有十五次自殺的理由，都有倒霉的事，所以他能自我安慰不好嗎？心懷開闊一點、眼光遠大一點，不要因為斤斤計較一些小事，就搞得自己很鬱悶，經常能夠鼓勵自己「欲窮千里目，更上一層樓」、「天生我材必有用，千金散盡還復來」、「禍兮福所倚，福兮禍所伏」，這樣能夠經常自己安慰自己、自己開導自己，也不是一件壞事。當然你不能只限於自我安慰，你還得有行動，應該加強學習。你下崗（退下工作崗位）了要進行職業再培訓，你有些事處理得不好、有些不良習慣，應該改正。但是除了這些以外，為什麼不能自己安慰自己？老子的這些東西讓人感覺到很切近，並不讓你感覺到遙遠。

老子教給我們說話

我有一個同行寫小說的，也是朋友，就是陝西的賈平凹先生，賈平凹先生有這麼一個說法：一個人寫的作品，如果裡面有些話後來變成成語了，這可了不得，這可是一大成就、一大成功。你想想，現在咱們國家每天出兩三本長篇小說——兩本半的樣子——那麼多書，就你這個書裡頭有一句話被老百姓記住了，變成了一個成語，然後人家永遠用這個話，你不簡單啊，太了不起了！我們要拿這個回過頭來看老子，我的天啊！老子教給了我們中華民族說話，老子的很多話至今仍然活在我們的嘴上、活在我們的心裡、活在我們的交流之中。在這個意義上我要說一句話：老子他沒有死，因為他的話，我們都認可。

　　隨便舉一個例子，「天地不仁」——一遇到了自然災害，我們立刻就會想到「天地不仁」，或者我們追悼一位非常可惜的英年早逝的對社會有貢獻的人，我們也會想到「天地不仁」，天地並不給你多少親愛、溫柔，該怎麼著它就怎麼著。譬如說「大器晚成」，到現在我們也用，誰家的孩子如果父母老是抱怨他，說他不如他同年齡人成績好，我們會鼓勵他說他是「大器晚成」，你不一定都是三歲就見天才、四歲就作曲、五歲就上神童班，真正大的材料不是一時半會兒就能顯出來的。「大智若愚」，這並不是《老子》裡頭的原話，但是它和什麼「大成若缺」、「大辯若訥」像是完全在一個模子裡頭產生出來的。譬如說「無中生有」也不是老子的原話，不但不是原話，而且對老子的話還略有歪曲，因為老子的原話是「萬物生於有，有生於無」，而「無中生有」，「有」變成了「無」，這正是「大道」的體現，可是我們現在說「無中生有」，是一個貶義詞，比如咱倆鬧點矛盾，你在某種場合說我有什麼做得不好的事情，我說這是「無中生有」，我從來沒幹過這個，這是你給我編出來的。我們這麼用。但是即使如此，也說明「萬物生於有，有生於無」這些詞已經進了老百姓的腦子裡了。像我們說過的「寵辱無驚」，不但成了成語，而且成了格言，我想任何一個人都需要這樣一個格言，需要這樣一個座右銘。「功遂身退」，我們後世用它時不說「功遂身退」，而說「功成身退」，意思一樣。「功遂身退，天之道」，你要做的事已經完成了，完成了你該靠邊就靠邊，別老站在那兒等著歡呼；這個境界可是太高了，這個境界是無私的、是忘我的、是不居功的、是不自傲的。比如說老子有些反戰的話，說「大軍之後，必有凶年」，現在老百姓幾乎都會說這個話，沒有文化的人也會說這個話，沒讀過《老子》的人也會說這個話。所以不要以為老子僅僅就在這五千字裡頭，或者就在學者的分析考證注釋乃至於是在講座或者

的人讀了應該眼睛上浸出一點淚水。一個人能做到「以德報怨」——你對不起我行，但是我不做對不起你的事情，我盡我的心力來幫助你——我想這是一種非常美好的情操，儘管操作起來還有各種各樣的問題。

再譬如說老子也有一些挺兇、挺厲害的話，「民不畏死，奈何以死懼之」，老百姓不怕死，別拿死嚇唬我們。這是革命家的話，這像就義時候的話——你不是要槍斃我嗎？行，我不怕，很悲壯：我不怕死，你槍口對著我，放！「民不畏死，奈何以死懼之」，這是革命造反的語言、這是反抗的語言、這是鬥爭的語言。還有「治大國若烹小鮮」這麼漂亮的話，及「知白守黑」等等。

一個《老子》總共五千多字，教給咱們多少詞啊，教給咱們多少話啊；他不但教了詞教了話，而且教給了我們一種思路，教給了我們一種思維；不但教給了一種思維，還教給了我們一種語言表達的形式。他的激動人心的力量是不一樣的，譬如說「哀兵必勝」，同樣的意思，你換一句話：越倒霉越得拼命——就完全變成了一個很庸俗的市民的說法了，就很平常了——我沒轍了，我只有跟你拼了不可。剛才說到「絕地反擊」，這還行，你要說是「鹹魚翻身」呢？這不就變成調侃了，反倒不是好話了。

詞句也是不能任意置換的

同樣「報怨以德」或者「以德報怨」，我覺得很高尚，甚至讓你想到佛想到基督有這種原諒別人、永遠用最好的態度來對待一切的這樣一種精神。但是如果把它改成另外一種說法：你不管怎麼對不起我，反正我也算對得起你了。這倒也不錯，這話你聽著意思沒錯，但是這有點市民

腔——這哥兒倆一塊合夥做買賣，最後鬧起來了，說我對你可是對得起，你小子對我有點對不起，這就和這個「報怨以德」的說法很不一樣了。我說明一個什麼觀點呢？《老子》的文學性體現了漢字的價值、體現了語言的價值，也體現了文言文的價值。我們今天要以學習白話文、使用白話文為主，這一點是毫無疑問的，以為說現在講什麼國學，大家就都去講文言文，這是開歷史的倒車，但是文言文裡的那種精純，包括語法上的那種靈活性，那也是非常吸引人的。

再談儒道互補

談《老子》的永久性的話題，我覺得還有另外一個話題值得說一說，就是對中國的士人、中國的讀書人來說，咱們幾千年來其實都多少有一點「儒道互補」的傾向。儒道互補是什麼意思？中國這個國家，它的權力和資源在封建社會是非常集中的，因此都有一個怎麼樣發揮自身的作用的問題，叫做「為世所用」的問題，你如果不被世所用，你乾著急，一點轍都沒有。讀書人相對比別人多念點書、多經過一點學習的訓練，在你為社會服務比較順利的時候，你有你自己的職位，我們也絲毫不隱諱包括有些人能夠做官。那麼在孔子老子那個時代，確實儒家的那一套對他有一種規範的作用，所謂「君君臣臣父父子子」，你該有什麼樣的規範，你該怎麼掌握中庸之道，你不要做傷天害理的事情，你也不要做非常極端、非常過分的事情，避免後患等等，也可以說就是怎麼樣能夠相對的來說做到和諧一點。「和為貴」、「和而不同」，我們看〈清明上河圖〉，那個時候雖然沒有和諧社會這個提法，但是可以設想古人認為最理想的就是各安其業。這個大家庭欣欣向榮，而且人人也都很淳樸，那就是一

幅和諧的畫面。〈清明上河圖〉上就沒有特別刺激的內容，既沒有俠盜也沒有惡魔，也沒有辣妹，也沒有猛男，它是各安其業、各安其位、各歸其根、各知其常的這樣一幅畫面。

但是與此同時，不是每一個士人都有這樣的機會，有時候他沒有這種直接為社會服務的機遇，他有時候也會受挫，有時候還忍受冤枉等各種各樣的情況。在那種不順利的情況下，老子的這樣一些我稱之為機變、也可以稱之為辯證——但是辯證畢竟是比較現代的一個詞——的一套，對人是很受用的。用我們的中文來說我稱之為機變，或者簡單地說是隨機應變，是根據形勢來判斷、來決定自己進退的一個方案，這個時候老子對很多人起了好的作用，尤其老子的對自然的強調，使很多人能夠不至於搞得鬱悶到了發作病患的程度。相反的，他從另一面看到世界的循環往復，看到世界上的人應該像嬰兒一樣保留他最天真的喜怒哀樂，他應該非常的樸實，他應該保持自己的原生態，他應該控制自己的欲望，不使自己的欲望有一個惡性的發作。像這些地方對於在仕途上不太順利，或者生活中有些事情不是那麼心想事成——其實心想事成這是一個祝願，哪有那麼多心想事成，你一想就成了，這怎麼可能呢——的人幫助可太大了。所以老子在這一方面也給了人們許多智慧。

相對來說，中國人應該說是比較聰明的，中國人因為經歷的苦難非常多，經歷的挫折非常多，中國人不但積累了發展中的經驗，也積累了在停滯狀況下的經驗，不但積累了所謂「邦有道」，在太平盛世的經驗，也積累了在亂世的經驗，能夠在不同的、好的和不好的情況下，都能使這個民族、使這個國家延續下來。中華文化也有另一面，就是它有一種抗逆的能力，也有一種自我調整的能力，還有一種應變的能力，這個文化碰到好事它也有轍，碰到最壞的事它也有轍。它總得想辦法啊，不能

說因為這個咱們散夥啊，中華民族怎麼能散夥呢？不管碰到什麼樣的困難，得想辦法克服困難，得讓這個文化、這個生活、這個族群、這個事業千秋萬代繼續下去。中華民族、中國的歷史無論如何是我們的一筆財富，遠的不說，說我們的歷史上只有高歌猛進、只有凱歌入雲，不！我們的歷史裡有許多的曲折、有許多的失敗、有許多的彎路，我們也幹過蠢事，當然也有偉大的輝煌和成績。這些東西都變成了我們的經驗，就是說我們能夠兼容並包，既能夠有孔子合情合理、和諧規範的這一面，又有老子深謀遠慮、機變適應，而且能夠眼光放遠放長的這一面，當然還有各種各樣現代的知識、現代的理論。凡是好的東西，我們都要吸收，我們的精神資源越寬越好、越厚越好、越深越好。我無意說老子能解決一切問題，但是老子對我們確有幫助。我們完全有可能因為閱讀《老子》而變得更加深謀遠慮、胸懷寬廣、氣定神閒、悠然自得，使我們的精神境界更上一層樓，為自己贏得一個美好靈魂的精神樂園、智慧仙境。

謝謝四個多月來一直互相陪伴的聽眾、觀眾們。老子與中華文化會幫助你們，護佑你們，啟示你們！

附錄：
《老子》全文 *

第一章

道可道，非常道。名可名，非常名。無名天地之始。有名萬物之母。故常無欲以觀其妙。常有欲以觀其徼。此兩者同出而異名，同謂之玄。玄之又玄，眾妙之門。

第二章

天下皆知美之為美，斯惡已；皆知善之為善，斯不善已。故有無相生，難易相成，長短相形，高下相傾，音聲相和，前後相隨。是以聖人處無為之事，行不言之教。萬物作焉而不為始。生而不有，為而不恃，功成而弗居。夫唯弗居，是以不去。

---

*《老子》版本各異，此一版本與正文中的引文有字句與標點的差異。

第三章

不尚賢，使民不爭。不貴難得之貨，使民不為盜。不見可欲，使民心不亂。是以聖人之治，虛其心，實其腹，弱其志，強其骨；常使民無知無欲，使夫智者不敢為也。為無為，則無不治。

第四章

道沖，而用之或不盈。淵兮，似萬物之宗。挫其銳，解其紛，和其光，同其塵，湛兮似或存。吾不知誰之子，象帝之先。

第五章

天地不仁，以萬物為芻狗。聖人不仁，以百姓為芻狗。天地之間，其猶橐籥乎？虛而不屈，動而愈出。多言數窮，不如守中。

第六章

谷神不死是謂玄牝。玄牝之門是謂天地根。綿綿若存，用之不勤。

第七章

天長地久。天地所以能長且久者，以其不自生，故能長生。是以聖人後其身而身先，外其身而身存。非以其無私邪？故能成其私。

第八章

上善若水。水善利萬物而不爭，處眾人之所惡，故幾於道。居善地，心善淵，與善仁，言善信，正善治，事善能，動善時。夫唯不爭，故無尤。

第九章

持而盈之，不如其己；揣而銳之，不可常保；金玉滿堂，莫之能守；富貴而驕，自遺其咎。功遂身退，天之道。

第十章

載營魄抱一，能無離乎？專氣致柔，能如嬰兒乎？滌除玄覽，能無疵乎？愛國治民，能無為乎？天門開闔，能為雌乎？明白四達，能無知乎？生之畜之；生而不有；為而不恃；長而不宰。是為玄德。

第十一章

三十輻共一轂，當其無，有車之用。埏埴以為器，當其無，有器之用。鑿戶牖以為室，當其無，有室之用。故有之以為利，無之以為用。

第十二章

五色令人目盲，五音令人耳聾，五味令人口爽，馳騁畋獵，令人心發狂，難得之貨，令人行妨。是以聖人為腹不為目，故去彼取此。

第十三章

寵辱若驚，貴大患若身。何謂寵辱若驚？寵為下。得之若驚，失之若驚，是謂寵辱若驚。何謂貴大患若身？吾所以有大患者，為吾有身，及吾無身，吾有何患？故貴以身為天下，若可寄天下。愛以身為天下，若可託天下。

第十四章

視之不見名曰夷；聽之不聞名曰希；搏之不得名曰微；此三者不可致詰，故混而為一。其上不皦，其下不昧，繩繩不可名，復歸於無物。是謂無狀之狀，無物之象，是謂惚恍。迎之不見其首，隨之不見其後。執古之道以御今之有。能知古始，是謂道紀。

第十五章

古之善為士者，微妙玄通，深不可識。夫唯不可識，故強為之容：豫兮若冬涉川；猶兮若畏四鄰；儼兮其若客；渙兮若冰之將釋；敦兮其若樸；曠兮其若谷；混兮其若濁；孰能濁以止？靜之徐清。孰能安以久？動之徐生。保此道者不欲盈。夫唯不盈，故能蔽而新成。

第十六章

致虛極，守靜篤。萬物並作，吾以觀復。夫物芸芸，各復歸其根。歸根曰靜，是謂復命；復命曰常，知常曰明。不知常，妄作凶。知常容，容乃公，公乃全，全乃天，天乃道，道乃久，沒身不殆。

第十七章

太上，下知有之。其次，親而譽之。其次，畏之。其次，侮之。信不足焉，有不信焉。悠兮其貴言，功成事遂，百姓皆謂：我自然。

第十八章

大道廢，有仁義；慧智出，有大偽；六親不和，有孝慈；國家昏亂，

有忠臣。

第十九章

絕聖棄智，民利百倍；絕仁棄義，民復孝慈；絕巧棄利，盜賊無有。此三者以為文，不足。故令有所屬：見素抱樸，少私寡欲。

第二十章

絕學無憂，唯之與阿，相去幾何？善之與惡，相去若何？人之所畏，不可不畏。荒兮其未央哉！眾人熙熙，如享太牢，如春登臺。我獨泊兮其未兆，如嬰兒之未孩；儽儽兮若無所歸。眾人皆有餘，而我獨若遺。我愚人之心也哉！沌沌兮。俗人昭昭，我獨昏昏；俗人察察，我獨悶悶。淡兮，其若海，望兮，若無止。眾人皆有以，而我獨頑且鄙。我獨異於人，而貴食母。

第二十一章

孔德之容，惟道是從。道之為物，惟恍惟惚。惚兮恍兮，其中有象。恍兮惚兮，其中有物。窈兮冥兮，其中有精。其精甚真，其中有信。自古及今，其名不去，以閱眾甫。吾何以知眾甫之狀哉？以此。

第二十二章

曲則全，枉則直，窪則盈，敝則新，少則得，多則惑。是以聖人抱一為天下式。不自見故明；不自是故彰；不自伐故有功；不自矜故長；夫唯不爭，故天下莫能與之爭。古之所謂曲則全者，豈虛言哉！誠全而歸之。

第二十三章

希言自然。故飄風不終朝，驟雨不終日。孰為此者？天地。天地尚不能久，而況於人乎？故從事於道者，同於道。德者同於德。失者同於失。同於道者，道亦樂得之；同於德者，德亦樂得之；同於失者，失亦樂得之。信不足焉，有不信焉。

第二十四章

企者不立；跨者不行。自見者不明；自是者不彰。自伐者無功；自矜者不長。其在道也曰：餘食贅形。物或惡之，故有道者不處。

第二十五章

有物混成，先天地生。寂兮寥兮，獨立不改，周行而不殆，可以為天下母。吾不知其名，字之曰道。強為之名曰大。大曰逝，逝曰遠，遠曰反。故道大、天大、地大、人亦大。域中有四大，而人居其一焉。人法地，地法天，天法道，道法自然。

第二十六章

重為輕根，靜為躁君。是以君子終日行不離輜重。雖有榮觀，燕處超然。奈何萬乘之主，而以身輕天下？輕則失根，躁則失君。

第二十七章

善行，無轍跡。善言，無瑕讁。善數，不用籌策。善閉，無關楗而不可開。善結，無繩約而不可解。是以聖人常善救人，故無棄人。常善

救物，故無棄物。是謂襲明。故善人者，不善人之師。不善人者，善人之資。不貴其師，不愛其資，雖智大迷，是謂要妙。

第二十八章

知其雄，守其雌，為天下溪。為天下溪，常德不離，復歸於嬰兒。知其白，守其黑，為天下式。為天下式，常德不忒，復歸於無極。知其榮，守其辱，為天下谷。為天下谷，常德乃足，復歸於樸。樸散則為器，聖人用之，則為官長。故大制不割。

第二十九章

將欲取天下而為之，吾見其不得已。天下神器，不可為也，為者敗之，執者失之。夫物或行或隨、或嘘或吹、或強或羸、或挫或隳。是以聖人去甚、去奢、去泰。

第三十章

以道佐人主者，不以兵強天下。其事好還。師之所處，荊棘生焉。大軍之後，必有凶年。善有果而已，不敢以取強。果而勿矜，果而勿伐，果而勿驕，果而不得已，果而勿強。物壯則老，是謂不道，不道早已。

第三十一章

夫唯兵者，不祥之器。物或惡之，故有道者不處。君子居則貴左，用兵則貴右。兵者不祥之器，非君子之器，不得已而用之，恬淡為上。勝而不美，而美之者，是樂殺人。夫樂殺人者，則不可得志於天下矣。吉事尚左，凶事尚右。偏將軍居左，上將軍居右。言以喪禮處之。殺人

之眾，以悲哀泣之，戰勝以喪禮處之。

第三十二章

道常無名。樸雖小，天下莫能臣也。侯王若能守之，萬物將自賓。天地相合，以降甘露，民莫之令而自均。始制有名，名亦既有，夫亦將知止，知止可以不殆。譬道之在天下，猶川谷之與江海。

第三十三章

知人者智，自知者明。勝人者有力，自勝者強。知足者富。強行者有志。不失其所者久。死而不亡者壽。

第三十四章

大道泛兮，其可左右。萬物恃之以生而不辭，功成而不名有。衣養萬物而不為主，常無欲可名於小。萬物歸焉而不為主，可名為大。以其終不自為大，故能成其大。

第三十五章

執大象，天下往。往而不害，安平泰。樂與餌，過客止。道之出口，淡乎其無味。視之不足見，聽之不足聞，用之不足既。

第三十六章

將欲歙之，必固張之。將欲弱之，必固強之。將欲廢之，必固興之。將欲取之，必固與之。是謂微明。柔弱勝剛強。魚不可脫於淵，國之利器不可以示人。

第三十七章

道常無為，而無不為。侯王若能守之，萬物將自化。化而欲作，吾將鎮之以無名之樸。無名之樸，夫亦將無欲。不欲以靜，天下將自定。

第三十八章

上德不德，是以有德。下德不失德，是以無德。上德無為而無以為。下德無為而有以為。上仁為之而無以為。上義為之而有以為。上禮為之而莫之應，則攘臂而扔之。故失道而後德。失德而後仁。失仁而後義。失義而後禮。夫禮者，忠信之薄，而亂之首。前識者，道之華，而愚之始。是以大丈夫處其厚，不居其薄。處其實，不居其華。故去彼取此。

第三十九章

昔之得一者。天得一以清。地得一以寧。神得一以靈。谷得一以盈。萬物得一以生。侯王得一以為天下貞。其致之。天無以清，將恐裂；地無以寧，將恐廢；神無以靈，將恐歇；谷無以盈，將恐竭；萬物無以生，將恐滅；侯王無以貴高，將恐蹶。故貴以賤為本，高以下為基。是以侯王自稱孤、寡、不穀。此非以賤為本邪？非乎？故至數輿無輿。不欲琭琭如玉，珞珞如石。

第四十章

反者道之動。弱者道之用。天下萬物生於有，有生於無。

第四十一章

上士聞道，勤而行之。中士聞道，若存若亡。下士聞道，大笑之。不笑不足以為道。故建言有之：明道若昧，進道若退，夷道若纇，上德若谷，大白若辱，廣德若不足，建德若偷，質真若渝。大方無隅，大器晚成。大音希聲，大象無形。道隱無名，夫唯道，善貸且成。

第四十二章

道生一，一生二，二生三，三生萬物。萬物負陰而抱陽，沖氣以為和。人之所惡，唯孤、寡、不穀，而王公以為稱，故物或損之而益，或益之而損。人之所教，我亦教之，強梁者不得其死，吾將以為教父。

第四十三章

天下之至柔，馳騁天下之至堅。無有入無間，吾是以知無為之有益。不言之教，無為之益，天下希及之。

第四十四章

名與身孰親？身與貨孰多？得與亡孰病？是故甚愛必大費，多藏必厚亡。知足不辱，知止不殆，可以長久。

第四十五章

大成若缺，其用不弊。大盈若沖，其用不窮。大直若屈，大巧若拙，大辯若訥。靜勝躁，寒勝熱，清靜為天下正。

第四十六章

天下有道，卻走馬以糞。天下無道，戎馬生於郊。禍莫大於不知足。咎莫大於欲得。故知足之足，常足矣。

第四十七章

不出戶，知天下。不窺牖，見天道。其出彌遠，其知彌少。是以聖人不行而知，不見而明，不為而成。

第四十八章

為學日益。為道日損。損之又損，以至於無為。無為而無不為。取天下常以無事，及其有事，不足以取天下。

第四十九章

聖人無常心，以百姓心為心。善者吾善之，不善者吾亦善之，德善。信者吾信之，不信者吾亦信之，德信。聖人在天下，歙歙焉，為天下渾其心，百姓皆注其耳目，聖人皆孩之。

第五十章

出生入死。生之徒，十有三。死之徒，十有三。人之生，動之於死地，亦十有三。夫何故？以其生生之厚。蓋聞善攝生者，陸行不遇兕虎，入軍不被甲兵。兕無所投其角，虎無所用其爪，兵無所容其刃。夫何故？以其無死地。

第五十一章

道生之，德畜之，物形之，勢成之。是以萬物莫不尊道而貴德。道之尊，德之貴，夫莫之命而常自然。故道生之，德畜之。長之育之，亭之毒之，養之覆之。生而不有，為而不恃，長而不宰，是謂玄德。

第五十二章

天下有始，以為天下母。既得其母，以知其子。既知其子，復守其母，沒身不殆。塞其兌，閉其門，終身不勤。開其兌，濟其事，終身不救。見小曰明，守柔曰強。用其光，復歸其明，無遺身殃。是為習常。

第五十三章

使我介然有知，行於大道，唯施是畏。大道甚夷，而民好徑。朝甚除，田甚蕪，倉甚虛。服文彩，帶利劍，厭飲食，財貨有餘。是謂盜竽。非道也哉。

第五十四章

善建者不拔，善抱者不脫，子孫以祭祀不輟。修之於身，其德乃真。修之於家，其德乃餘。修之於鄉，其德乃長。修之於邦，其德乃豐。修之於天下，其德乃普。故以身觀身，以家觀家，以鄉觀鄉，以邦觀邦，以天下觀天下。吾何以知天下然哉？以此。

第五十五章

含德之厚，比於赤子。毒蟲不螫，猛獸不據，攫鳥不搏。骨弱筋柔

而握固。未知牝牡之合而朘作，精之至也。終日號而不嗄，和之至也。知和曰常，知常曰明。益生曰祥。心使氣曰強。物壯則老。謂之不道，不道早已。

第五十六章

知者不言，言者不知。塞其兌，閉其門，挫其銳，解其紛，和其光，同其塵，是謂玄同。故不可得而親，不可得而疏，不可得而利，不可得而害，不可得而貴，不可得而賤。故為天下貴。

第五十七章

以正治國，以奇用兵，以無事取天下。吾何以知其然哉？以此：天下多忌諱，而民彌貧。民多利器，國家滋昏。人多伎巧，奇物滋起。法令滋彰，盜賊多有。故聖人云：我無為，而民自化；我好靜，而民自正；我無事，而民自富；我無欲，而民自樸。

第五十八章

其政悶悶，其民淳淳。其政察察，其民缺缺。禍兮福之所倚。福兮禍之所伏。孰知其極，其無正。正復為奇，善復為妖。人之迷，其日固久。是以聖人方而不割，廉而不劌，直而不肆，光而不耀。

第五十九章

治人、事天莫若嗇。夫唯嗇，是謂早服。早服謂之重積德。重積德則無不克。無不克則莫知其極。莫知其極，可以有國。有國之母，可以長久。是謂深根固柢，長生久視之道。

第六十章

治大國若烹小鮮。以道莅天下,其鬼不神。非其鬼不神,其神不傷人。非其神不傷人,聖人亦不傷人。夫兩不相傷,故德交歸焉。

第六十一章

大國者下流,天下之交,天下之牝。牝常以靜勝牡,以靜為下。故大國以下小國,則取小國。小國以下大國,則取大國。故或下以取,或下而取。大國不過欲兼畜人。小國不過欲入事人。夫兩者各得所欲,大者宜為下。

第六十二章

道者,萬物之奧。善人之寶,不善人之所保。美言可以市尊,美行可以加人。人之不善,何棄之有。故立天子,置三公,雖有拱璧以先駟馬,不如坐進此道。古之所以貴此道者何? 不曰: 求以得,有罪以免邪? 故為天下貴。

第六十三章

為無為,事無事,味無味。大小多少,報怨以德。圖難於其易,為大於其細。天下難事,必作於易。天下大事,必作於細。是以聖人終不為大,故能成其大。夫輕諾必寡信,多易必多難。是以聖人猶難之,故終無難矣。

第六十四章

其安易持，其未兆易謀。其脆易泮，其微易散。為之於未有，治之於未亂。合抱之木，生於毫末。九層之臺，起於累土。千里之行，始於足下。為者敗之，執者失之。是以聖人無為故無敗，無執故無失。民之從事，常於幾成而敗之。慎終如始，則無敗事。是以聖人欲不欲，不貴難得之貨。學不學，復眾人之所過，以輔萬物之自然而不敢為。

第六十五章

古之善為道者，非以明民，將以愚之。民之難治，以其智多。故以智治國，國之賊。不以智治國，國之福。知此兩者亦稽式。常知稽式，是謂玄德。玄德深矣，遠矣，與物反矣，然後乃至大順。

第六十六章

江海所以能為百谷王者，以其善下之，故能為百谷王。是以聖人欲上民，必以言下之；欲先民，必以身後之。是以聖人處上而民不重，處前而民不害。是以天下樂推而不厭。以其不爭，故天下莫能與之爭。

第六十七章

天下皆謂我道大，似不肖。夫唯大，故似不肖。若肖，久矣其細也夫。我有三寶，持而保之：一曰慈，二曰儉，三曰不敢為天下先。慈故能勇，儉故能廣，不敢為天下先，故能成器長。今舍慈且勇，舍儉且廣，舍後且先，死矣！夫慈以戰則勝，以守則固。天將救之，以慈衛之。

第六十八章

善為士者不武。善戰者不怒。善勝敵者不與。善用人者為之下。是謂不爭之德，是謂用人之力，是謂配天，古之極。

第六十九章

用兵有言：吾不敢為主，而為客；不敢進寸，而退尺。是謂行無行，攘無臂，扔無敵，執無兵。禍莫大於輕敵，輕敵幾喪吾寶。故抗兵相若，哀者勝矣。

第七十章

吾言甚易知，甚易行。天下莫能知，莫能行。言有宗，事有君。夫唯無知，是以不我知。知我者希，則我者貴。是以聖人被褐懷玉。

第七十一章

知不知，上，不知知，病。夫唯病病，是以不病。聖人不病，以其病病。夫唯病病，是以不病。

第七十二章

民不畏威，則大威至。無狎其所居，無厭其所生。夫唯不厭，是以不厭。是以聖人自知不自見，自愛不自貴。故去彼取此。

第七十三章

勇於敢則殺，勇於不敢則活。此兩者，或利或害。天之所惡，孰知

其故？是以聖人猶難之。天之道，不爭而善勝，不言而善應，不召而自來，繟然而善謀。天網恢恢，疏而不失。

第七十四章

民不畏死，奈何以死懼之。若使民常畏死，而為奇者，吾得執而殺之，孰敢。常有司殺者殺。夫代司殺者殺，是謂代大匠斲。夫代大匠斲者，希有不傷其手矣。

第七十五章

民之饑，以其上食稅之多，是以饑。民之難治，以其上之有為，是以難治。民之輕死，以其上求生之厚，是以輕死。夫唯無以生為者，是賢於貴生。

第七十六章

人之生也柔弱，其死也堅強。草木之生也柔脆，其死也枯槁。故堅強者死之徒，柔弱者生之徒。是以兵強則滅，木強則折。強大處下，柔弱處上。

第七十七章

天之道，其猶張弓歟。高者抑之，下者舉之。有餘者損之，不足者補之。天之道，損有餘而補不足。人之道，則不然，損不足以奉有餘。孰能有餘以奉天下，唯有道者。是以聖人為而不恃，功成而不處。其不欲見賢。

第七十八章

天下莫柔弱於水，而攻堅強者莫之能勝，以其無以易之。弱之勝強，柔之勝剛，天下莫不知，莫能行。是以聖人云：受國之垢，是謂社稷主；受國不祥，是為天下王。正言若反。

第七十九章

和大怨，必有餘怨，安可以為善。是以聖人執左契，而不責於人。有德司契，無德司徹。天道無親，常與善人。

第八十章

小國寡民。使有什伯之器而不用；使民重死而不遠徙。雖有舟輿，無所乘之。雖有甲兵，無所陳之。使民復結繩而用之。甘其食，美其服，安其居，樂其俗。鄰國相望，雞犬之聲相聞，民至老死，不相往來。

第八十一章

信言不美，美言不信。善者不辯，辯者不善。知者不博，博者不知。聖人不積，既以為人己愈有，既以與人己愈多。天之道，利而不害；聖人之道，為而不爭。

老子的哲學　王邦雄／著

本書試圖把老子安放在先秦諸子的思想源流中，去探究《道德經》的義理真實，並建構其思想體系。試圖說明《道德經》雖言簡意賅，不易把握，但它既玄妙又平實，八十一章的每一句話，都有一整體的通貫，每一個人也都可以通過自身的生命反省，對老子作一哲理的詮釋與存在的印證。

老子哲學新論　劉福增／著

作者費十年時間完成此書，盡可能以當代哲學的研究方法，呈現老子的思考方式以及老子哲學的內容，並且做出必要的批評與檢討。在作者的努力下，讀者不僅可以清楚看到老子哲學的枝與葉，更可以看到它的根以及廣含的林相與林脈。

智慧的老子　張起鈞／著

老子所言，率多直覺之體驗，論事衡物，大抵隨緣映照，乃能不受外物所限，而又識見真切、明智照鑑，足以使人身體力行，受益無盡。故本書不作哲理之雕塑，悉就常識、常見立言，俾對《老子》一書真正影響後世之處，能有所闡釋，也讓讀者得見老子智慧之言。

禪與老莊　吳　怡／著

本書以客觀的方法，深入剖析中國禪宗的精要思想，強調禪法經印度傳至中國以後，便與本地文化，尤其是老莊思想相結合，發展出各具特色的五家七宗。作者希望本書能夠正本清源，重現中國禪宗的本來面目；並藉由令人琅琅上口的優美文字以及引人入勝的活潑理路，使讀者擷取中國思想的結晶。

想一想哲學問題　林正弘／主編

當人類追根究底地探問任何現象時，遲早會碰到一些無法得到確定答案的問題，它們無法以常識的、科學的或類似數學的嚴格證明來解答，卻與我們關心的人事物息息相關。這些正是哲學問題。本書藉由十五個日常生活中的困惑，引發讀者對哲學探究的興趣，希望與讀者共度美好、恬靜的沉思時光。